广州
大典

《广州大典》普及书系

主编　陈建华

# 孤旅畸人一诗僧

## 苏曼殊作品选读

周然◎编著

广州新华出版发行集团
广州出版社

**图书在版编目（CIP）数据**

孤旅畸人一诗僧：苏曼殊作品选读 / 周然编著. —广州：广州出版社，2021.12

（《广州大典》普及书系 / 陈建华主编）

ISBN 978-7-5462-3405-2

Ⅰ. ①孤…　Ⅱ. ①周…　Ⅲ. ①苏曼殊（1884—1918）—文集　Ⅳ. ①C53

中国版本图书馆CIP数据核字（2021）第280752号

**书　　名**　孤旅畸人一诗僧：苏曼殊作品选读
Gulü Jiren Yi Shiseng：Su Manshu Zuopin Xuandu
**出版发行**　广州出版社
（地址：广州市天河区天润路87号9、10楼　邮政编码：510635
网址：www.gzcbs.com.cn）
**出 品 人**　柳宗慧
**责任编辑**　田宇星
**责任校对**　周卫思
**装帧设计**　肖晓文
**印刷单位**　佛山市浩文彩色印刷有限公司
（地址：佛山市南海区狮山科技工业园A区　电话：0757-88368558
邮编：528225）
**规　　格**　787 mm × 1092 mm　1/16
**印　　张**　23.25
**字　　数**　330千
**版　　次**　2021年12月第1版
**印　　次**　2021年12月第1次
**书　　号**　ISBN 978-7-5462-3405-2
**定　　价**　70.00元

# 关于“广府名人读本”系列编选出版的几点说明

一、本书属于《广州大典》普及书系“广府名人读本”系列。

二、“广府名人读本”系列作为《广州大典》普及书系的开篇，将分为若干辑出版，成熟一辑，出版一辑。

三、因书系以《广州大典》所收文献为编选基础，故个人著述不存世或存世稀少者不纳入“广府名人读本”系列。

四、考虑到《广州大典》（民国篇）正在编纂和不少近代广府名人著述活动时段跨越清末民初的实际情况，“广府名人读本”系列会适当拓宽选录范围。

# 《广州大典》普及书系
# 编辑出版缘起

广州自古以来就是岭南地区的政治、经济、文化中心，是首批国家历史文化名城。自秦始皇三十三年（前214年）广州建城，至今已有2200余年，大量珍贵的地方文献翔实地反映了广州文化不断发展、不断繁荣的悠久历程。

《广州大典》（一期）是由中共广州市委宣传部、广东省文化厅策划并组织研究编纂，旨在系统搜集整理和抢救保护广州文献典籍、传播广州历史文化的大型地方文献丛书，是千年羊城的“根”和“魂”。《广州大典》（一期）收录文献的时间范围截至1911年（个别门类延至民国），地域范围包括清代中期广州府所辖各县，内容范围包括广州人士（含寓贤）著述、有关广州历史文化的著述及广州版丛书，依经、史、子、集、丛五部分类，共计收录文献4064种，编成520册，于2015年影印出版。

2015年4月，广州大典研究中心成立，继续推进《广州大典》（一期）的推广与研究，并启动《广州大典》（二期）民国篇的编纂出版。2019年11月，《广州大典》（一期）集部曲类文献专辑以《广州大典·曲类》之名单行出版，共计收录文献1589种，编成43册。此外，近年来中心陆续推出《广州大典总目》、《广州大典概要》、《广州大典研究》集刊（1~8辑）、《广州大典·民国广东公报丛编》（初编）100册等。

习近平总书记指出，要讲清楚中华优秀传统文化的历史渊源、发展脉络、基本走向，讲清楚中华文化的独特创造、价值理念、鲜明特色，增强文化自信和价值观自信。要做到这两个“讲清楚”，既要在学术上做到深入，也要在普及上做到浅出。《广州大典》（一期）所收录的文献不仅卷帙浩繁，而且都是繁体字、文言文，没有经过点校整理，这在客观上造成当今读者与之有隔阂，阻碍了广州这一历史文化宝库在更广大的层面上发挥社会影响力。为此，广州大典研究中心、广州出版社决定联合编纂出版《广州大典》普及书系，努力将书系打造成为集学术性、知识性和可读性于一体的优秀出版物。

书系以《广州大典》为文献基础（可根据实际情况，适当拓宽选录范围），组织一批专家学者从《广州大典》中精选最具代表性、最具可读性的文献，进行普及性的内容整理、发掘，形成《广州大典》普及书系。书系初步计划分为广府名人读本系列、地方风物读本系列、地方游记读本系列、西学东渐读本系列、小说读本系列、戏曲曲艺读本系列等。书系每种读本均包括导读、代表性作品选编（含注释、翻译、评析或解题、延伸阅读等）和相关资料附录，作者均为学有专长、研究有素的专家学者。每种读本均将尽量吸收、反映学界最新研究成果，并力求做到图文并茂、雅俗共赏。因此，《广州大典》普及书系可视作《广州大典》的延伸，且与已有的《岭南文库》的延伸《岭南文化知识书系》《广东历史文化名人丛书》等普及性读物既桴鼓相应，又各具匠心，可谓和而不同、美美与共。

知所从来，方明所往。《广州大典》普及书系既是一项重要的文化惠民工程，也是推动城市文化综合实力出新出彩，特别是“读懂广州”的切实举措。

志合者，不以山海为远。我们诚挚邀请更多的相关专家学者积极支持和参与书系各辑相关工作，推动书系各辑逐年面世。

食髓知味，小书不小。我们相信，书系的陆续出版，将充分展示广州历史文化底蕴，擦亮广州历史文化品牌，并有助于中华优秀文化的传承和发展。

《广州大典》普及书系编辑委员会

# 目录

## 

## 序文选读 / 113



## 小说选读 / 171

# 导读

近代著名诗僧苏曼殊，虽只活了短短的三十五年，但他极具传奇色彩的身世，给世人留下了众多的不解之谜。

苏曼殊像

苏曼殊的父亲是广东茶商，母亲是日本人。不少中国人以为他是日本人“宗之助”，是死后埋在西湖边的东洋和尚；不少日本人以为他是中国人“苏戬”。

他用过的名号很多，在日本上学时有苏子穀、苏湜，后有苏玄瑛、非非、印禅、苏文惠、雪蝶、阿难、行行、燕影、阿瑛、泪香、嚣嚣、雪蜨、郭璞、王昌、孝穆、栾弘、昙鸾、沙鸥、春蚕、林惠连、燕子山僧、南国行人等名号。而曼殊并非他的法名，只是他的众多名号之一。外人送予他的，则有“情僧”“糖僧”“风流和尚”“革命和尚”“兵火头陀”等称号。

他拼命地吃，有了钱就请朋友大吃大喝，甚至有人戏称他为“中国第一食客”。鲁迅先生曾形容他说：“我的朋友中有一个古怪的人，一有了钱就喝酒用光，没有了钱就到寺里老老实实过活。”（增田涉《鲁迅的印象》）他不停地爱，单单与他有交往的歌伎舞女，有名有姓有住址的就有二十多人。

苏曼殊在上海时给好友刘季平（即刘三）写过一封信，信上说：“如兄肯为曼作传，若赠序体，最妙！因知我性情遭遇者，舍兄而外，更无他人矣。千万勿却。知己之言，叵不必饰词以为美，第摹余平生伤心事实可

耳。”（1907年《复刘三》）

## 一

有何“伤心事实”？这得从苏曼殊的出生说起。清光绪十年八月初十（1884年9月28日），苏曼殊出生于日本横滨，初名宗之助，小名三郎。其父苏杰生18岁时东渡日本，在横滨经营茶务，38岁时做到万隆茶行买办。当时在横滨做生意的广东人，有的没有带家室，故多找当地的女子同居，帮助料理家务。

苏曼殊的父亲苏杰生

苏杰生当时有一妻黄氏在广东，没有跟随到日本，于是他在日本纳河合仙为妾，据说河合仙此前有过一段婚姻，有一子，即苏曼殊。1969年，苏曼殊同父异母的妹妹苏惠珊证实此事为子虚乌有。[①]苏曼殊后来有诗句“东海飘零二十年”（《寄调筝人》其二），即感怀二十年间屡次东渡日本看望他的母亲河合仙。实际上河合仙是他的养母，河合仙的妹妹河合若子才是他的生母。若子18岁时随其姐入苏家，据苏惠珊记述：“惟先父事亲至孝，谨守家法，未得双亲允许，仍未再纳偏室，但同居日久已身怀六甲，正是曼殊兄在出世前之时期。及至二叔德生在石岐县拣选及聘第三庶母陈氏后，

① 按：苏惠珊为苏杰生的第二妾大陈氏所生，1969年她就亡兄苏曼殊的身世问题，给学者罗孝明写了一封长函。罗孝明曾在日本读大同学校，算是苏曼殊的校友，二十年间搜集了不少有关苏曼殊的资料，打算编一部传记，为此就苏曼殊身世中的一些问题询问过苏惠珊。后来这部传记没完成罗孝明就去世了，由其好友郑宗梁代编为《曼殊大师传补遗》，出版时仍署名罗孝明。

幼年苏曼殊与义母河合仙

即带来横滨，依照家乡法例，歧视日女，不容为家妇。于是二叔将河合仙姊妹逐出家外。后经先父另觅房屋安置河合仙姊妹，生活尚称安定。不数月，若子即产曼殊。”（《亡兄苏曼殊的身世》）苏曼殊4岁时第一次去动物园就能将动物惟妙惟肖地画出来，这为他赢得苏杰生的喜爱打下了基础。

在苏曼殊6岁时，苏家人将此前视为异类的苏曼殊从横滨接回苏杰生的家乡——广州府香山县南溪乡沥溪村（今广东珠海前山镇沥溪村），苏曼殊从此与河合仙分隔在大海两岸。苏曼殊7岁入沥溪简氏大宗祠村私塾读书，业师苏若泉是清末举人。在读私塾时，苏曼殊“素爱文学，书法极端整齐。所读的书，犹是如新，一圈一点，无不注重”，并能“守家规，敬师长”（《亡兄苏曼殊的身世》）。同学之中，有同父异母的长兄苏煦亭、叔父苏德生的次子苏维翰，他们在一起相处得非常融洽。

苏曼殊9岁时，苏杰生在日本经营生意失败，遂归国。苏杰生在沥溪生活3年后，又至上海做生意，苏曼殊未能跟随。苏曼殊在沥溪7年，有过快乐，但常郁郁寡欢，章太炎《〈曼殊遗画〉弁言》云：“广中重宗法，族人以子毂异类，群摈斥之。”苏曼殊自小体弱多病，据苏惠珊记述：“闻他十三岁在乡居，偶患疾病，颇得嫂嫂照顾，为其医治并设戒口菜肴等。但有婶婶辈预定其病不能治，将其置之柴房以待毙。过些时病渐痊可。”（《亡兄苏曼殊的身世》）种种遭遇，使小小年纪的他对社会底层民众萌生了无限的同情和关怀。

1896年，苏曼殊离开沥溪，随二姑苏彩屏、二姑夫陈献墀赴上海，与父亲苏杰生、大陈氏同住。在上海期间，苏曼殊颇受大陈氏苛虐，受尽委屈和白眼，后其父物色到西班牙牧师罗弼·庄湘教他学习英文。庄湘大赞苏曼殊是个学习语言的天才。苏曼殊在命运的安排下，认识了庄湘的第五女雪鸿，两人一起度过了一段惬意的青葱时光。后苏曼殊祖父苏瑞文病重，苏杰生还乡照顾，大陈氏随后也离开上海。不久苏瑞文病故，苏曼殊只好寄宿在二姑家。

1898年初春，15岁的苏曼殊与苏维翰、表兄林紫垣东渡日本，入华侨开办的大同学校乙班学习，住在林紫垣家，其学费亦由林家供给。学校美术师资短缺，而苏曼殊绘画才能出众，因此他曾担任过该校的图画教职。苏曼殊一边学习，一边托人寻找河合仙。1902年从大同学校毕业后，苏曼殊进入早稻田大学高等预科学习。当时的早稻田大学是反清革命志士云集之地。据其同窗好友冯自由回忆，“曼殊于壬寅（1902年）前，尚未蒙革命思想，故支那[①]亡国纪念会之发起，余未敢约其署名。及壬寅秋，叶澜、秦毓鎏、张继、董鸿祎、周宏业及余等取少年意大利之义发起组织青年会，宣言以实行民族主义为宗旨，发起人多属早稻田大学学生，余遂介绍曼殊入会，曼殊至为乐从。是为曼殊与革命团体发生关系之开始。”（冯自由《苏曼殊之真面目》）

1903年春，苏曼殊改入成城学校，结识了挚友刘季平，与蔡锷为校友。这一时期，他还加入了“拒俄义勇队”与“军国民教育会”，结识了陈去病、陈独秀，并视陈独秀为“畏友”。苏曼殊参加的“军国民教育会”，是以“养成尚武精神，实行民族主义”为宗旨的革命组织，此事后

① 支那：古代印度、希腊和罗马文献称中国为Cina、Thin、Sinae；后在汉文佛经和史籍中译作“支那”“至那”或“脂那”等。近代日本称中国为“支那”。有关此称的起源，学界有“秦”“晋”“荆”“丝”“瓷”“绮”“滇”等说，尚无定论。

被林紫垣知晓。作为苏曼殊的监护人，“林恐曼殊入队，无以对其父，于是决意饬令曼殊回国”（1929年5月10日张文渭《复柳亚子函》），中断了苏曼殊的经济来源。苏曼殊宁肯中辍学业，也不肯放弃参加革命活动。由于一时缺乏经济来源，他在无奈之下乘日轮“博爱丸”归国，但他没有回沥溪，而是奔向上海，并于途中写信给林紫垣，言“今日投黄浦江死”。苏曼殊旋至苏州，在吴中公学社任教。后返上海，在由陈独秀、章士钊创办的《国民日日报》担任翻译，其间反对清政府查封《苏报》，声援章太炎、邹容，译法国大文豪雨果的小说（即《惨世界》）。同年10月7日，他的处女诗作《以诗并画留别汤国顿》在《国民日日报》上发表。

1903年10月，报馆因内讧停办，苏曼殊经冯自由介绍到香港，住在中国日报馆，革命党人陈少白待之甚厚。不久，苏曼殊至广东惠州一所寺庙落发为僧。惠州地方贫瘠，苏曼殊平常所吃都得去化缘，故苏曼殊把他已故师兄的度牒拿走，离开惠州。度牒出自新会县慧龙寺僧，该僧本姓赵，出家后法名博经。苏曼殊自得此度牒，就以法名博经自居，虽说度牒本非属他，但他“具足三坛大戒，嗣受曹洞衣钵”（飞锡《〈潮音〉跋》）为真。至于现有某些年谱和传记中说苏曼殊12岁即出家，依据是他在《〈潮音〉跋》中的记载，“年十二，从慧龙寺住持赞初大师披剃于广州长寿寺，法名博经”。苏曼殊12岁时尚在沥溪，不可能到广州长寿寺出家。至于他为何出家，有说是其父在乡间为他聘

苏曼殊

一妇，以促其归家，有说是闻日本女友菊子（也有称静子和良子）为他殉情投海，这纯属子虚乌有的小说家言。苏曼殊出家，不外乎是其复杂的家族成员关系和感情带来的精神苦闷所致，加之近似流浪汉的生活，故不如削发了却烦恼。

这篇《〈潮音〉跋》托名日本金阁寺僧飞锡，实际上是苏曼殊本人所写。跋文中还有“而遭逢身世有难言之恫”之语，当时人及后人对该语多有穿凿附会，即以为“难言之恫”为生理之恫，天阉也。此一附会源自菊屏《说苑珍闻》的记载：“（苏曼殊）顾性本多情，亦勿能自遏。游踪所至，常留连于秦楼楚馆，每有所许可，辄喁喁情语，穷日夜不倦。其温婉之态，不啻好女子，不知者或竟目为好色，斯则浅人之见，厚诬曼殊矣。兹举一事以证其人。某年，曼殊有事于沪，昵一妓，深爱之。事有暇，辄顾其家。既且寝于斯，食于斯，衣服杂用之物，咸置其处，几视妓家如己室，与妓之同衾共枕，更不待言，而终不动性欲。妓以为异。”

苏惠珊对“有难言之恫”则是这样解释的：“他在幼年在家庭中常因小事，以致引起误会。一父数母，各爱其子女。在六岁之孩童曼殊者，未明人性，则离母亲怀抱，随嫡母回乡。虽有祖母钟爱，祖母最爱他则表明除祖母外俱是冷眼者，不得温暖。而有些藐视异国人所生之子女，以致纯洁无邪的小孩子当作陌路人，甚至以为自己是无人所认的日本人，误将自己高贵之身世，作为流浪客，故有说‘难言之恫’。此情形极令他痛心，所以他不力争世途，竟然走入空门。”这是最好的注解。

在《〈潮音〉跋》里，他自认为双亲都是日本人，柳亚子所作《苏玄瑛新传》即以此为蓝本①。不过后来柳亚子和苏家的人通信，了解到苏杰生是苏曼殊的生父，河合若子是其母亲，苏曼殊终其一生都不知其视为生

① 按：柳亚子先后为苏曼殊作了四篇传记，最早一篇是认为苏曼殊系纯日本血统的《苏玄瑛传》，后作《苏玄瑛新传》，经过一番考证后再作《苏玄瑛正传》，最后作《苏曼殊传略》证明苏曼殊的父亲是中国人，母亲是日本人。

母的河合仙实则是他的姨母。柳亚子编辑北新书局版《苏曼殊全集》（通称《曼殊全集》）时，收入了《苏玄瑛新传》，而《曼殊全集》在当时很畅销，苏曼殊的纯日本血统论因此流传开来。等到开华书局出版《曼殊全集》时，才将后出的《苏曼殊传略》编入，以更正此前的错误，但开华版《曼殊全集》没有北新版的流传面广，以致关于苏曼殊身世的两种说法并存至今。

苏曼殊再度至香港时，去的地方仍是陈少白任社长和总编辑的中国日报馆，但此时的他已着一袭袈裟。此时苏曼殊的思想是激进的，愤于保皇派的气焰，他向陈少白借手枪，欲刺杀正在香港的保皇派头目康有为。暗杀在当时的革命党人中是一股风气，苏曼殊在日本时加入的“军国民教育会”就是一鼓吹起义、暗杀之革命组织，作为革命者，他要践行“军国民主义”。陈少白谓手枪有登记，若出意外，报馆亦将受累，故极力劝阻苏曼殊，并看护左右。苏曼殊有志难遂，悻悻而辞，离开香港。

苏曼殊于越南某寺受臂戒

1904年初春，苏曼殊去暹罗（今泰国）、马来亚（今马来西亚半岛一带）、锡兰（今斯里兰卡）等地漫游，并接受第三次戒剃。在暹罗，他师从著名佛学大师鞠窣磨长老学习梵文，颇得鞠窣磨长老的器重。长老“殷殷以梵学相勉”（《〈梵文典〉自序》），派他前往印度参究梵学。他一向仰慕法显、玄奘大师西行求法的壮举，此次终偿夙愿，不亦快哉！此次远游后，他初步告别狂飙突进的革命思想，开始自觉地向相对沉静稳健的佛学研究和文化改造转型。如果说以前的他是“逃禅”，那么此后的他由于领悟到佛学奥义，真正开始“缘学入佛”。

1904年3月间，苏曼殊由安南返回香港，遇到同乡世叔简世锠。简世锠回沥溪后，将苏曼殊行踪说与苏杰生，苏杰生时患重病，托简世锠与苏维翰往香港劝苏曼殊归家，而苏曼殊以身无分文为借口拒归，3月15日，苏杰生病逝。此事另一说法是据苏惠珊回忆，其父病逝后，简世锠到香港寻找到苏曼殊，“曼殊问世叔简公说，父亲在世乎？公答曰：已去世。他说：父亲若在我即回去，今云父亲已去世，回去无甚意味”（《亡兄苏曼殊的身世》）。此说法的真伪今已无从考证。另据苏维翰云，苏曼殊之所以不回乡，是由于他当时和革命党人往来，怕牵累苏氏家族，当然还有其幼年被族人歧视特别是其婶虐待所带来的隐痛难以挥去。①

1904年春末，苏曼殊再次离开香港。1904年秋，他执教于明德、实业两校，以之为掩护参与华兴会的筹建及武装起义计划，后计划泄露，逃避至上海。不久，好友刘季平邀请他到江南陆军小学任教，因此结识了青年革命家赵声。苏曼殊常与赵声一起饮酒赋诗，纵马高歌。②

1906年，苏曼殊应刘师培之邀，赴芜湖皖江中学堂、安徽公学任教。1907年初春，苏曼殊因从事反清活动，被上海镇守郑尔城通缉，遂与刘师培何震夫妇东渡日本。苏曼殊寄居东京民报社，与章太炎、陈独秀、张继、刘师培何震夫妇，以及日本人幸德秋水，印度人钵逻罕、保什等创建“亚洲和亲会”，并与鲁迅等人筹办文学杂志《新生》，但未成。他在东京“顾汉土梵文作法，久无专书”（《〈梵文典〉自序》），遂将主要精

---

① 参见柳无忌《苏曼殊研究》。

② 苏曼殊曾为赵声作《饮马荒城图》。因赵声为革命四处奔走，居无定所，在黄花岗起义失败后悲愤而死，画成后，无法赠予赵声。苏曼殊遂效法春秋时期延陵季子挂剑的典故，托一友人将画带到赵声墓前焚化。

力投入《梵文典》编译中。《梵文典》第一卷译出后，章太炎、刘师培分别为其撰序，陈独秀作《曼上人述梵文典成且将次西游命题数语爰奉一什丁未夏五》，皆高度评价苏曼殊此举。苏曼殊在《〈梵文典〉自序》中道出了编译此著述的目的，“非谓佛刹圆音，尽于斯著，然沟通华、梵，当自此始。但愿法界有情，同圆种智”。这一时期，最让他悲欣交集的，是他终于得见“母亲”河合仙，他作《〈曼殊画谱〉自序》《代河合母氏撰〈曼殊画谱〉序》（日文）以聊表奉慈扬母之寸心。

1908年初，苏曼殊与章太炎联名发表《儆告十方佛弟子启》《告宰官白衣启》，并著《答玛德利湘处士论佛教书》等文，阐发佛学真谛，对佛教发展前途表示极大关注。同年10月间，苏曼殊应著名佛学家杨仁山居士之邀，前往南京金陵刻经处开办的祇洹精舍，任梵文学堂英、梵文教员。在祇洹精舍授课仅一个多月，苏曼殊即因体弱劳累患咯血症，于12月上旬离去。其间空闲时，苏曼殊常到深柳堂听杨仁山居士讲经，佛学造诣得到进一步提升。

苏曼殊在祇洹精舍时，杨仁山常与之交谈，给他讲“秦淮八艳”之马湘兰证果一事，意在规劝他身为出家人勿作绮语，但苏曼殊一直视己是以情求道。他在《燕子龛随笔》中写道：“草堂寺维那，一日扣余曰：‘披剃以来，奚为多忧生之叹耶？’曰：‘虽今出家，以情求道，是以忧耳。’”他有一段时期在上海征歌逐色，大吃花酒，寄情于烟花女子，甚至同眠共枕，却毫无所动、“守身如玉”。他称赛金花为老赛，赛金花则称他为和尚兄弟。他穿着袈裟，坐拥花丛中，一席吃花酒的朋友还为他写诗。和烟花女子来往，苏曼殊大以为荣，还自夸定力好，好色而不好性，纯为“精神之爱”。郑桐荪在《与柳无忌论曼殊生活函》中认为其“好吃花酒，而却与他所作的倌人，名花雪南，极少交谈，盖彼之所好不过一场热闹，不在花亦不在酒也”。苏曼殊作为僧人，而常出入风月场所，就这一点，也有人为他辩解，说他即事而真，见性成佛，嗣受曹洞衣钵。孙中山把他和太虚和尚做过比较，说“太虚近伪，曼殊率真”（松影《孙中山口中之曼殊上人与太虚和尚》）。陈独秀说他“是大有情人，又是大无情人，有情说他也谈恋爱，无情说他当和尚”。

苏曼殊后于1909年赴日本养病。在日本停留期间，任东京梵文学会译师，编译《梵文典》等书籍。苏曼殊此番留日，与会弹古筝的艺伎百助枫子相识，为之写诗作画，一度亲密至谈婚论嫁的地步，孰料遭到众多友人的极力劝阻，他最终只得托言“三戒具足”回绝了枫子。同年，经好友陶成章介绍，苏曼殊远赴南洋爪哇（今印度尼西亚爪哇岛一带）执教，途中经新加坡时染疾，巧遇早年英文老师罗弼·庄湘及其女雪鸿，雪鸿仍有意于他，罗弼·庄湘遂欲以雪鸿嫁他。本来能成就一段姻缘，苏曼殊却没有勇气面对，以“嗟夫，余早岁披剃，学道无成，思维身世有难言之恫”为由婉拒，两人只能挥泪而别。事后，他在给友人的信中坦言：“南渡舟中遇西班牙才女罗弼氏……即赠我西诗数册。每于榔风椰雨之际，挑灯披卷，且思罗子，不能忘弭也。”（1910年《致高天梅》）

在爪哇中华会馆从事英文教学的两年中，苏曼殊曾短暂归国，又去过一次日本。苏曼殊在爪哇听闻武昌起义的消息，一时心情大好，急欲归国。他在写给柳亚子、马君武的信中说：“迩者振大汉之天声，想两公都在剑影光中抵掌而谈；不慧远适异国，惟有神驰左右耳。”他在给柳亚子的另一封信中写道：“‘壮士横刀看草檄，美人挟瑟请题诗’。遥知亚子此时乐也。如腊月病不为所累，当检燕尾乌衣典去，北旋汉土，与天梅、止斋、剑华、楚伧、少屏、吹万并南社诸公，痛饮十日；然后向千山万山之外，听风望月，亦足以稍慰飘零。”（1911年《致柳亚子》）但因当时有课务未结束，苏曼殊迟至1912年3月3日归国，4月4日抵上海。在上海期间，苏曼殊承担《太平洋报》主笔，并在该报上重新发表小说《断鸿零雁记》[1]。同年12月，苏曼殊离开报社，赴安庆安徽高等学堂任教。

① 这篇小说最初在爪哇《汉文新报》上连载。

柳亚子《重订苏曼殊年表》记载，1913年至1917年，苏曼殊数次去日本，每次归国都是住在上海。反对袁世凯的二次革命爆发后，1913年7月21日，苏曼殊以个人名义在《民立报》上发表《讨袁宣言》，这篇词锋凌厉的宣言更像是反袁的战斗檄文，为苏曼殊赢得了“革命和尚”的美誉。1914年去日本后，苏曼殊在日本待了两年，其间他删订重刊《燕子龛随笔》，出版《汉英三昧集》《拜轮诗选》，在《民国》杂志上发表小说《天涯红泪记》，在《甲寅》杂志上发表小说《绛纱记》《焚剑记》，在《新青年》杂志上发表小说《碎簪记》。在日本时，苏曼殊与孙中山、萧纫秋、居正、田桐、杨沧白、邵元冲、戴季陶、邓孟硕往来甚密，一度充任孙中山的临时秘书。

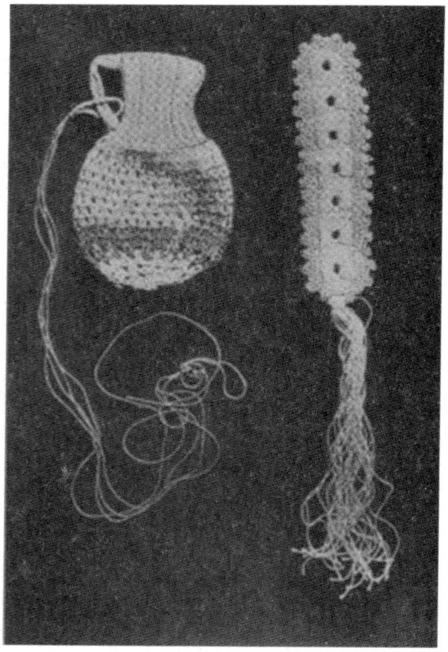
苏曼殊遗物

1917年6月间，苏曼殊最后一次自日本归国。由于他长期过着漂泊不定的生活，饮食无常，嗜糖如命，且酒肉无忌，有暴饮暴食之习[①]，时值夏季，苏曼殊肠胃病复发，住进上海霞飞路医院。蒋介石听闻后，托苏曼殊在湖南长沙时教过的学生陈果夫送去医药费。苏曼殊住在医院很辛苦，蒋介石就派人将他接至新民里寓所，由姚冶诚照顾。程演生在《曼殊轶事》中记载，这年秋间他（程演生）将游粤西，时苏曼殊已移居蒋寓，他临行前与苏曼殊话别，苏曼殊言：

① 陈独秀认为“暴食”其实是苏曼殊的“自杀政策”，苏曼殊“眼见举世污浊，厌恶的心肠很热烈，但又找不到其他出路，于是便乱吃乱喝起来，以求速死”。（柳亚子《记陈仲甫先生关于苏曼殊的谈话》）

“蒋如夫人甚贤，可暂托足。”这年冬，苏曼殊肠胃病再发，只得再次入住医院。

1918年春，苏曼殊肠胃病反复发作并渐剧，终至一病不起。5月2日下午4时，苏曼殊示寂，唯言：“但念东岛老母，一切有情，都无挂碍。”此刻的他，身边遗物除数枚糖果、一只破箱、几盒胭脂、几只香囊外，已是身无长物。5月3日，汪精卫主持苏曼殊的大殓，并捐一棺，陈独秀、章太炎、柳亚子等师友亲为扶棺，孙中山、蒋介石等致函哀悼。孙湜《关于苏曼殊之点点滴滴》记载：“那一天午后，或其第二天，把棺材运到广东人停放灵柩的广肇公所。那时候他的许多革命党朋友，因为走出租界有被捕的危险，所以送到广肇公所的人，仅有滔天氏夫人和我，及一位叫做龟井的滔天氏的同乡，此外还有一位不知名的广东人。”5月4日，苏曼殊的灵柩移厝广肇山庄。

1924年，苏曼殊生前好友陈去病、居正为其丧事奔走，6月中，孙中山出资千金作为安葬费。几经周折，苏曼殊最终被安葬于杭州西湖孤山，与“鉴湖女侠”秋瑾之墓隔水相望。

苏曼殊短暂尘劳的一生，“靡而不邻，涅而不滓”（章太炎语），“集革命气质、浪漫情调与禅子法性于一体”①。他时而从事教学，时而风花雪月，时而为革命奔走呼号，时而行脚入东瀛南荒，一脚在红尘之外，一脚在人世之中，漂流四方，居无定所，爱无所

苏曼殊墓遗址

① 覃召文《禅月诗魂——中国诗僧纵横谈》第七章。

归，加之天生身体羸弱，使他常与药炉为伍，贫病缠身，在出世与入世间几经挣扎、载沉载浮。他这一辈子虽只活了三十多年，却活出了许多人的好几辈子。

## 二

苏曼殊的著作，据统计共达30种以上，可惜在其生前即多有散佚。他的女弟子何震为他编的《曼殊画谱》，虽编成但未刊行，今仅存序言。他的《梵文典》[①]《法显佛国记》《惠生使西域记地名今释及旅程图》《沙昆多逻》《泰西群芳名义集》早已遗失；《女子发髻百图》《汉英辞典》残缺不全；《无题诗三百首》《重译茶花女遗事》只在《太平洋报》的"文艺消息"栏目下刊登过广告，在《民国》杂志上刊登过广告的《埃及古教考》《粤英辞典》也属这种情况；《梵书摩多体文》《英汉辞典》手稿在他的朋友处，最后不知所踪。苏曼殊现存画作有一百多幅。

苏曼殊的译作中，以旧体诗形式翻译的异域诗作被他编入《文学因缘》《潮音》《拜轮诗选》三种书中，合共十首。《文学因缘》收有三首——《译瞿德题沙恭达罗诗》《星耶峰耶俱无生》《留别雅典女郎》[②]。这是苏曼殊翻译异域诗歌的首次尝试，尽管不太成功，却为我们考察旧体诗翻译留下了重要的材料。《潮音》收有九首，除拜伦《留别雅典女郎》系重出，另外八首一般认为是他的译作，他在译界的名声由此确立。八首译作约略分为两期：篇幅比较短的有五首，即雪莱《冬日》、豪

---

① 《梵文典》一书共八卷。其文句读美妙，文体各异，堪称旷古之著。苏曼殊有意将该书出版流布，无奈出版商索价太贵而未成，以致后来佚失。

② 柳亚子《苏曼殊之我观》载："《留别雅典女郎》一诗，又载于《文学因缘》，据自序说是故友所译，据《天义报》所登《文学因缘》目录，说是盛唐山民译。盛唐山在安庆省城，这一位无名的译者，大概是安徽人了。"据安庆市陈独秀学术研究会编注的《陈独秀诗存》记载，《留别雅典女郎》为陈独秀译。

易特《去燕》、陀露哆[①]《乐苑》、拜伦《答美人赠束发䍁带诗》、彭斯《颎颎赤墙靡》[②]，翻译时间早些，译风基本上保留了陈独秀的影响；篇幅比较长的三首是拜伦诗，即《去国行》《赞大海》《哀希腊》，翻译时间晚些，难度更大，或云章太炎、或云黄侃代为润色[③]，可见那时的苏曼殊专力于拜伦诗。《拜轮诗选》一共五首，都已见于《潮音》，《拜轮诗选》是我国第一部拜伦诗歌翻译专辑，同时也是我国翻译史上的第一部外国诗

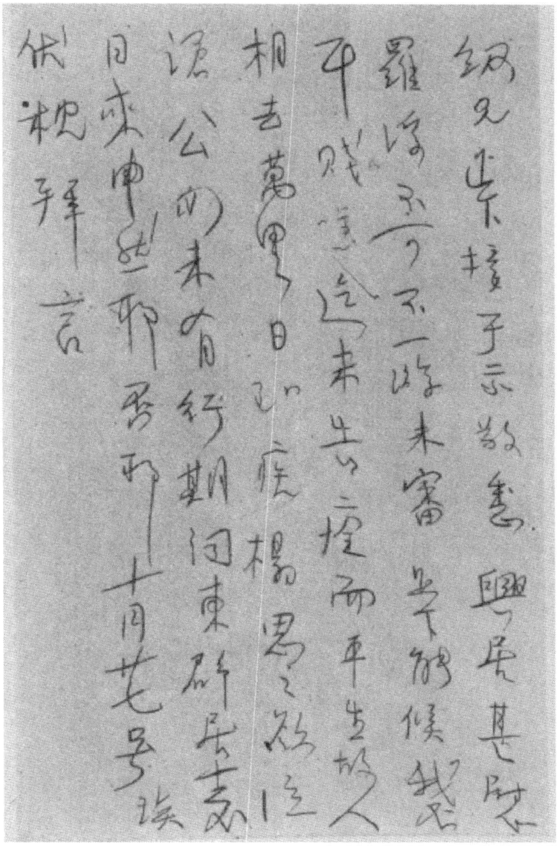

苏曼殊手札

① 陀露哆，印度女作家。

② 《颎颎赤墙靡》，即《一朵红红的玫瑰》（*A Red, Red Rose*）。

③ 根据章士钊的说法，是章太炎为之点定的；潘重规根据原稿，认为是黄侃的手笔，只有《赞大海》第五章为章太炎所译。除《章太炎全集》第二辑《译文集》收入三首译诗外，尚有《答美人赠束发䍁带诗》，这是《拜轮诗选》中苏曼殊译的四首，尚可理解，但陀露哆《乐苑》一首不知何以列入，有待考索。

歌翻译专辑。[1]苏曼殊被公认是向我国介绍拜伦、雪莱诗作的第一人，同时，他的印度文学译介也填补了我国近现代翻译史上的诸多空白。

1911年，苏曼殊在南洋执教之余，开始创作自传体小说《断鸿零雁记》，一部分连载于当地《汉文新报》上。1912年归国后，他在《太平洋报》任主笔时，将该小说重新刊发在该报上。关于这部小说发表的曲折经历，据当时《太平洋报》社文艺栏编辑胡寄尘《记断鸿零雁》记载，这部小说当初在《汉文新报》上连载，“未几，其报停办，而稿之未刊出者甚多。适陈英士在上海办太平洋报，曼殊遂以《断鸿零雁记》稿付刊于该报，从头刊起，然原稿仍未完也”。后来《太平洋报》因故停刊，这部小说仍未能连载完，原稿放在印刷厂。胡寄尘就从印刷厂把原稿拿回，放在报社暂为保存，在报社即将倒闭之际，又把原稿携出。“《断鸿零雁记》稿，前数页系从日报剪下粘贴于簿上（即南洋某报刊登过者）。其后乃曼殊亲笔所书，字极秀娟，惜被排字人油墨所污，殊属可惜。余藏之数年，两次谋为刊行，均不果。直至前年，始得如愿刊行，然原稿系未完之稿，于刊单行本，似不相宜。不得已，余于其末略加若干字，似未完似已完而了结之。此非余好事，实无可如何也。其书印行后，民国十三年（1924），有某君为之译成英文，由商务印书馆出版。”这里补充说明一下，1919年，胡寄尘在上海广益书局刊行单行本《断鸿零雁记》，文中“某君”即梁社乾，他在1924年把这部小说译成英文，使得苏曼殊的作品流传至海外。在《断鸿零雁记》之后，苏曼殊创作的小说还有《天涯红泪记》（未完稿）、《绛纱记》、《焚剑记》、《碎簪记》、《非梦记》，与《断鸿零雁记》合称“六记”。

---

① 《拜轮诗选》初版现已无法见到，我们现在能看到的是1914年的第三版，现加拿大阿尔伯塔大学和中国国家图书馆藏有该版，署“日本东京三秀舍印刷，梁绮庄发行”。书底页有注：“戊申（1908）九月十五日初版发行，壬子（1912）五月初三日再版发行，甲寅（1914）八月十七日再版发行。”

作为晚清民初的知名“文艺青年”，除文学创作外，苏曼殊还善画，有“画僧”之誉。据冯自由回忆，苏曼殊在日本大同学校“独于画学，则具天才”（冯自由《复柳亚子函》），这时的苏曼殊还没有从事文学创作，绘画是他专注的事情。罗孝明在《曼殊大师传补遗》中认为，苏曼殊曾经跟从黄宗仰学习绘画。黄宗仰，即乌目山僧。“《苏报》案”发生后，黄宗仰到日本避难，苏曼殊与之结识，画艺因此而大进。在苏曼殊病逝一年后，即1919年，蔡哲夫[①]经多方搜集，为其编辑出版第一部画集《曼殊上人妙墨册子》，黄宾虹题签，章太炎作序。

此后有王德钟编、柳亚子刊行的苏曼殊第一部诗集——线装本《曼殊上人燕子龛遗诗》，沈尹默手书的《曼殊上人诗稿》，柳无忌编印的线装本《苏曼殊诗集》，此外还有周瘦鹃编纂的《燕子龛残稿》《曼殊遗集》，等等。

1928年，柳亚子整理编纂成五册《曼殊全集》，这是第一部苏曼殊作品全集，由北新书局出版。柳亚子、柳无忌父子为苏曼殊作品整理研究付出了极大心力，“在新文学初期的狂飙时代，掀起了一阵‘曼殊热潮’”（柳无忌《苏曼殊研究的三个阶段》），后又编纂开华普及版《曼殊全集》。1943年，在苏曼殊去世25周年之际，柳无忌在重庆正风出版社刊行《曼殊大师纪念集》。正是柳氏父子搜集编刊之功，苏曼殊的作品才得以比较完好地保存。[②]后来文公直编纂的《曼殊大师全集》问世，号称最完备版，其实并不完备，只是在当时是最完备的。

1949年，黄鸣岐出版了第一部《苏曼殊评传》，此后苏曼殊在内地

① 蔡哲夫，广东顺德龙江乡人，革新派文学团体南社成员。原名珣，更名有守，字奇璧、哲夫，“哲夫”取意《诗经·大雅·瞻卬》“哲夫成城”。其人金石书画诗文无所不能，最为时人艳称的是他与夫人张倾城（亦取意《诗经·大雅·瞻卬》“哲妇倾城”），时人称其一门并擅“三绝”（才绝、画绝、痴绝）。

② 1939—1940年，柳亚子编《曼殊馀集》13册。后柳亚子于病逝前，将包括《曼殊馀集》在内的所有苏曼殊的研究资料及手稿捐给国家，现藏中国国家图书馆。

“消失”三十多年，内地学术界在编写近代文学史时很少提及他的名字，偶尔提及也是将其解读为颓废消极的人物。但在香港，有罗孝明《曼殊大师传补遗》出版；在台湾，1980年唐润钿写出《革命诗僧：苏曼殊传》，1984年刘心皇写出《苏曼殊大师新传》，这是值得欣慰的事，至少说明苏曼殊没有被世人完全忘却。

20世纪80年代初期，江西人民出版社出版了施蛰存重编的《燕子龛诗》，为《百花洲文库》丛书中一种。刘斯奋编的《苏曼殊诗笺注》在广东人民出版社出版，这是苏曼殊诗集的第一部注本。渐而裴效维校点《苏曼殊小说诗歌集》；曾德珪编《苏曼殊诗文选注》；马以君先是编《燕子龛诗笺注》，后又编《苏曼殊文集》。正是这些新编作品集和注本的不断出现，让苏曼殊再次在爱好者中引发热潮，自此开始进入柳无忌所谓的苏曼殊研究的第三个阶段。

20世纪80年代就有学者统计过当时国内外有关苏曼殊的著作，涵盖全集、选集、专集、单行本、合本、小册子、遗著、残稿、遗墨、代表作、小丛书、研究集等多种形式，被编辑再版翻印者有85个版本。现在每隔几年就会有新的苏曼殊传记或文集出版。

## 三

苏曼殊的作品在20世纪初即为读者“倾倒一时”，其流行程度被鲁迅先生概括为“曼殊热”。

苏曼殊写诗，有时随写随弃，因此留存至今的并不算多。关于其学诗经历，陈独秀道：“曼殊是一个绝顶聪明的人，他从小就没有好好儿读过中国书，初到上海的时候，汉文的程度实在不甚高明，他忽然要学作诗，但平仄和押韵都不懂，常常要我教他，他做了诗要我改，改了几次，便渐渐的能做了。在日本的时候，又要章太炎教他作诗，但太炎不曾好好儿的教。只由着曼殊自己去找他爱读的诗，不管是古人的，是现代的，天天拿来读。读了这许多东西之后，诗境便天天进步了。”[①]他的组诗《本事诗》就是在陈独秀的日本寓所清寿馆所写，风格接近陈独秀，以致其中有两首被误认为陈独秀的诗。我们今天可以看到的苏曼殊一诗稿上面的若干诗，是他请好友刘季平修改的，与他发表时的诗有所不同，因此可以说苏曼殊在学诗上转益多师。

苏曼殊的诗多数为七绝，就内容而言，有爱国的孤愤，有自伤身世的苦闷，有对恋情欲拒还休的忧郁，有对友人的劝勉与思念，有对湖光山色的咏叹。其中最让人咏叹不止的是表现个人身世之悲、情思之忧的诗作。在艺术上，他受李商隐、杜牧、龚自珍的影响比较深，善于造境，大多诗作以清丽凄婉的风神见长。郁达夫说苏曼殊诗偷取龚自珍《己亥杂诗》而善于“重加点染”，柳无忌《亦诗亦画话曼殊》说苏曼殊“毫不迟疑地引用前人辞藻”，可谓英雄所见略同。

作为情僧，苏曼殊往往以禅入诗，打并一处，其诗哀感顽艳。他一贯以情求道，以情入禅。与女子相恋时，其诗多禅味，“情”与“禅”一者执着，一者逃逸，二者在他的诗中构成张力，相纠相绕，相反相成。如“禅心一任蛾眉妬，佛说原来怨是亲。雨笠烟蓑归去也，与人无爱亦无嗔”（《寄调筝人·西京步枫子韵》）；又如“收拾禅心侍镜台，沾泥残絮有沉哀。湘弦洒遍胭脂泪，香火重生劫后灰”（《读晦公见寄七律》）。不仅如此，他还善于点化前人的诗句为己所用，如“华严瀑布高千尺，未及卿卿爱我情”即化用李白“桃花潭水深千尺，不及汪伦送我

---

① 柳亚子《记陈仲甫先生关于苏曼殊的谈话》，载柳无忌编《苏曼殊研究》，上海人民出版社1987年，第280-281页。章士钊也有相似的说法：“曼殊真近代之异人也，自初识字以至卓然成家，不过经二三年。始在沪与钊共笔墨时，学译嚣俄（今译雨果）小说，殊不成句，且作字点画，八九乖错，程度犹远在八指头陀之下。……后一年，走东京，复与同人文会，则出语隽妙，亦非辈流所及矣。”（《甲寅》周刊第1卷第38号）

情”，“还卿一钵无情泪，恨不相逢未剃时”即化用张籍“还君明珠双泪垂，恨不相逢未嫁时”。

苏曼殊在日本时写的诗极富画面感和异域风情，如“春雨楼头尺八箫，何时归看浙江潮。芒鞋破钵无人识，踏过樱花第几桥”（《本事诗》其九），对故国的深长之思与在异域的飘零之感浑然交织。诗中有听觉意象，有视觉意象，有人物的动态，有景物的静态，动中显静。又如“柳阴深处马蹄骄，无际银沙逐退潮。茅店冰旗知市近，满山红叶女郎樵”（《过蒲田》），宛如一幅色彩鲜明的画卷，清新之气扑面而来。

他的诗慷慨激昂者寥寥无几，其中《以诗并画留别汤国顿》即是代表作。其一：“蹈海鲁连不帝秦，茫茫烟水着浮身。国民孤愤英雄泪，洒上鲛绡赠故人。”其二：“海天龙战血玄黄，披发长歌览大荒。易水萧萧人去也，一天明月白如霜。”诗作借用鲁连蹈海和荆轲刺秦王两个历史典故，一腔孤愤沉郁深重，反清情志跃然纸上。他的恋情诗也时有忧国情怀贯穿，如“绿窗新柳玉台旁，臂上微闻菽乳香。毕竟美人知爱国，自将银管学南唐”（《无题》其一）；又如“水晶帘卷一灯昏，寂对河山叩国魂。只是银莺羞不语，恐防重惹旧啼痕”（《无题》其三）。在革命陷入低谷的消沉之时，他写道：“流萤明灭夜悠悠，素女婵娟不耐秋。相逢莫问人间事，故国伤心只泪流。”（《东居杂诗》其一）他的诗作中也有欢快之作，如“孤村隐隐起微烟，处处秧歌竞插田。羸马未须愁远道，桃花红欲上吟鞭”（《淀江道中口占》），但此类并不多见。

他的诗一直为人所推崇。好友柳亚子称，“他的诗好在思想的轻灵，文辞的自然，音节的和谐”，“给读者一种隽永轻清的味道”，“小诗凄艳绝伦，无世俗尘土气”。另一南社同人高旭在《愿无尽庐诗话》中云其诗“其哀在心，其艳在骨，而笔下尤有奇趣，定庵一流人也”。郁达夫《杂评曼殊的作品》认为苏曼殊的诗出于龚自珍《己亥杂诗》，“而又加上一脉清新的近代味的。所以用词很纤巧，择韵很清谐，使人读下去就能感到一种快味”。20世纪80年代，刘心皇《苏曼殊大师新传》论及苏曼殊的诗，认为“曼殊的诗，虽以他的时代和他的身世背景，有哀伤，有幽怨，但出语空灵，所以是超凡绝俗的，在清末民初之际，有这样的诗人，为当时的人所推重，就是六七十年后的现在看起来，他的诗创作、诗译作以及诗批评，还没有过时，因为他所写的多系言情的作品，情是万古常新的，当然不会觉得过时了”。谢冕在《1898：百年忧患》中认为，“苏曼殊无疑是中国诗史上最后一位把旧体诗做到极致的诗人”。实际上，在中国诗史上，苏曼殊无疑给七绝画上了完美的句号。

苏曼殊的小说以爱情故事为题材，展示男女主人公的美好追求与社会阻力之间的矛盾冲突，通过悲剧收场，深刻揭示并尖锐批判封建礼教和封建宗法制“吃人”的本质，这使他的小说与通过爱情悲剧反映社会黑暗动乱的晚清言情小说区别开来。他特别注重对主人公心理矛盾的细腻揭示，而这其实是他本人内心痛苦挣扎的真实写照。这些小说带有浓重的感伤色彩，文辞婉丽，常被说成是“鸳鸯蝴蝶派”一类的小说，甚至被称为后来风靡一时的“鸳鸯蝴蝶派”之祖。提出“鸳鸯蝴蝶派”这一名称的周作人，认为“说曼殊是鸳鸯蝴蝶派的人，虽然稍为苛刻一点，其实倒也是真的”（周作人《答芸深先生》）。胡适对苏曼殊的小说更是不以为然，他在《答钱玄同书》中称：“先生屡称苏曼殊所作小说。吾在上海时，特取而细读之，实不能知其好处，《绛纱记》所记，全是兽性的肉欲，其中硬拉入几段无关系的材料以凑篇幅，盖受几块钱一千字之恶俗之影响者也。《焚剑记》是一篇胡说，其书尚不可比《聊斋志异》之百一，有何价值可言耶？”胡适从新文学的角度解读苏曼殊小说，未免太过苛责。孙超在《论传统小说文体在民初的通变》中写道：“苏曼殊所作《焚剑记》《绛纱记》《碎簪记》和《非梦记》揭露礼教和金钱势力对都市青年爱情的破坏，积极回应民初婚制变革这一社会热点。虽叙之以传奇体，但又确如钱玄同所说其‘描写人生真处，足为新文学之始基’。”

现今研究者一般认为，苏曼殊的小说在中国小说从传统向现代转型演进的过程中具有过渡性意义，是“五四”抒情小说的先驱。如张伟在《苏曼殊小说中的现代曙光》一文中指出，苏曼殊“对生命的执着和不断探索，是其书写情爱的动力，是其小说的深层景观，也是向五四新小说提供的深层资源”，特别是苏曼殊小说在结构框架、叙事模式和艺术形式的创新上“体现出从传统向现代的转型”。当代知名学者杨义在《中国现代小说史》一书中指出，苏曼殊小说将个人情感悲哀上升为宗国之忧，落笔别有诗人风致，“明洁隽逸”，在凄婉哀切之处透露出一种青春气息，迥异于林纾的“沉沉暮气”和鸳鸯蝴蝶派的“馥馥脂粉气”，具有反对封建礼教和唯美主义、理想主义之色彩。

晚清以降，中国思想文化界迫切地要求“别求新声于异邦”，苏曼殊被视为清末民初三大翻译家之一①，他的主要译作体现了其文学审美现代意识的初步觉醒。苏曼殊的作品翻译大致分为以雨果《悲惨世界》为代表的小说翻译、以《拜轮诗选》为代表的西方浪漫主义诗歌翻译、印度文学及佛学经典翻译三大部分。他的译作以译诗成就最高，是近代以来文言诗歌翻译的一面旗帜。苏曼殊天生具有浪漫气质②，加上很早精通外语③，因此很容易和他翻译的浪漫主义诗歌合拍，章太炎曾在苏曼殊翻译这些诗

---

① Ramon Woon（翁聆雨）、Irvingy（罗郁正）合撰的*Poets and Poetry of China's Last Empire*中，以严复、林纾、苏曼殊为清末三大翻译家。见马以君《〈苏曼殊文集〉序》注第41条，花城出版社，1991年版，第23页。持此论者还有罗大鹏、钱基博。苏曼殊同时是中华古诗外译的先行者之一，他翻译的寒山诗在美国掀起了学习中国诗的热潮。

② 郁达夫在《杂评曼殊的作品》中曾说：“他的浪漫气质，由这一种浪漫气质而来的行动风度，比他的一切都要好。”载《郁达夫文集》，花城出版社，1982年。

③ 苏曼殊在诗集《潮音跋》中云：“尝从西班牙庄湘处士治欧洲词学”，在《本事诗》中他称“丹顿裴轮是我师”（一说为陈独秀作）。

歌时帮忙润色，故苏曼殊的译诗较古奥、多僻字[①]，“沈博绝丽，无愧元作”（周瘦鹃《〈曼殊遗集〉弁言》）。可以说，以上诸多因素共同成就了苏曼殊的译诗，使其成为中国旧体诗翻译的第一个高峰。苏曼殊在《文学因缘》和《拜轮诗选》两书的序文中，谈到诗歌翻译的有关问题，提出翻译应力求做到“按文切理，语无增饰；陈义悱恻，事辞相称”（《〈拜轮诗选〉自序》）。苏曼殊的译诗大多采用五言古诗的体裁，不仅突出古雅，而且易于表现自己清丽凄婉的风格。他曾说：“诗歌之美，在乎气体。然其情思幼眇，抑亦十方同感。如衲旧译《颎颎赤墙靡》《去燕》《冬日》《答美人赠束发䥇带诗》数章，可为证已。”郁达夫认为“他的译诗，比他自作的诗好，他的诗比他的画好，他的画比他的小说好”[②]。这一看法，已得到许多人的认同。

苏曼殊从佛学进入印度文化、印度文学后，率先从中外文学比较的角度，把印度纯文学作品，如闻名于世的叙事长诗《摩诃婆罗多》《罗摩衍那》，古典诗剧《沙恭达罗》，以及抒情长诗《云使》等介绍到中国来，可谓别具慧眼、前无古人。他欣赏印度文学，认为“梵、汉字体，俱甚茂盛，而梵文‘八转’‘十罗’，微妙傀琦，斯梵章所以为天书也”。他甚至认为印度古典文学是世界文学史上最灿烂的部分，“文词简丽相俱者，莫若梵文，汉文次之，欧洲番书，瞠乎后矣”（《〈文学因缘〉自序》）。在一派欢呼、拥抱西学的当口，他如此不遗余力地揄扬同为东方古老文化的印度文学，无疑需要相当大的学术勇气。正如黄轶在《苏曼殊印度文学译介论》一文中所指：“苏（曼殊）对印度纯文学的崇拜，除了身在佛门与不少印度高僧有密切往来，潜心佛学深知印度文化对中国文化的影响所致之偏爱外，更为主要的原因是印度文学优美的语言文字、丰富

① 鲁迅曾说：苏曼殊译诗“古奥得很，也许曾经太炎先生的润色的罢”。（《杂忆》）

② 郁达夫《杂评曼殊的作品》，见《郁达夫文集》第五卷，花城出版社，1982年，第255页。

的文学想象、浪漫的艺术情调、浓艳的爱情故事、缠绵的感情表达合乎苏曼殊的艺术审美观，也正是印度文学的这些艺术特征潜移默化，参与了苏曼殊的艺术观建构，培养了苏曼殊的审美情趣。”苏曼殊创作的小说《断鸿零雁记》和后来创作的诗歌等，在美学风格上即深受印度文学的影响，又反过来影响了郁达夫等人的审美观念，推动了“自叙传”浪漫抒情文学的历史生成。

据现有资料显示，苏曼殊翻译的印度文学作品只有一篇小说和一首短诗，但这却是当时文坛仅有的印度文学译作。苏曼殊在1908年日本东京出版的《民报》上发表了《娑罗海滨遁迹记》，署“南印度瞿沙著，南国行人译”。《娑罗海滨遁迹记》被视为中国人翻译印度小说的开山之作，但柳亚子认为，“内有《星耶峰耶俱无生》一诗，据《天义报》上所登《文学因缘》广告目次，该为拜伦所做，瞿沙以印度人著书，不应反引拜伦诗句，很觉矛盾。曼殊好弄玄虚，或者此书竟是自撰，而托名重译也未可知。此事又成疑案了”（柳亚子编《曼殊全集》第二册）。苏曼殊于1909年翻译陀露哆的小诗《乐苑》，在译诗“题记”中说：“梵土女诗人陀露哆为其宗国告哀成此一首，词旨华深，正言若反。”苏曼殊翻译该诗自然也寄托着他的“宗国之思”，也是“为祖国告哀”。

在改译《悲惨世界》（初版译名《惨世界》）时，苏曼殊不愿受原著束缚，而是以我为主，在其中大胆地另起炉灶，加入不少自己的创作，塑造了一个大骂皇帝、孔学的革命侠士明男德，鲁迅先生赞其为“血的蒸气，醒过来的人的真声音”［《随感录（四十）》］。陈独秀也参与了这部小说的翻译，并在文字上做了进一步的修饰。[①]

苏曼殊所写杂文以论政一类居多。他早先是无政府主义者，《女杰郭

① 后来这部小说出版单行本，合署两人名字，再版时则改名为《悲惨世界》，另署“苏曼殊大师遗著”。

耳缨》即鼓吹该主义。《呜呼广东人》痛心疾首于紊乱国籍的媚外之人，至今仍有警示意义。《讨袁宣言》则是金刚怒目式的檄文，此时他虽托身方外，但目睹“独夫袁氏作孽作恶，迄今一年。擅屠操刀，杀人如草。幽蓟冤鬼，无帝可诉。诸生平等，杀人者抵；人讨未申，天殛不逭”，此种文字读之使人痛快淋漓。

苏曼殊的信札具有六朝韵味。他与刘季平是至交，往来信函较多，不为外人所道之事多与刘倾诉。在谈及自身烦恼时，他写道：“曼处境苦极，深契如兄，岂不知之？家庭事虽不足为兄道，每一念及，伤心无极矣！嗟乎，刘三，曼诚不愿栖迟于此五浊恶世也。”在他穷困潦倒时，曾写信向刘三告贷，“目下剃头洗身之费俱无。嗟夫！长者，情何以堪？今不得不再向长者告贷三十元”。

苏曼殊《参拜衡山图》。又名《登祝融峰图》，载蔡哲夫编《曼殊上人妙墨册子》（1919）

苏曼殊的国画颇得南宗风致，意境苍凉悠远，疏柳寒鸦瘦马，寥寥数笔，虽惨淡之至，实为一腔至情至性之宣泄。其用笔敷彩，绝不喜依傍他人门户。挚友刘季平比其为晋代的天才顾恺之，称其同“擅三绝”。黄宾虹曾谓“曼殊一生，只留下几十幅画，可惜他早死了，但就是他那几十幅画，其分量也够抵得我一辈子的多少幅画”（台湾《艺海杂志》1979年7月5卷第2期，薛慧山《苏曼殊画如其人》）。柳无忌则认为他的画“达到了近代中国绘画里罕见的空灵美”（柳无忌《苏曼殊传》）。故《曼殊上人妙墨册子》虽仅收录二十二幅画作，但在当时即被爱好者珍若拱璧。他的画作中，不乏《扑满图》《猎狐图》《太平天国翼王夜啸图》等有鲜明政治寓意的画作。不仅如此，他还是较早在日本学习西洋美术的中国人。

苏曼殊以多才多艺，出入于新旧文化，沟通起中外文化，徘徊于生理血统与文化血统、古典世界和现代世界之间。正如柳无忌所说：“在二十世纪初年，苏曼殊实为中外文化交流的创始者，重大的功臣，诸如梵文的介绍、西洋文学的翻译、中诗英译的编集，有其辉煌的成就。”

## 四

本书的编选，以1928年柳亚子编纂、北新书局出版的《苏曼殊全集》为底本，同时参考马以君所编《苏曼殊文集》，从目前所能见到的百余首苏曼殊诗作中选取三十余首，《燕子龛随笔》和译诗为全编，小说只选取代表作《断鸿零雁记》。至于其他的序跋、杂文、信札、画跋，则酌情选编，争取做到让读者对苏曼殊的文学创作有相对全面的了解。限于本书篇幅，苏曼殊有些作品如杂著《岭海幽光录》、小说“六记”中的后五记未能选入，读者可循书后附录“延伸阅读推荐书目”找寻相关书籍阅读。本书的正文部分引用了第一代苏曼殊研究者的专著，如柳亚子等编的《苏曼殊年谱及其他》、柳无忌编的《苏曼殊研究》等。

孙中山题字

开始编写本书时，想起民国时期柳亚子写《苏曼殊传略》时曾说：“现在一部分的青年很狂热地崇拜他，而一般批评家不满意于他的却也很多。不过，在中国文学史上，我想总不好把曼殊的名字抹去吧，要是一部完善的著作的话。”此话今天看来仍大体不差。还有郁达夫在《杂评曼殊的作品》中的几句话，笔者也认为是很公允的，“其实苏曼殊的名氏，在中国的文学史上，早已经是不朽的，那些推重过当的称颂，实在不能在他的名氏上更加些什么”。

# 诗歌选读

# 以诗并画留别汤国顿

## 题解

此诗初刊于1903年10月7日《国民日日报》副刊《黑暗世界》。

1903年，苏曼殊自日本归国之前，在日本成城学校就读。当时俄国对清政府提出要求长期控制东北的“七项撤军新条件”，这激起广大中国人民的愤怒，引发了拒俄事件。苏曼殊毅然加入中国留学生在日本组织的“拒俄义勇队”，开展救亡运动。但他的表哥林紫垣反对，并断其经济接济，不支持他参加这一爱国组织。无奈之中，他只能中断学业，于同年9月乘船回国。途中他给他的表哥写了一封遗书，说自己要投江自杀。船抵上海不久，苏曼殊同吴帙书、吴绾章、王薇伯等组织元学堂的退学生创办苏州吴中公学社，并由此结识汤国顿、包天笑、祝心渊等人。不久，他返回上海，担任《国民日日报》翻译。在离开苏州之前，他以诗并画留别汤国顿。

汤国顿：名睿，号荷庵，广东人，康有为学生。在苏州吴中公学社执教时和苏曼殊是同事兼好友。一说是苏曼殊的老师，不确。

蹈海鲁连不帝秦[1]，茫茫烟水着浮身。
国民孤愤英雄泪，洒上鲛绡赠故人[2]。

## 注释

［1］鲁连：鲁仲连。战国时齐国人。善谋策，常周游各国，排难解纷。秦军围赵都邯郸（今属河北），曾以利害进说赵平原君，劝阻尊秦昭王为帝。后十余年，齐国欲收复被燕占据的聊城（今山东聊城西北），屡攻不下，他写信劝说燕将撤守。　［2］鲛绡：古时传说鲛人所织的绢。南朝梁任昉《述异记》载："南海出鲛绡纱，泉室潜织，一名龙纱。其价百余金，以为服，入水不濡。"

**海天龙战血玄黄[1]，披发长歌览大荒。**
**易水萧萧人去也[2]，一天明月白如霜。**

## 注释

［1］龙战：群雄割据相争。《周易·坤卦》载："龙战于野，其血玄黄。"　［2］易水：河名，在今河北易县。战国时，荆轲被燕太子丹派去刺杀秦王。去时，太子丹和宾客们身穿白衣、头戴白帽在易水送别，高渐离击筑，荆轲以歌和之，云："风萧萧兮易水寒，壮士一去兮不复还。"

# 游同泰寺与伍仲文联句

题解

此诗录自伍仲文《曼殊杂记》，柳亚子曾将其收入《曼殊馀集·诗集之馀》第1册。

1905年，伍仲文从日本归国，到南京。恰好此时苏曼殊也在南京，住在江南阅书报社北屋，伍便邀请他一同游玩同泰寺。两人纵谈往事，携杖比步而上，“远眺钟阜、幕府、卢龙诸山，近瞰北湖”。苏曼殊诗兴大动，于是和伍仲文联句。

同泰寺：位于江苏南京北鸡鸣山东麓，为南朝梁武帝萧衍所建。

伍仲文：名崇实，字习之，号静斋，江苏江宁（今南京）人。在日本留学时，与苏曼殊同为“军国民教育会”成员。

赫赫同泰寺，萋萋玄武湖[1]。曼殊
红莲冒污泽，绿盖掩青菰。仲文
幕府林葱蒨[2]，钟山路盘汙。曼殊
沧翠明陵柏，清新古渡芦[3]。仲文
天空任飞鸟，秋水涤今吾。曼殊
六代潜踪汉[4]，三山古国吴[5]。仲文
悠悠我思远，游子念归途。曼殊
掉头看北极[6]，夕照挂浮图[7]。仲文

## 注释

［1］玄武湖：古称练湖、后湖，在江苏南京城东北玄武门外。［2］幕府：山名。在今南京西北，临江而立。［3］古渡：指南京北卢龙山之西的长江古渡口。［4］六代：指三国时的吴，东晋，南朝宋、齐、梁、陈，这六个朝代都曾建都南京。［5］三山：山名，位于南京西南板桥镇三山村的长江边，是南北相连、三峰并列的一座山。［6］北极：北极阁，在鸡笼山顶，因阁位于明代北极真武斋之后上方，故称北极阁。［7］浮图：亦作“佛图”，即佛塔，此处指钟山东麓灵谷寺内的石塔。

# 住西湖白云禅院作此

## 题解

此诗初刊于1912年《太平洋报》副刊《太平洋文艺集》上，后发表在1914年5月《南社》第9集。

该诗原诗题有“八年前”三字，按苏曼殊《画跋》所载，“乙巳泛舟西湖，寄怀仲子”，仲子即陈独秀，推断该诗作于1905年。

白云禅院：即白云庵，在浙江杭州西湖南岸的南屏山下，明末白云上人在此建庵，故名。

白云深处拥雷峰[1]，几树寒梅带雪红。
斋罢垂垂浑入定[2]，庵前潭影落疏钟。

## 注释

［1］雷峰：即夕照山雷峰上的黄妃塔，在西湖南岸，为五代吴越王钱俶所建，因地处雷峰，后称雷峰塔。 ［2］斋罢：佛教徒清欲，不杀生，素食为依，用膳是为斋。

# 代河合母氏题《曼殊画谱》

## 题解

1907年，刘师培的妻子何震拜师苏曼殊学绘画。在准备编辑《曼殊画谱》之时，何震请苏曼殊的母亲河合仙写序，实为苏曼殊代笔，并由周作人译成汉文。

河合母氏：河合仙，日本横滨人，苏曼殊生母河合若子的姐姐。河合若子在生下苏曼殊不久即离他而去，于是苏曼殊由河合仙抚养，苏曼殊也一直把河合仙视为生母。

月离中天云逐风，雁影凄凉落照中。[1]
我望东海寄归信[2]，儿到灵山第几重[3]。

## 注释

[1] 自注："吾儿画此景独多。"　[2] 东海：代指中国。[3] 自注："儿尝作《灵山振衲图》。"灵山：山名，即灵鹫山，位于中印度摩揭陀国王舍城东北，其山形似鹫，山上鹫鸟多，故称。

# 忆刘三天梅

## 题解

此诗从刘季平所藏苏曼殊手札里辑出，柳亚子编《曼殊全集》（北新版）时以序为诗题。在文公直所编、上海教育书店出版的《曼殊大师全集》中拟题为“忆刘三天梅”，此诗题一直沿袭至今，为各版本苏曼殊诗集所用。

刘三：刘季平，原名宗龢，字季平，号江南，别字离垢，自署“江南刘三”，上海人，同盟会会员。早年负笈东渡日本，和苏曼殊同读于成城学校，归国后任浙江陆军学堂教官。

天梅：高旭，字天梅，号剑公，江苏金山（今属上海）人。在日本留学时，攻读政法，在东京结识孙中山并加入同盟会，有《天梅遗集》。

东来与慈亲相会，忽感刘三、天梅去我万里，不知涕泗之横流也。

九年面壁成空相[1]，万里归来一病身。
泪眼更谁愁似我，亲前犹自忆词人。

## 注释

[1] 自注：“余出家刚九年。”“九年”是虚指，非实指。

# 西湖韬光庵夜闻鹃声柬刘三

## 题解

1908年秋天，苏曼殊从上海到杭州，住在韬光庵。夜深人静时心情低落，听到杜鹃声声，不由想念起老朋友刘三。

韬光庵：位于杭州灵隐寺西北的巢枸坞，据传因是唐代高僧韬光法师所建而得名。

刘三旧是多情种，浪迹烟波又一年。
近日诗肠饶几许，何妨伴我听啼鹃。

# 莫愁湖寓望

## 题解

此诗辑自霍洁尘所编《苏曼殊诗酬韵集》，诗题下注：“民国二十三年十月三十日君侠投逸诗。”

莫愁湖：位于江苏南京。

清凉如美人[1]，莫愁如月镜[2]。
终日对凝妆，掩映万荷柄。

## 注释

[1] 清凉：山名，即清凉山，在南京城西。 [2] 月镜：石镜名。东晋王嘉《拾遗记·周灵王》载：“时异方贡玉人，石镜，此石色白如月，照面如雪，谓之月镜。”此喻莫愁湖水之明净。

# 久欲南归罗浮不果因望不二山有感聊书所怀寄二兄广州兼呈晦闻哲夫秋枚三公沪上

## 题解

此诗录自文芷（罗承勋）发表在香港《大公报》上的《曼殊上人诗册》，《曼殊上人诗册》原属蔡哲夫夫人谈月色所藏，后归文芷。

罗浮：指广东东江北岸的罗浮山。

不二山：即日本富士山。

二兄：苏曼殊叔父苏德生的次子苏维翰，字怀汉，号墨斋。自幼和苏曼殊一起读书，1898年同去日本留学。

晦闻：黄节，原名晦闻，字玉昆，号纯熙，广东顺德人。

哲夫：蔡守，字哲夫，广东顺德人。在苏曼殊病逝后，曾编印《曼殊上人妙墨册子》。

秋枚：邓实，字秋枚，别署野残，广东顺德人。

寒禽衰草伴愁颜，驻马垂杨望雪山[1]。
远远孤飞天际鹤，云峰珠海几时还。

## 注释

［1］雪山：指日本富士山。

# 题静女调筝图

## 题解

此诗作于1909年春季。在日本东京时，苏曼殊结识歌伎百助枫子，相处不久即为她画像，命名为《静女调筝图》。此诗即题写在这幅画上，并且录了倪瓒词《柳梢青》，印成明信片赠给章士钊、包天笑、邓秋枚、诸贞壮、蔡哲夫、黄晦闻。

《静女调筝图》

无量春愁无量恨[1]，一时都向指间鸣。
我已袈裟全湿透，那堪重听割鸡筝[2]。

## 注释

[1] 无量：无限，多到不可计量。《摄大乘论·释八》载："不可譬类得知为无量。" [2] 割鸡筝：割，指用拨片拨动琴弦。鸡筝，日本一种乐器。

# 本事诗

## 题解

本组诗初刊于1910年12月《南社》第3集。1909年12月第9首在《南社》第1集发表时，题作“有赠”；在1914年5月《民国》杂志第1号发表时，题作“春雨”。

柳亚子在《答马仲殊先生书》中云：“《本事诗》十章及《调筝人》各首，已能证明其为百助眉史而作。”柳无忌在《苏曼殊及其友人》中亦言：“曼殊的《本事诗》十章，全是为百助而作。”

此组诗和者有柳亚子、陈独秀、高天梅、蔡哲夫等人。20世纪60年代，文芷在香港《大公报》上发表《曼殊上人诗册》，后经章士钊辨别，指出有两首诗为陈独秀所作。其一：丹顿裴伦是我师，才如江海命如丝。朱弦休为佳人绝，孤愤酸情欲语谁。其二：慵妆高阁鸣筝坐，羞为他人工笑颦。镇日欢场忙不了，万家歌舞一闲身。《曼殊上人诗册》中另有“愧向尊前说报恩”一诗，且注有“曩在秣陵仁山老居士为余道马湘兰证果事甚详”，故文芷认为，此首“只是曼殊，不是陈独秀的诗”。“淡扫蛾眉朝画师”一诗原归为《为调筝人绘像》组诗，但据其韵脚推断其为《本事诗》中一首。

无量春愁无量恨，一时都向指间鸣。
我亦艰难多病日，那堪更听八云筝[1]。

注释

[1] 自注："日本古史相传，有神名须佐之男命者降出云国为斩妖龙而娶其国美女稻田姬，妖龙八首，化龙飞起，后人以八云为乐器之名云。"

**丈室番茶手自煎[1]，语深香冷涕潸然。**
**生身阿母无情甚，为向摩耶问夙缘[2]。**

注释

[1] 丈室：狭小的房间。番茶：日本的一种茶。自注："日本茶名。" [2] 摩耶：摩诃摩耶的简称，又称摩耶夫人，佛教说她是释迦牟尼的生母、天竺天臂城善觉王的女儿、迦毗罗卫国净饭王的王后。夙缘：就今生的不幸而问及前世所种下的恶因。

**淡扫蛾眉朝画师[1]，同心华髻结青丝[2]。**
**一杯颜色和双泪，写就梨花付与谁。**

注释

[1] 淡扫：轻轻描画。蛾眉：细而弯的眉毛。此句化用张祜《集灵台》中"却嫌脂粉污颜色，淡扫蛾眉朝至尊"。 [2] 自注："汉

元帝时有同心髻，顶发相缠，束以绛罗，今日本尚有此风。”

愧向尊前说报恩，香残玦黛浅含颦。
卿自无言侬已会，湘兰天女是前身。[1]

注释

[1] 自注：“曩在秣陵仁山老居士为余道马湘兰证果事甚详。”

桃腮檀口坐吹笙，春水难量旧恨盈。
华严瀑布高千尺[1]，未及卿卿爱我情。

注释

[1] 华严瀑布：位于日本栃木县日光山。自注：“华岩瀑布在日光山蓬瀛最胜处也。”

乌舍凌波肌似雪[1]，亲持红叶索题诗[2]。
还卿一钵无情泪，恨不相逢未剃时。

注释

[1] 自注：“梵士相传，神女乌舍监守天阊，侍宴诸神。”
[2] 自注：“引唐时女诗人韩采苹事。”

相怜病骨轻于蝶[1]，梦入罗浮万里云。
赠尔多情书一卷[2]，他年重检石榴裙[3]。

注释

[1] 轻于蝶：指身体多病消瘦已轻于蝴蝶，夸张手法。 [2] 自注："赠以梵本《沙恭达罗》。" [3] 自注："昔人诗云：'不信比来常下泪，开箱重检石榴裙。'"

碧玉莫愁身世贱，同乡仙子独销魂[1]。
袈裟点点疑樱瓣，半是脂痕半泪痕。

注释

[1] 同乡：苏曼殊出生在日本横滨，百助枫子也是横滨人，故视其为同乡人。

春雨楼头尺八箫[1]，何时归看浙江潮。
芒鞋破钵无人识，踏过樱花第几桥。

注释

[1] 自注："日本尺八与洞箫少异，其曲名有春雨者，殊凄惘。

日僧有专吹尺八行乞者。”尺八，古代吴越地区乐器，五孔，因管长一尺八寸而得名。最早传入日本的尺八只用于宫廷雅乐演奏，为六孔，称为“古代尺八”，亦称“雅乐尺八”。在日本奈良东大寺的正仓院，尚有八只唐式尺八，系由遣唐僧东传至日本。

**九年面壁成空相，持锡归来悔晤卿。**

**我本负人今已矣，任他人作乐中筝**[1]。

## 注释

[1] 自注：“南汉黄损词云：愿作乐中筝，得近佳人纤手指。”

# 寄调筝人

## 题解

此组诗初刊于1910年12月《南社》第3集，又见1912年4月19日《太平洋报》副刊《太平洋文艺集》的《愿无尽庐诗话》。此组诗第一首为《西京步枫子韵》，第二首为《失题》，第三首为《水户观梅有寄》。

这是苏曼殊写给百助枫子的一组情诗。

禅心一任蛾眉妬，佛说原来怨是亲。
雨笠烟蓑归去也，与人无爱亦无嗔。

生憎花发柳含烟，东海飘零二十年[1]。
忏尽情禅空色相，琵琶湖畔枕经眠[2]。

## 注释

[1] 东海：代指日本。 [2] 琵琶湖：日本国家公园，在京都西京滋贺县中部地区，形似琵琶，面积六万多公顷，为日本第一大淡水湖。

偷尝天女唇中露[1]，几度临风拭泪痕。
日日思卿令人老，孤窗无那正黄昏。

## 注释

［1］自注：“此译拜轮句。”

# 题师梨集

## 题解

此诗作于1909年春，初刊于1910年12月《南社》第3集。

1909年，苏曼殊在南京遇到好友蔡哲夫。蔡哲夫将英国领事佛莱蔗赠给他的《师梨诗选》转赠给苏曼殊，希望他能将之翻译给中国读者。

师梨：今译“雪莱”，19世纪英国浪漫主义诗人，曾参加爱尔兰的民族独立运动，于1818年离开英国，侨居意大利。后因覆舟溺水而死，年仅30岁。著有《西风颂》《致云雀》《解放了的普罗米修斯》《给英格兰人的歌》等诗歌。

谁赠师梨一曲歌[1]，可怜心事正蹉跎。
琅玕欲报从何报[2]，梦里依稀认眼波。

## 注释

[1] 一曲歌：指《师梨诗集》。　[2] 琅玕：似玉的美石，用以比喻《师梨诗集》的珍贵。

# 淀江道中口占

**题解**

此诗初刊在1910年12月《南社》第3集。在苏曼殊诗稿里题目为“蒲田道中”，是苏曼殊去日本探望他“姨妈”（实际上是他的生母河合若子）时所写。曾请刘三给予“点铁”。

此诗一反其沉郁凄苦作诗风格，格调明快，在他的诗歌里不多见。

淀江：又称淀川，是本州近畿的一条河流，源自琵琶湖，注入大阪湾。

孤村隐隐起微烟，处处秧歌竞插田。
羸马未须愁远道，桃花红欲上吟鞭。

# 过蒲田

## 题解

此诗初刊在1909年12月《南社》第1集。1914年5月发表在《民国》杂志第1号，诗题改为“淀江口占”。

1909年，苏曼殊应章太炎之邀，在日本东京梵学会担任译师。同年6月7日去淀江探望母亲河合仙时，于途中写下这首诗。

蒲田：日本本州地名，在东京西南，东海道干线上，面临东京湾。

柳阴深处马蹄骄，无际银沙逐退潮。
茅店冰旗知市近[1]，满山红叶女郎樵。

## 注释

[1] 冰旗：卖冰块的茅店外的标志旗子。

# 樱花落

## 题解

此诗辑自霍洁尘《苏曼殊诗酬韵集》。

作者多愁善感，忽见樱花凋零，顿感悲凉，忆往事点滴而赋诗，此诗颇有悼念爱情的意味。

十日樱花作意开，绕花岂惜日千回。
昨宵风雨偏相厄，谁向人天诉此哀。
忍见胡沙埋艳骨，空将清泪滴深杯。
多情漫作他年忆，一寸春心早已灰。

# 过若松町有感

## 题解

此诗初刊于1909年12月《南社》第1集，后又刊于1914年7月《民国》杂志第3号，诗题改为“孤灯”。

苏曼殊在路过若松町时，遇风雨，在屋舍里以孤灯为伴。夜半时分听到旁边庙里传来钟声，想起以前的恋人静子早已不在人世间。遂赋此诗。

若松町：日本长崎县市镇。

孤灯引梦记朦胧，风雨邻庵夜半钟。
我再来时人已去，涉江谁为采芙蓉[1]。

## 注释

[1] 涉江谁为采芙蓉：出自《古诗十九首》，“涉江采芙蓉，兰泽多芳草”，表达一种思乡之情。

# 过若松町有感示仲兄

## 题解

此诗初刊在1911年6月《南社》第4集。

这首诗是苏曼殊写给好友陈独秀的。1902年，他们在东京青年会相识。苏曼殊早年的汉语水平并不高，在学诗中曾得到过一些朋友指点，陈独秀是其中之一。从诗意上看，应是以诗代信，告诉陈独秀自己的近况。

仲兄：陈独秀，字仲甫，号实庵，安徽怀宁人。早年留学日本，1915年主编《青年杂志》（翌年改名为《新青年》）。

契阔死生君莫问[1]，行云流水一孤僧。

无端狂笑无端哭，纵有欢肠已似冰。

## 注释

[1] 契阔死生：即生死离合。契，会合。阔，分离。《诗经·邶风·击鼓》载："死生契阔，与子成说。执子之手，与子偕老。"

# 过平户延平诞生处

题解

此诗初刊在1909年12月《南社》第1集，后又发表在1914年5月《民国》杂志第1号。

平户：日本长崎县市镇。

延平：郑成功，名森，福建南安人，因有功，被南明永历帝封为延平王。

行人遥指郑公石，沙白松青夕照边。
极目神州余子尽，袈裟和泪伏碑前。

# 落日

## 题解

此诗初刊在1910年12月《南社》第3集，后又发表在1912年4月19日《太平洋报》副刊《太平洋文艺集》的《愿无尽庐诗话》。

1909年夏秋时节，苏曼殊旅居日本，忆起昔时萦身情网，虚度光阴，以致意志消沉。此诗系和好友刘三赠诗《送曼殊之印度》："早岁耽禅见性真，江山故宅独怆神。担经忽作图南计，白马投荒第二人。"

落日沧波绝岛滨[1]，悲笳一动剧伤神。
谁知北海吞毡日[2]，不爱英雄爱美人。

## 注释

［1］岛滨：代指日本。　［2］北海：今贝加尔湖，中国古代称其为北海。吞毡：《汉书·李广苏建传》载，天汉元年（100），汉武帝派遣中郎将苏武出使匈奴，单于逼他投降，"乃幽武置大窖中，绝不饮食。天雨雪，武卧啮雪，与旃毛并咽之，数日不死。匈奴以为神，乃徙武北海上无人处，使牧羝"。

# 题《拜轮集》

## 题解

此诗初刊在1910年12月《南社》第3集。

1909年，经陶成章推荐，苏曼殊到爪哇执教，途经新加坡时染疾。早年英文老师罗弼·庄湘的女儿雪鸿前去探望，并赠《拜轮集》及鲜花。

拜轮：即拜伦，英国浪漫主义诗人，毕业于剑桥大学，曾投身于希腊的民族解放运动，著有《东方叙事诗》《曼弗雷德》《青铜时代》《唐璜》等。

西班牙雪鸿女诗人，过存病榻，亲持玉照一幅、《拜轮集》一卷、曼陀罗花共含羞草一束见贻，且殷殷勖以归计。嗟夫，余早岁披剃，学道无成，思维身世有难言之恫。爰扶病书二十八字于拜轮卷首。此意惟雪鸿大家能知之耳。

秋风海上已黄昏，独向遗篇吊拜轮。

词客飘蓬君与我，可能异域为招魂[1]。

## 注释

[1] 异域：指新加坡。

# 步韵答云上人

## 题解

此诗辑自张烈收藏的苏曼殊墨迹，他在复柳亚子的信中云："现幸捡得曼殊遗墨一幅，系和烈之诗，寄奉制版。"

云上人：张烈，原名康，字云雷，浙江乐清人。1909年苏曼殊赴爪哇任中华会馆英文讲师，其间常去看望张云雷。这组诗即是对张云雷赠诗的作答。

诸天花雨隔红尘[1]，绝岛飘流一病身[2]。
多少不平怀里事，未应辛苦作词人。

## 注释

［1］诸天：指三界，即欲界有六天，色界之四禅有十八天，无色界之四处有四天，其他尚有日天、月天、韦陀天等，总称为诸天。花雨：赞颂得道高僧弘扬佛法之辞。清纳兰性德《浣溪沙·大觉寺》云："燕垒空梁画壁寒，诸天花雨散幽关。" ［2］绝岛：指爪哇岛。

**旧游如梦劫前尘，寂寞南洲负此身[1]。**
**多谢素书珍重意[2]，怜侬憔悴不如人。**

**注释**

[1]南洲：指东南亚。　[2]素书：信函。《古诗十九首·饮马长城窟行》："客从远方来，遗我双鲤鱼。呼儿烹鲤鱼，中有尺素书。"

**公子才华迥绝尘，海天寥阔寄闲身。**
**春来梦到三山未[1]？手摘红樱拜美人。**

**注释**

[1]三山：三神山，古代传说东海中有蓬莱、方丈、瀛洲三山，为神仙居住。此代指日本。云上人曾到过日本，故有此问。

# 耶婆提病中末公见示新作伏枕奉答兼呈旷处士

## 题解

此五古诗初刊在1910年12月《南社》第3集。

耶婆提：爪哇的旧称。

末公：章炳麟，初名学乘，又名绛，后易名炳麟，字枚叔，号太炎，学佛之后别署末底，浙江余杭人。

旷处士：黄侃，字季刚，湖北蕲春人。

新作：苏曼殊1910年6月在爪哇收到章太炎从日本所寄信函，中有《秋夜与黄侃联句》，“中原乱无象，披发入蛮夷。（黄侃）忍垢既三岁，裘葛从之移。秋风起初夕，大火忽留西。（章太炎）登楼望旧乡，天柱亦已颓。蠖诎徒为尔，用晦思明夷。（黄侃）谁言乐浪乐，四海无鸡栖。安得穷石君，弹石沧溟池。草木焦已黄，桂树犹萋萋。将非天帝醉，金版紫东缇。（章太炎）夏氏竟何罪，种族将无遗。昔人瞻周道，中心犹憯凄。何况阻海波，咫尺不可跻。（黄侃）邦家既幅裂，文采复安施。（章太炎）先民固有作，终恐遭燔煨。鼠忧亦奚济，鱼烂曾有几。（黄侃）及尔同沉渊，又恐罹蚊螭。愿言息尘劳，无生以为师。（章太炎）”苏曼殊读后“谓居士深于忧患”，有感，遂赋此诗。

君为塞上鸿，我是华亭鹤[1]。

遥念旷处士，对花弄春爵[2]。

良讯东海来，中有游仙作。[3]
劝我加餐饭[4]，规我近绰约[5]。
炎蒸困羁旅[6]，南海何辽索[7]。
上国亦已芜[8]，黄星向西落[9]。
青骊逝千里[10]，瞻乌止谁屋[11]。
江南春已晚，淑景付冥莫[12]。
建业在何许[13]，胡尘纷漠漠[14]。
佳人不可期[15]，皎月照罗幕[16]。
九关日以远[17]，肝胆竟谁托。
愿得趋无生[18]，长作投荒客[19]。
竦身上须弥[20]，四顾无崖崿。
我马已玄黄[21]，梵土仍寥廓[22]。
恒河去不息[23]，悲风振林薄[24]。
袖中有短书[25]，思寄青飞雀[26]。
远行恋俦侣[27]，此志常落拓[28]。

## 注释

[1]华亭鹤：喻无法回到故乡。《晋书·陆机传》记载，陆机为成都王司马颖带兵与长沙王司马乂战于河桥，兵败，后遭他人陷害，被司马颖所杀，临刑叹曰："华亭鹤唳，岂可复闻乎？"华亭，在今上海松江平原村。 [2]对花弄春爵：对着花在春日里饮酒。爵，古代三足酒杯。化用南朝宋鲍照《拟行路难》诗句，"春燕差池风散梅，开帏对景弄春爵"。 [3]良讯：美好的音讯，指收

到章太炎从日本寄来的诗作。东海：代指日本。游仙作：即以神游仙境为素材的诗歌，此指章太炎《秋夜与黄侃联句》，诗里有“谁言乐浪乐，四海无鸡栖。安得穷石君，弹石沧溟池。草木焦已黄，桂树犹萋萋”之句，故称游仙作。［4］加餐饭：即多吃饭。《古诗十九首·行行重行行》：“弃捐勿复道，努力加餐饭。”［5］规：规劝。绰约：指身姿柔美的女子。［6］炎蒸：暑热熏蒸之意。北周庾信《奉和夏日应令》：“五月炎蒸气，三时刻漏长。”羁旅：1910年6月23日苏曼殊回复高天梅、柳亚子的信云，“羁旅六月，已费去七百余金，故未能买舟赴印。南州暑湿，未易卫养”。［7］南海：泛指爪哇南洋一带。［8］上国：指中国。亦已芜：以荒芜喻国之衰败。［9］黄星：传说在轩辕黄帝时，常有黄星出现，谓之祥瑞。向西落：指国家面临沦亡的危险局面。［10］青骊：青马和黑马。《楚辞·招魂》：“青骊结驷兮齐千乘，悬火延起兮玄颜蒸。”王逸注：“纯黑为骊。”［11］瞻乌：比喻无所归依的人。语出《诗经·小雅·正月》：“哀我人斯，于何从禄。瞻乌爰止，于谁之屋。”毛传：“富人之屋，乌所集也。”郑玄笺：“视乌集于富人之屋，以言今民亦当求明君而归之。”［12］淑景：美景。［13］建业：南京的旧称。［14］胡尘：指清朝。［15］佳人：借指情投意合的革命同志。［16］罗幕：轻而薄的丝罗帐幕。［17］九关：九天之关。《楚辞·招魂》：“魂兮归来，君无上天些。虎豹九关，啄害下人些。”［18］无生：即没有生灭，不生不灭。晋王该《日烛》：“咸淡泊于无生，俱脱骸而不死。”［19］投荒客：流落到荒远之地的人，此为作者自指。［20］须弥：传说中的印度名山，是妙高之意。在佛教中，它是诸山之王，据说日月环绕其间而回旋出没，三界诸天依傍层立，四周有东胜神洲、南赡部洲、西牛贺洲、北俱芦洲四个洲。［21］我马已玄黄：疲惫不堪。《诗经·周南·卷耳》：

“陟彼高冈，我马玄黄”。［22］梵土：本指婆罗门教的发源地，泛指印度。寥廓：广阔的天地。［23］恒河：南亚大河。［24］林薄：草木茂盛之地。［25］短书：简短信函。［26］青飞雀：旧时称信使为青鸟。传说中青鸟是西王母的使者。［27］俦侣：伴侣。三国魏嵇康《兄秀才公穆入军赠诗》：“徘徊恋俦侣，慷慨高山陂。”［28］落拓：穷困失意。

# 别云上人

## 题解

此诗初刊在1912年4月9日《太平洋文艺集》，后又发表在1912年10月《南社》第6集。1914年5月在《民国》杂志第1号以"耶婆提岛别张君"为诗题发表。

1911年，苏曼殊在爪哇中华会馆任教时，得知武昌起义，精神为之一振，旋计划回国，并为此典当燕尾服和书籍。但因课务未结束，直至1912年春季方成行。此诗即回国时送别张云雷之作。

束装归省，道出泗上[1]，会故友张君云雷亦归汉土[2]，感成此绝。

范滂有母终须养[3]，张俭飘零岂是归[4]。

万里征尘愁入梦，天南分手泪沾衣。

## 注释

[1]泗上：即泗水，印度尼西亚第二大城苏腊巴亚的通称，在爪哇岛东北岸。 [2]汉土：指中国。 [3]范滂：字孟博，汝南征羌（今河南漯河召陵区）人。东汉名士，少励清节，为州里所服，曾担任汝南太守宗资属吏，与李膺等党人一起反对宦官专权。建宁二年

（169），汉灵帝诛杀党人，他想去投案，又担心母亲没人养活。其母安慰他说："你今天和李膺、杜密齐名了，死了又有什么遗憾。"最终他死于狱中，年仅33岁。［4］张俭：字元节，山阳高平（今山东邹城）人。东汉名士，初任山阳东部督邮，曾弹劾宦官侯览家属在当地为非作歹。建宁二年党锢祸起，侯览伺机报复，张俭被迫逃亡。建安三年（198）去世，时年84岁。

# 柬法忍

## 题解

此诗初刊在1912年6月9日《太平洋文艺集》，1912年10月发表在《南社》第6集，1913年11月3日发表在《生活日报》副刊《生活艺府》，1914年5月发表在《民国》杂志第1号，1917年收入《天荒》画集。

法忍：陈去病，字佩忍，江苏吴江人。1903年在日本参加“拒俄义勇队”时和苏曼殊相识。1912年苏曼殊从爪哇归国至上海。同年4月，以此诗邀请在杭州秋社的陈去病来西湖聚会。

来醉金茎露[1]，胭脂画牡丹。
落花深一尺，不用带蒲团。

## 注释

[1] 金茎露：甘露，指代酒。

# 东居杂诗 19首选8

## 题解

此组诗1914年7月发表在《民国》杂志第3号，诗题为“示萧十二”，曾刊于1915年3月《南社》第13集，又见于1917年《天荒》画集。

1912年苏曼殊患肠疾，至日本西京养病，又至东京闲居“聊作习静之计”，此组诗即作此时。在此期间，苏曼殊接触过一些日本女子，具体何人已不可考。或如周作人所说：“我疑心老和尚始终只是患着单相思，他怀抱着一个永远的幻梦。”

流萤明灭夜悠悠，素女婵娟不耐秋[1]。
相逢莫问人间事，故国伤心只泪流。

## 注释

[1] 素女：古代传说中的神女，与黄帝同时，善于鼓瑟。

异国名香莫浪偷[1]，窥帘一笑意偏幽。
明珠欲赠还惆怅，来岁双星怕引愁[2]。

## 注释

［1］异国：指日本。名香：据《晋书·贾谧传》和《世说新语·惑溺》，晋时，韩寿貌美，有一次被贾充女儿贾午从帘子后偷窥到，二人逐往来幽会。贾午曾把家里御赐的奇香偷给他，后来被贾充发现，贾充遂将贾午嫁给了韩寿。 ［2］双星：指牛郎星和织女星。

**碧沼红莲水自流，涉江同上木兰舟。**
**可怜十五盈盈女，不信卢家有莫愁[1]。**

## 注释

［1］莫愁：南朝梁时，洛阳有女子名莫愁，嫁给卢家为妇。南朝梁武帝《河中之水歌》云：“河中之水向东流，洛阳女儿名莫愁。”。

**灯飘珠箔玉筝秋，几曲回阑水上楼。**
**猛忆定庵哀怨句[1]，三生花草梦苏州。**

## 注释

［1］定庵：龚自珍，名巩祚，字璱人，号定庵，浙江仁和（今杭州）人，道光年间进士，清代文学家、思想家。

珍重嫦娥白玉姿，人天携手两无期。
遗珠有恨终归海[1]，睹物思人更可悲。

注释

[1] 遗珠：遗失的珍珠。《庄子·外篇·天地》载："黄帝游乎赤水之北，登乎昆仑之丘而南望，还归，遗其玄珠。"

谁怜一阕断肠词，摇落秋怀只自知。
况是异乡兼日暮[1]，疏钟红叶坠相思。

注释

[1] 异乡：本意指外地，此处指日本。

槭槭秋林细雨时[1]，天涯飘泊欲何之。
空山流水无人迹，何处蛾眉有怨词。

注释

[1] 槭槭：风吹叶动。

兰蕙芬芳总负伊，并肩携手纳凉时。
旧厢风月重相忆，十指纤纤擘荔枝。

# 以胭脂为某君画扇

## 题解

关于此诗中的“某君”，邓以蛰复柳亚子信道：“未详所指。”但刘三夫人陆灵素《曼殊上人轶事》载：“上人偕粤东马小进过华泾，在民元五月初。一夕饭罢，索胭脂作画，时儿女已尽睡，外子觅得一片如薄饼者，置画碟中。上人且画且谈笑，顷刻成《黄叶楼图》一，为余画扇面一，又蘸墨汁作横幅一，笔端胭脂未尽，枯柳残鸦，皆作紫酱色，今日尚储箧中，成奇观也。”苏曼殊作画绝少用胭脂，文中说“索胭脂作画”“为余画扇面一”，而此诗题又是“以胭脂为某君画扇”，故“某君”疑为陆灵素。

为君昔作伤心画[1]，妙迹何劳劫火焚。
今日图成浑不似，胭脂和泪落纷纷。

## 注释

[1] 昔作：以前的画作。作者善画，其画作多萧疏荒凉之景。

# 花朝

## 题解

此诗是沈燕谋从所藏苏曼殊诗墨迹中辑出，1933年收入《曼殊全集》（开华版）。据柳亚子推测，此诗当写于1913年上半年。

花朝：即花朝节。清李慈铭《越缦堂日记》载：“花朝本在二月十二日，出《陶朱公书》，其说最古。……今俗以初二为小花朝，十二为正花朝，十五为大花朝。”

江头青放柳千条，知有东风送画桡。
但喜二分春色到[1]，百花生日是今朝。

## 注释

[1] 二分春色：春季第二个月。古时把春季分为三分，每分一个月。

# 春日

题解

此诗是沈燕谋从所藏苏曼殊诗墨迹中辑出，1933年收入《曼殊全集》（开华版）。

据柳亚子推测，此诗当是1913年上半年苏曼殊在安徽安庆所作。

好花零落雨绵绵，辜负韶光二月天。
知否玉楼春梦醒，有人愁煞柳如烟。

# 晨起口占

## 题解

此诗是沈燕谋从所藏苏曼殊诗墨迹中辑出，1933年收入《曼殊全集》（开华版）。

据柳亚子推测，此诗当是1913年上半年苏曼殊在安徽安庆所作。

一炉香篆袅窗纱，紫燕寻巢识旧家。
莫怪东风无赖甚，春来吹发满庭花。

# 吴门依易生韵　11首选8

## 题解

此组诗初刊在1914年5月《南社》第9集。

沈燕谋1927年复函柳无忌云："作此诗时，实在盛泽桐兄家。沈燕谋初未作诗，偶与曼师谈得高兴，曼师竟以'依易生韵'为题。后来在上海报纸发布，友人乃向燕谋索原诗，燕谋无以应，告以原因，相与一笑而罢。"

易生：沈燕谋，江苏南通人。1913年在安徽高等学堂任教时与苏曼殊相识，俩人成为好友。

江南花草尽愁根，惹得吴娃笑语频。
独有伤心驴背客，暮烟疏雨过阊门[1]。

## 注释

[1] 阊门：苏州古城西北门，后亦指代苏州。

万户千门尽劫灰，吴姬含笑踏青来。
今日已无天下色，莫牵麋鹿上苏台[1]。

## 注释

［1］麋鹿：比喻国家败亡。《汉书·伍被传》载："昔子胥谏吴王，吴王不用，乃曰：'臣今见麋鹿游姑苏之台也。'"

**水驿山城尽可哀[1]，梦中衰草凤凰台[2]。**
**春色总怜歌舞地，万花缭乱为谁开。**

## 注释

［1］山城：代指姑苏，即苏州。　［2］凤凰台：古台名，故址在今江苏南京。清赵宏恩《江南通志》载："凤凰台在江宁府城内之西南隅，犹有陂陀，尚可登览，宋元嘉十六年，有三鸟翔集山间，文彩五色，状如孔雀，音声谐和，众鸟群附，时人谓之凤凰。起台于山，谓之凤凰山。"

**年华风柳共飘萧，酒醒天涯问六朝。**
**猛忆玉人明月下，悄无人处学吹箫[1]。**

## 注释

［1］学吹箫：苏曼殊在穷困潦倒时曾有学吹箫乞食的想法。

**万树垂杨任好风，斑骓西向水田东[1]。**

**莫道碧桃花独艳，淀山湖外夕阳红[2]。**

## 注释

[1] 斑骓：毛色青白相间的马。 [2] 淀山湖：即薛定湖，在上海青浦区与江苏昆山交界处。

**平原落日马萧萧，剩有山僧赋大招。**
**最是令人凄绝处，垂虹亭畔柳波桥[1]。**

## 注释

[1] 垂虹亭：在江苏苏州吴江区。柳波桥：指垂虹桥。

**碧城烟树小彤楼[1]，杨柳东风系客舟。**
**故国已随春日尽，鹧鸪声急使人愁。**

## 注释

[1] 碧城：传说中神仙居住的地方。《太平御览·上清经》载："元始（元始天尊）居紫云之阙，碧霞为城。"

**白水青山未尽思，人间天上两霏微。**
**轻风细雨红泥寺，不见僧归见燕归。**

# 何处

## 题解

此诗系郑桐荪提供给柳亚子、柳无忌父子的。1928年录入柳亚子所编《苏曼殊全集》（北新版）。郑桐荪认为此诗是苏曼殊为花雪南所写，他曾在《与柳无忌论曼殊生活函》中说：“好吃花酒，而却与他所作的倌人，名花雪南，极少交谈，盖彼之所好不过一场热闹，不在花亦不在酒也。”他有诗赠苏曼殊，诗云：“诗成百绝情难写（时曼殊有《无题》诗百绝之作），雪冷三冬恨梦赊（指花雪南）。漫去深山盟落叶（曼殊常有再做和尚之意），应怜空谷老名花（指花雪南）。朱颜未减少年志，何事频频揽镜嗟。”

花雪南：本姓许，小名五宝，与苏曼殊在1907年相识。

何处停侬油壁车，西泠终古即天涯[1]。
捣莲煮麝春情断[2]，转绿回黄妄意赊。
玳瑁窗虚延冷月，芭蕉叶卷抱秋花。
伤心怕向妆台照，瘦尽朱颜只自嗟。

## 注释

［1］西泠：在浙江杭州孤山西南。 ［2］化用唐温庭筠《达摩支曲》诗句：“捣麝成尘香不灭，拗莲作寸丝难绝。”

# 彦居士席上赠歌者贾碧云

## 题解

此诗初刊在1913年11月30日《生活日报》副刊《生活艺府》，又见于1914年5月《民国》杂志第1号，后见1915年3月《南社》第13集。

贾碧云：即贾翰卿，当时的京剧名角。

一曲凌波去，红莲礼白莲。
江南谁得似，犹忆李龟年[1]。

## 注释

[1] 李龟年：唐代的宫廷乐师，安史之乱后流落江南（唐代的江南指今湖南一带）。唐杜甫《江南逢李龟年》：“正是江南好风景，落花时节又逢君。”

# 无题 8首选4

## 题解

此组诗初刊在1914年5月《南社》第9集，写作时间约在1913年秋季。

苏曼殊曾住上海南京路第一行台。于右任《独树斋笔记》载："曼殊于歌台曲院，无所不至。视群妓之尤，如桐花馆、好好、张娟娟，每呼之侑酒。"又柳亚子《答马仲殊先生》载："《无题》八首，民国二年（1913）曾在某报上发表过（大概是《民国新闻》，待考）。其诗分为数起，有《赠素珍》及《赠桐花》诸题。姚鹓雏《赠素珍和曼殊作》五首（实是四首，题为《次曼殊作赠素珍》），即系指此。但是，曼殊却曾对我大叫其冤枉，说题目是被朋友硬装上去的。"

绿窗新柳玉台旁，臂上微闻菽乳香。
毕竟美人知爱国，自将银管学南唐[1]。

## 注释

[1] 银管：饰银的毛笔。宋计有功《唐诗纪事·韩定时》载："昔梁元帝为湘东王时，好学著书，常纪忠臣义士及文章之美者，笔有三品，或以金银雕饰，或用斑竹为管，忠孝全者用金管书之，德行清粹者用银管书之，文章赡丽者以斑竹书之。"

水晶帘卷一灯昏，寂对河山叩国魂。
只是银莺羞不语，恐防重惹旧啼痕。

绮陌春寒压马嘶[1]，落红狼藉印苔泥。
庄辞珍贶无由报[2]，此别愁眉又复低。

## 注释

［1］压马：让未经役使的马负重跑动，以锻炼马的体力。明叶盛《水东日记·马良失宠》载：“都指挥马良为上所爱。尝得骑行禁中，中官以为言，上曰：‘吾欲压马尔。’” ［2］珍贶：厚赠之意。宋苏轼《与朱康叔书》：“双壶珍贶，一洗旅愁，幸甚，幸甚。”

星裁环珮月裁珰，一夜秋寒掩洞房[1]。
莫道横塘风露冷[2]，残荷犹自盖鸳鸯。

## 注释

［1］洞房：深幽的卧室。战国楚屈原（一说为宋玉）《招魂》云：“姱容修态，絙洞房些。” ［2］横塘：古堤名，三国时吴国在南京秦淮河南岸修筑至长江口的大堤。

# 憩平原别邸赠玄玄

## 题解

此诗初刊于1914年5月《民国》杂志第1号，又发表在1915年3月《南社》第13集，1917年收录进《天荒》画集。

1914年春季，苏曼殊在日本东京结识孙中山，与萧纫秋、居正、田桐、杨沧白、邵元冲等友人到早稻田、追分町、大森、热海、横滨等地旅行。

平原：指日本关东平原。玄玄：田桐，字梓琴，湖北蕲春人。同盟会创建人之一，南社早期社员。

狂歌走马遍天涯，斗酒黄鸡处士家[1]。
逢君别有伤心在，且看寒梅未落花。

## 注释

[1] 斗酒：一斗酒。黄鸡：黄羽毛鸡。唐李白《南陵别儿童入京》："白酒新熟山中归，黄鸡啄黍秋正肥。"

# 偶成

## 题解

此诗初刊在1914年7月《民国》杂志第3号，1915年3月发表在《南社》第13集。

苏曼殊好友邵元冲《曼殊遗载》云："曼殊尝自横滨归，为余言车次遇一郎，言其妹弱龄驱车，触寒而逝，深以为悼，因赋诗曰……"句中"诗"即此诗。

汽车中隔座女郎，言其妹怀仁仗义，年仅十三，乘摩多车冒风而殁。余怜而慰之，并以示湘痕、阿可[1]。

人间花草太匆匆，春未残时花已空。

自是神仙沦小谪，不须惆怅忆芳容。

## 注释

[1] 湘痕、阿可：苏曼殊在日本时认识的女朋友。

# 佳人

## 题解

此诗辑自柳亚子编《曼殊全集》（开华版）。

1914年，苏曼殊在日本获得一位歌舞伎的照片，照片拍摄于千叶町莲花池中岛，于是苏曼殊题写此诗。

佳人名小品，绝世已无俦[1]。
横波翻泻泪，绿黛自生愁。
舞袖倾东海，纤腰惑九州。
传歌如有诉，余转杂箜篌。

## 注释

［1］无俦：无人可比。

# 译诗选读

# 译瞿德题沙恭达罗诗

瞿德

## 题解

《沙恭达罗》是古印度女诗人迦梨陀娑的作品，取材于古印度古典史诗《摩诃婆罗多》。1789年，英国梵文学者威廉·琼斯将《沙恭达罗》译成英文，后传到德国，歌德（瞿德）读后，遂作此诗。此译诗于1908年被编入在日本出版的《文学因缘》。

春华瑰丽，亦扬其芬。秋实盈衍，亦蕴其珍。
悠悠天隅，恢恢地轮。[1]彼美一人，沙恭达纶[2]。

## 注释

［1］天隅：天边。地轮：如轮的大地。　［2］沙恭达纶：即沙恭达罗，《沙恭达罗》中塑造的一个集自然美、朴素美和青春美于一身的理想女性形象。

# 星耶峰耶俱无生

拜轮

## 题解

1908年，苏曼殊在日本译成此诗，并将其编入《文学因缘》。

星耶峰耶俱无生，浪撼沙滩岩滴泪。
围范茫茫宁有情[1]，我将化泥溟海出。

## 注释

[1]围范：指天地之间。

# 去燕

豪易特

题解

豪易特，即威廉·豪伊特，英国文学家，著有《四季》《英国农村生活》等作品。

此诗译于1909年，在1911年被编入在日本出版的《潮音》。

燕子归何处，无人与别离。
女行薆谁见[1]，谁为感差池[2]。
女行未分明[3]，蹀躞复何为[4]。
春声无与和[5]，尼南欲语谁[6]。
游魂亦如是[7]，蜕形共驱驰[8]。
将翱复将翔，随女之天涯。
翻飞何所至[9]，尘寰总未知[10]。
女行谅自适[11]，独我弃如遗。

注释

[1] 女：同“汝”，指燕子。薆：隐蔽。《尔雅·释言》：

“蔆，隐也。” ［2］差池：参差不齐。《诗经·邶风·燕燕》：“燕燕于飞，差池其羽。” ［3］女行未分明：不知燕子欲飞何处。 ［4］蹀（dié）躞（xiè）：往来徘徊。 ［5］春声无与和：无法与春天的声音相和。 ［6］尼南：同“呢喃”，形容燕子的叫声。 ［7］游魂：孤单的灵魂。 ［8］蜕：指灵魂离开身体。 ［9］翻飞：上下飞舞。 ［10］尘寰：指人世间。 ［11］谅：一定。

# 颎颎赤墙靡

彭斯

## 题解

此诗题今译为“一朵红红的玫瑰”，旧译中的“墙靡”通用于指玫瑰，属于蔷薇科。该诗译于1909年，后被编入《潮音》，曾发表在1914年7月10日《民报》第3号上。

颎颎赤墙靡[1]，首夏初发苞[2]。
恻恻清商曲[3]，眇音何远姚[4]。
予美谅夭绍[5]，幽情申自持[6]。
仓海会流枯，相爱无绝期。
仓海会流枯，顽石烂炎熹[7]。
微命属如缕，相爱无绝期。
掺袪别予美[8]，离隔在须臾[9]。
阿阳早日归[10]，万里莫踟蹰[11]。

## 注释

[1] 颎颎：同“炯炯”。墙靡：玫瑰。 [2] 首夏：初

夏。［3］恻恻：恳切，犹言发自肺腑。清商曲：古乐府调名，声调清越。［4］远姚：遥远。姚，同“遥”。［5］夭绍：同“妖娆”。［6］自持：难以控制。［7］炎熹：焚烧。［8］掺袪：牵着袖口。［9］离隔：远离。须臾：片刻。［10］阳：我。《尔雅·释诂》载：“阳，予也”。［11］踟蹰：犹疑。

# 冬日

## 师梨

题解

此诗节录自雪莱五幕诗剧《查理一世》，《冬日》原来题为“短歌”。1909年，佛莱蔗得到英国人莲华女士所赠的《师梨诗选》，佛莱蔗将其赠给蔡哲夫，蔡哲夫又赠给了好友苏曼殊。不久苏曼殊就译出此诗，于该年6月19日发表在《民呼日报》上，并编入《潮音》。

孤鸟栖寒枝，悲鸣为其曹[1]。
池水初结冰，冷风何萧萧。
荒林无宿叶，瘠土无卉苗。
万籁尽寥寂，唯闻喧挈皋[2]。

注释

[1] 曹：辈。　[2] 挈皋：即桔槔，汲水的工具。

# 答美人赠束发䍁带诗

拜轮

题解

此诗为苏曼殊于1909年在日本所译，曾发表于该年6月26日《民呼日报》，并被编入《拜轮诗选》及《潮音》。

何以结绸缪，文纰持作绲。[1]
曾用系卷发，贵与仙蜕伦。
系着䙰衣里[2]，魂魂还相牵。
共命到百岁，殉我归重泉[3]。
朱唇一相就，汋液皆芬香[4]。
相就不几时，何如此意长。
以此俟偕老，见当念旧时。
挚情如根荄，句萌无绝期。[5]
参发乃如铣，波文映珍鬈。[6]
颃首一何佼[7]，举世无与易。
锦带约鬑髻，朗若炎精敫。[8]
赤道嘒无云，光景何鲜暞。[9]

## 注释

［1］绸缪：喻缠绵之意。文：同“纹”。纰：镶在花纹的边缘。绲：织带。［2］䘆衣：暖衣。［3］重泉：犹九泉，死者所归之处，地下之意。［4］沟液：唾液。［5］根荄：亦作“根核”，植物的根。句萌：草木初生时之嫩芽或幼苗。《礼记·月令》载：“季春之月是月也，生气方盛，阳气发泄，句者毕出，萌者尽达，不可以内。”郑玄注：“句，屈生者。芒而直曰萌。”［6］参发：即鬒发。铣：金色。鬌：头发。［7］颊（jìng）：美好貌。［8］约：束扎。鬖髻：将头发盘起。朗若：明亮之意。炎精：太阳。敫：光闪耀。《说文解字》云：“敫，光景流也。”［9］𣆶（yàn）：晴朗无云的天空。晫（zhuó）：明亮。

# 去国行

拜轮

题解

《去国行》为拜伦长篇叙事诗《恰尔德·哈洛尔德游记》第1章第13节，是主人公恰尔德·哈洛尔德在海上所唱的《晚安曲》。

此诗是苏曼殊在日本时所译。苏曼殊当时住民报社章太炎寓所，译稿曾被章太炎修改过，1908年被编入在日本出版的《拜轮诗选》及《潮音》。

行行去故国[1]，濑远苍波来[2]。
鸣湍激夕风[3]，沙鸥声凄其。
落日照远海，游子行随之。
须臾与尔别，故国从此辞。

注释

[1] 故国：祖国。 [2] 濑：湍急的水流。 [3] 鸣湍：急浪之响声。

日出几刹那，明日瞬息间。
海天一清啸，旧乡长弃捐[1]。
吾家已荒凉，炉灶无余烟。
墙壁生蒿藜[2]，犬吠空门边。

注释

［1］弃捐：抛弃。　［2］蒿藜：指杂草。

童仆尔善来，恫哭亦胡为[1]。
岂惧怒涛怒，抑畏狂风危。
涕泗勿滂沱，坚船行若飞。
秋鹰宁为疾，此去乐无涯。

注释

［1］胡为：为什么。

童仆前致辞，敷衽白丈人[1]。
风波宁足惮，我心谅苦辛。
阿翁长别离[2]，慈母平生亲。
茕茕谁复顾，苍天与丈人。

## 注释

［1］敷衽：指跪在自己的衣襟上。敷，铺开。衽，衣襟。丈人：老人家的代称。　［2］阿翁：父亲。

阿翁祝我健，殷勤尚少怨。
阿母沉哀恫，嗟犹来无远。
童子勿复道，泪注盈千万。
我若效童愚，流涕当无算。

火伴尔善来[1]，尔颜胡惨白。
或惧法国仇[2]，抑被劲风赫。
火伴前致辞，吾生岂惊迫。
独念闺中妇，颛容定枯瘠[3]。

## 注释

［1］火伴：伙伴。　［2］或惧法国仇：当时英法两国处于战争中，英国的航船从英国驶往葡萄牙，需要从法国海岸附近经过，故而感到害怕。　［3］颛容：端庄的容貌。

贱子有妻孥[1]，随公居泽边[2]。
儿啼索阿爹，阿母心熬煎。
火伴勿复道，悲苦定何言。
而我薄行人，狂笑去悠然。

注释

[1] 贱子：谦称自己。妻孥：妻子与儿女。 [2] 公：指哈洛尔德。

谁复信同心，对人阳太息[1]。
得新已弃旧，媚目生颜色。
欢乐去莫哀，危难宁吾逼。
我心绝凄怆，求泪反不得。

注释

[1] 阳：通“佯”，假装。

悠悠仓浪天[1]，举世莫与忻[2]。
世既莫吾知，吾岂叹离群。
路人饲吾犬，哀声或狺狺[3]。
久别如归来，啮我腰间裈[4]。

注释

［1］仓浪：沧浪。 ［2］忻：同“欣”，喜悦。 ［3］狺狺：犬吠声。 ［4］裈（kūn）：裤子。

帆樯女努力[1]，横起幻泡漦[2]。
此行任所适，故乡不可期。
欣欣波涛起，波涛行尽时。
欣欣荒野窟，故国从此辞。

注释

［1］帆樯：代指航船。 ［2］横：越过。泡漦（chí）：泡沫，借指大海碧浪。

# 赞大海

拜轮

## 题解

此诗译自拜伦《恰尔德·哈洛尔德游记》第4章第179～184节，这是6节译诗。曾被编入《拜轮诗选》，编入《潮音》时题为“大海”。此诗为苏曼殊在日本时所译，得到其好友黄侃的润饰。

皇涛澜汗[1]，灵海黝冥。万艘鼓楫，泛若轻萍。
芒芒九围[2]，每有遗虚[3]。旷哉天沼，匪人攸居[4]。
大器自运[5]，振荡粤夆[6]。岂伊人力，赫彼神工。
罔象乍见[7]，决舟没人。狂謈未几[8]，遂为波臣[9]。
掩体无棺，归骨无坟。丧钟声嘶，逖矣谁闻[10]。

## 注释

[1]澜汗：水势浩大的样子。　[2]九围：九州，此处指陆地。　[3]遗虚：废墟。虚，同“墟”。　[4]匪：非。攸居：居住。　[5]大器：天道，指自然规律。　[6]粤夆：牵制。《尔雅·释训》载：“粤夆，掣曳也。”　[7]罔象：水怪名。《史

记·孔子世家》载：“水之怪龙、罔象。”裴骃集解引三国吴韦昭语曰：“龙，神兽也，非常见，故曰怪。或云‘罔象食人，一名沐肿’。” ［8］狂謈（bó）：因不胜痛而疯狂叫喊。 ［9］波臣：指淹死之人。 ［10］逖：远。

谁能乘跷[1]，履涉狂波。藐诸苍生，其奈公何。
泱泱大风，立懦起罢。兹维公功，人力何衰。
亦有雄豪，中原陵厉。自公匈中，擿彼空际[2]。
惊浪霆奔，慑魂愯神[3]。转侧张皇，冀为公怜。
腾澜赴厓[4]，载彼微体。抍溺含弘[5]，公何岂弟[6]。

## 注释

［1］乘跷：举足。 ［2］擿：同“掷”。 ［3］愯（sǒng）：古同“悚”，恐惧。 ［4］厓：同“崖”。 ［5］抍：同“拯”。 ［6］岂弟：亦作“恺悌”，和乐平易之意。

摇山撼城，声若雷霆。王公黔首[1]，莫不震惊。
赫赫军艘，亦有浮名。雄视海上，大莫与京[2]。
自公视之，藐矣其形。纷纷溶溶，旋入沧溟[3]。
彼阿摩陀，失其威灵。[4]多罗缚迦，壮气亦倾。[5]

## 注释

［1］黔首：平民百姓。 ［2］大莫与京：自以为强大。京，大。《左传·庄公二十二年》载："八世之后，莫之与京。"孔颖达疏："莫之与京，谓无与之比大。" ［3］沧溟：沧海。 ［4］彼阿摩陀，失其威灵：1588年，西班牙国王派遣阿摩陀舰队（即无敌舰队）出征英国，但被英国海军打败。威灵，威势。 ［5］多罗缚迦，壮气亦倾：多罗缚迦，旧译，今译"特发拉加"，是英国与西班牙舰队交战的地点。西班牙战败后，英军所俘获的舰船大部分被海上风暴覆没。

**傍公而居[1]，雄国几许[2]。西利佉维[3]，希腊罗马[4]。**
**伟哉自繇[5]，公所锡予。君德既衰，耗哉斯土。**
**遂成遗虚，公目所睹。以敖以娭[6]，旛回涛舞。**
**苍颜不皲[7]，长寿自古。渺弥澶漫[8]，滔滔不舍。**

## 注释

［1］傍公：靠海的国家。 ［2］几许：多少。 ［3］西利：旧译，今译"亚述"，西亚古国名，位于底格里斯河上游。佉（qū）维：旧译，今译"迦太基"，古代北非名城，在今突尼斯附近。 ［4］希腊：指古希腊。罗马：指古罗马帝国。 ［5］自繇：自由。 ［6］娭（xī）：同"嬉"。 ［7］皲：皲裂，代指皱纹。 ［8］澶漫（màn）：宽广。漫，同"漫"。

赫如阳燧[1]，神灵是鉴。别风淮雨[2]，上临下监。
扶摇羊角[3]，溶溶澹澹[4]。北极凝冰，赤道淫滟[5]。
浩此地镜[6]，无裔无襜[7]。园形在前[8]，神光㸑闪[9]。
精彪变怪[10]，出尔泥淰[11]。回流云转，气易舒惨。
公之淫威，忽不可验。

## 注释

［1］赫：明亮。阳燧：古代的一种取火用具。晋崔豹《古今注·杂注》载："阳燧，以铜为之，形如镜，照物则影倒，向日则火生，以艾承之，则得火也。" ［2］别风淮雨：实为"列风淫雨"，因"别"和"列"、"淮"和"淫"相似，以讹传讹所致。 ［3］扶摇：盘旋的大风。《庄子·逍遥游》载："抟扶摇羊角而上者九万里。" ［4］溶溶：宽广貌。澹澹：水波动貌。 ［5］淫：过度。滟：水盈溢貌。 ［6］地镜：此指大海。唐徐坚《初学记·卷八》载："宋文帝时，青州城南地，远望倒影如水，谓之地镜。" ［7］无裔无襜：无边无际。裔，衣服的边沿，引申为边。襜，衣服的腋下部分，引申为两旁。 ［8］园形：指天边。古人以为天圆地方。 ［9］㸑闪：迅疾。 ［10］精彪（mèi）：精灵妖魅。彪，同"魅" ［11］泥淰（niǎn）：污泥。

苍海苍海，余念旧恩。儿时水嬉，在公膺前[1]。
沸波激岸，随公转旋。淋淋翔潮，媵余往还[2]。

涤我匈臆[3]，慴我精魂。惟余与女[4]，父子之亲。

或近或远，托我元身。今我来斯，握公之鬊[5]。

## 注释

［1］膺：胸。［2］媵（yìng）：送。［3］匈臆：同“胸臆”，指内心的想法。［4］女：同“汝”。［5］握公之鬊（shùn）：喻亲近。鬊，头发凌乱。

# 哀希腊

拜轮

## 题解

此诗为苏曼殊在日本时所译，出自拜伦《唐璜》第1章，共16节。曾被编入《拜轮诗选》及《潮音》。

巍巍希腊都，生长奢浮好[1]。情文何斐亹[2]，荼辐思灵保[3]。
征伐和亲策，陵夷不自葆。长夏尚滔滔，颓阳照空岛。

## 注释

[1]奢浮：旧译，今译“萨福”，古希腊女诗人。 [2]斐亹（wěi）：文彩绚丽貌。 [3]荼辐：旧译，今译“狄洛斯”，爱琴海中的一个小岛。灵保：即阿波罗，古希腊神话中的光明、预言、音乐和医药之神。

窣诃与谛诃[1]，词人之所生[2]。壮士弹坎侯，静女揄鸣筝。
荣华不自惜，委弃如浮萍。宗国寂无声，乃向西方鸣。

## 注释

［1］窣诃：旧译，今译“开俄斯”，爱琴海中的一个小岛。谛诃：旧译，今译“岱奥斯”，小亚细亚海岸上的一座希腊城市。　［2］词人：指荷马与阿那克里翁。相传开俄斯是荷马出生地，岱奥斯是阿那克里翁出生地。

**山对摩罗东[1]，海水在其下。希腊如可兴，我从梦中睹。**
**波斯京观上[2]，独立向谁语。吾生岂为奴，与此长终古。**

## 注释

［1］摩罗东：旧译，今译“马拉松”，位于雅典东部的平原。　［2］京观：古时作战，杀死敌军后，把敌尸聚集起来，封土而成高冢，以此来炫耀战功。

**名王踞岩石[1]，雄视沙逻滨[2]。船师列千艘，率土皆其民。**
**晨朝大点兵，至暮无复存。一为亡国哀，泪下何纷纷。**

## 注释

［1］名王：指波斯国王薛西斯一世，他的海军在萨拉米斯被希腊击败，希腊由此得到自由。　［2］沙（suò）逻：旧译，今译“萨拉

米斯”，希腊半岛附近的岛名。

故国不可求，荒凉问水濒[1]。不闻烈士歌，勇气散如云。
琴兮国所宝[2]，仍世以为珍。我今胡疲苶[3]，拱手与他人。

注释

[1] 水濒：海之滨。 [2] 琴：竖琴。 [3] 疲苶（nié）：疲倦。

威名尽坠地，举族供奴畜。知尔忧国士，中心亦以恧[1]。
而我独行谣，我犹无面目。我为希人羞，我为希腊哭。[2]

注释

[1] 恧（nǜ）：羞愧。 [2] 我为希人羞，我为希腊哭：希腊在1453年至1829年间沦为土耳其的属地。拜伦为了希腊的民族独立，捐献家产组成一支希腊军队，亲自到希腊参战，不幸在1824年患热病，病逝于米索隆吉（希腊的西部）军中。

往者不可追，何事徒频蹙。尚念我先人，因兹糜血肉。
冥冥蒿里间[1]，三百斯巴族[2]。但令百余一，堪造披丽谷[3]。

注释

［1］蒿里：墓地。晋崔豹《古今注》载："谓人死魂魄归于蒿里。"［2］三百斯巴族：波斯人薛西斯一世入侵希腊，进至温泉关时，斯巴达三百勇士死守此处，抵抗敌军。［3］披丽谷：即温泉关。

万籁一以寂，仿佛闻鬼喧。鬼声纷魗魗[1]，幽响如流泉。
生者一人起，导我赴行间。槁骨徒为尔，生者默无言。

注释

［1］魗（rú）魗：鬼哭声不止。

徒劳复徒劳，我且调别曲。注满杯中酒，我血胜醹渌[1]。
不与突厥争[2]，此胡本游牧[3]。嗟尔俘虏馀，酹酒颜何恧。

注释

［1］醹（rú）渌（lù）：酒名。［2］突厥：借指土耳其。［3］游牧：游牧民族，亦借指土耳其。

王迹已陵夷，尚存羽衣舞[1]。鞞庐方阵法[2]，知今在何许。
此乃尔国土，縻散随尘土。伟哉佉摩书[3]，宁当诒牧圉[4]。

注释

［1］羽衣舞：唐时的霓裳羽衣舞。拜伦原诗中是“Pyrrhic dance”，即古希腊的战舞。 ［2］鞞庐：旧译，今译“伊庇鲁斯”，伊庇鲁斯曾两次在马其顿称王，其战斗序列称马其顿方阵。 ［3］佉摩书：此处指古希腊的传统文化。佉摩，人名，旧译，今译“凯德谟斯”，传说中的希腊底比斯国王，原为腓尼基王子，相传他将希腊十六个字母从腓尼基传到希腊。 ［4］牧圉：泛指沦为亡国奴的希腊人。牧，牧童。圉，马夫。

注满杯中酒，胜事日以堕。阿那有神歌[1]，神歌今始知。
曾事波利葛[2]，力能绝天维[3]。雄君虽云虐，与女同本支。

注释

［1］阿那：旧译，今译“阿那克里翁”，古希腊诗人。 ［2］波利葛：旧译，今译“朴利开提斯”，古希腊暴君。 ［3］天维：天网。

羯岛有暴君[1]，其名弥尔底[2]。阔达有大度，勇敢为世师。
今兹丁末造[3]，安得君如斯。束民如连锁，岂患民崩离。

注释

［1］羯岛：即蔻尔索尼斯，当时的雅典殖民地，位于达达尼尔海峡加里波利半岛。［2］弥尔底：旧译，今译“密尔介提斯”，曾统治过蔻尔索尼斯。［3］末造：衰微的时代。

注满杯中酒，倏然怀故山[1]。峨峨修里岩[2]，汤汤波家湾[3]。
繄彼陀离种[4]，族姓何斑斑。傥念希罗嘎[5]，龙胤未凋残[6]。

注释

［1］故山：故乡的山，代指旧游。［2］修里：旧译，今译“苏里”，希腊与阿尔巴尼亚之间的险要山区。［3］波家湾：旧译，今译“巴加”，苏里的一个港湾。［4］繄：同“维”。陀离种：即斯巴达种族。［5］希罗嘎：旧译，今译“赫拉克勒斯”，希腊神话中的英雄。［6］龙胤：神龙，代指赫拉克勒斯。

莫信法郎克[1]，人实诳尔者。锋刃藏祸心，其王如商贾。
骄似突厥军[2]，黠如罗甸虏[3]。尔盾虽彭亨[4]，击碎如破瓦。

注释

［1］法郎克：国王名，旧译，今译“法兰克”，希腊人对西欧人

的称呼。［2］突厥军：代指土耳其军队。［3］罗甸：种族名，旧译，今译“拉丁”。［4］彭亨：鼓胀，胀大貌。

注满杯中酒，樾下舞婆娑[1]。国耻弃如遗，靓妆犹娥娥。
明眸复善睐，一顾光娄离[2]。好乳乳奴子，使我涕滂沱。

注释

［1］樾：树荫。［2］娄离：同“陆离”，参差错综貌。

立我须宁峡[1]，旁皇云石梯[2]。独有海中潮，伴我声悲嘶。
愿为摩天鹄[3]，至死鸣且飞。碎彼娑明杯[4]，俘邑安足怀[5]。

注释

［1］须宁峡：旧译，今译“苏尼翁”，是位于雅典城南的阿提卡半岛南端的一个岬角。［2］旁皇：同“彷徨”。［3］摩天鹄：即天鹅。［4］娑明：旧译，今译“萨摩斯”，爱琴海中的一个岛屿。［5］俘邑：指希腊，犹言是俘虏之城。

# 乐苑

## 陀露哆

**题解**

周瘦鹃《紫罗兰片》记载："印度诗人，近有台峨尔（泰戈尔），名震寰宇，而女子中则有陀露哆者，以诗名恒河南北。顾以国运所关，每一著笔，辄恻恻作亡国之音。有《乐苑》一章，即为祖国告哀而作，盖盛言印度黄金乐土，而今乃非自有也。香山曼殊上人尝译之……吾友刘半农往岁尝购得陀露哆英译诗集，诗凡百余首，均佳。卷首刊有小像，仪容黝黑如墨牡丹，固赫然一印度婆子也，一笑。"

苏曼殊译此诗于1909年，时在日本，载所编《潮音》。一译为《人间伊甸园》。

梵土女诗人陀露哆为其宗国告哀，成此一首。词旨华深，正言若反。嗟乎此才，不幸短命。译为五言，以示诸友，且赠其妹氏于蓝巴干。蓝巴干者，其家族之园也。

万卉币唐园[1]，深黝乃如海。嘉实何青青，按部分班采。
郁郁曼皋林，并闾竦苍柱[2]。木绵扬朱唇，临池歌嗙喻[3]。
明月穿疏篁，眉怃无比伦。分光照菡萏，幻作一瓯银。
佳人劝醇醪，令我精魂夺[4]。伫眙复伫眙[5]，乐都长屑屑[6]。

## 注释

［1］万卉：形容草木之多。卉，草木总称。帀：疑为“匝”之误，环绕。唐园：即菜园。　［2］闾：棕榈树。　［3］嗙喻：古之舞曲名，在池边上载歌载舞。西汉司马相如《凡将篇》云：“淮南宋蔡舞嗙喻。”　［4］精魂：灵魂。　［5］伫眙：久望。　［6］乐都：伊甸园。屑屑：顾惜。

# 序文选读

# 呜呼广东人

**题解**

1903年，苏曼殊任上海《国民日日报》英文翻译时，在该报发表此文，对当时某些广东人的媚外行为给予抨击。

吾悲来而血满襟，吾几握管而不能下矣！

吾闻之，外国人与外省人说：“中国不亡则已，一亡必亡于广东人手。”我想这般说，我广东人何其这样该死？岂我广东人生来就是这般亡国之种么？我想中国二十一行省，风气开得最早者，莫如我广东。何也？我广东滨于海，交通最利便。中外通商以来，我广东人于商业上最是狡猾。华洋杂处，把几分国粹的性质，淘溶下来，所以大大地博了一个开通的名气。这个名气，还是我广东的福，还是我广东的祸呢？咳，据我看来，一定是我广东绝大的祸根了！何也？“开通”二字，是要晓得祖国的危亡、外力的危迫，我们必要看外国内国的情势、外种内种逼处的情形，然后认定我的位置。无论其手段如何，“根本”二字，万万是逃不过，断没有无根本的树子可以发生枝叶的。依这讲来，印在我广东人身上又是个什么样儿？我看我广东人开通的方门，倒也很多。从维新的志士算起，算到细崽洋奴，我广东人够得上讲“开通”二字者，少讲些约有人数三分之一，各省的程度，实在比较不来。然而我广东开通的人虽有这样儿多，其实说并没有一个人也不为过，何也？我广东人有天然媚外的性质，看见了洋人，就是父爷天祖，也没有这样巴结。所以我广东的细崽洋奴，独甲他省。我讲一件故事，给诸位听听：香港英人，曾经倡立维多利亚纪念碑[1]，并募恤南非战事之死者[2]二事，而我广东人相率捐款，皆数十万，比英人自捐的还多数倍。若是遇了内地的什么急事，他便如秦人视越人的肥瘠[3]，毫不关心。所以这样的人，已经不是我广东人了！咳！那晓得更奇呢！我们看他不像是广东人，他偏不愿做广东人，把自己祖国神圣的子孙弃吊，去摇尾乞怜，当那大英大法等国奴隶，并且仗着自己是大英大法等国奴隶，来欺虐自己祖国神圣的子孙。你看这种人于广东有福？于广东有祸？我今有一言正告我广东人曰：“中国不亡则已，一亡必先我广东；我广东不亡则已，一亡必亡在这班入归化籍[4]的贱人手里。”

于今开通的人讲自由，自思想言论自由，以至通商自由，信教自由，却从没有人讲过入籍自由，因为这国籍是不可紊乱的。你们把自己的祖宗不要，以别人之祖宗为祖宗，你看这种人还讲什么同胞？讲什么爱国？既为张氏的子孙，便可为李氏的子孙。倘我中国都像我广东，我想地球面皮上，容不着许多惯门归化的人。呜呼我广东！呜呼我广东！这是我广东开通的好结果！这是我广东人开通的好结果！

我久居日本，每闻我广东人入日本籍者，年多一年。且日本收归化顺民，须富商积有资财者，方准其入归化籍。故我广东人，旅居横滨、神户、长崎、大阪等处，以商起家者，皆入日本籍，以求其保护，而诳骗欺虐吾同胞。东洋如此，西洋更可想见。呜呼！各国以商而亡人国，我国以商而先亡己国！你看我中国尚可为吗？你看我广东人的罪尚可逭吗？吾思及此，吾悲来而血满襟，吾几握管而不能下矣！

## 注释

［1］维多利亚纪念碑：应指1897年为纪念维多利亚女王登位六十周年而在今香港皇后广场立的女王像，后移至维多利亚公园。［2］南非战事之死者：指英布战争中为布尔人游击队击毙的英军。［3］秦人视越人的肥瘠：春秋战国时，秦在西北，越在东南，两国距离远。此处形容地方疏远，不相关。唐韩愈《争臣论》云："视政之得失，若越人视秦人之肥瘠，忽焉不加喜戚于其心。"［4］归化籍：指出生在国外、自愿或主动取得其他国家国籍的人。东汉班固《汉书·匈奴传下》载："而匈奴内乱，五单于争立，日逐呼韩邪携国归化，扶伏称臣。"

# 《秋瑾遗诗》序

## 题解

1907年，《天义报》（东京出版的期刊）主持人何震编排《秋瑾遗诗》。这是秋瑾的第一部诗词集，于1907年9月6日在日本东京出版，刊行者署名“王芷馥”，亦是助资刊印者，故该版诗集又称为“芷馥本”。此集分“秋女士遗诗”与“秋女士词”。何震写有“后序”，其中有言“乞太炎先生及吾师曼殊为序”，章太炎在序中谓“瑾死传其诗词百余首，都为一集，余视其语婉瘱”。该诗集出版时改名为《秋瑾诗词》。

秋瑾：字璿卿、竞雄，别署“鉴湖女侠”，浙江山阴（今绍兴）人。1904年赴日本留学，参加光复会、同盟会。1906年，日本政府颁布“清国留学生取缔规则”，秋瑾为抗议，遂归国，至上海创办中国公学。在绍兴主持大通学堂，并以此为据点，派人到浙江省各处联络会党，组织光复军，她自己则往来于上海杭州之间，联络军学两界，与徐锡麟筹备安徽、浙江两省起义。1907年7月6日，徐锡麟在安庆刺杀巡抚恩铭，起义旋即失败，其弟徐伟的供词牵连到秋瑾。1907年7月10日，秋瑾得知徐锡麟起义失败后，表示“革命要流血才会成功”，故拒绝了离开绍兴的劝告，并遣散众人，自己留守在大通学堂。1907年7月13日，清军包围大通学堂，秋瑾被捕。她拒绝招供，唯书“秋风秋雨愁煞人”相对。1907年7月15日，秋瑾在浙江绍兴轩亭口就义。

死即是生，生即是死。

秋瑾以女子身，能为四生请命，近日一大公案。秋瑾素性，余莫之审。前此偶见其诗，尝谓女子多风月之作，而不知斯人本相也。秋瑾死，其里人[1]章炳麟序其遗诗，举袁公越女[2]事。嗟夫！亡国多才，自古已然！余幼诵明季女子[3]《绝命诗》云：

影照江干不暇悲，永辞鸾镜敛双眉[4]。
朱门曾识谐秦晋[5]，死后相逢总未知。

征帆已说过双姑[6]，掩泪声声泣夜乌。
葬入江鱼波底没，不留青冢在单于[7]。

少小伶仃画阁时，诗书曾拜母兄师。
涛声夜夜催何急，犹记挑灯读楚辞。

生来弱质未簪笄[8]，身没狂澜叹不齐。
河伯有灵怜薄命[9]，东流直绕洞庭西。

当年闺阁惜如金，何事牵裾逐水滨。
寄语双亲休眷恋，入江犹是女儿身。

遮身只是旧罗衣，梦到湘江恐未归。
冥冥风涛又谁伴，声声遥祝两灵妃[10]。

厌听行间带笑歌，几回肠断已无多。
青鸾有意随王母，空费人间设网罗。

国史当年强记亲，杀身自古以成仁。
簪缨虽愧奇男子，犹胜王朝供事臣。

悲愤缠绵，不忍卒读。盖被虏不屈，投身黄鹤渚而死者。善哉，善男子，善女人，谛思之。视死如归，唏嘘盛哉！

香山苏子縠扶病云尔[11]

## 注释

［1］里人：同里的人。章太炎为浙江余杭人，秋瑾亦是浙江人，故称为同里之人。［2］袁公越女：《吴越春秋·勾践阴谋外传》记载，春秋时，越国有处女，善剑术，将北往见越王勾践。途中，遇一老翁，自称袁公，请女比剑。正演试间，袁公忽飞身上树，化为白猿。章炳麟《〈秋女士遗诗〉序》云：“余闻古之善剑术者，内实精神，外亦妥议，则噤噤滕口者寡。读《吴越春秋》有袁公越女之事，惜乎瑾之不志此也。”［3］明季女子：即湘南人郑启秀，被清兵俘获，舟行至黄鹤楼时，投江而死。［4］鸾镜：即装饰有鸾鸟图案的铜镜。鸾鸟是古时传说中的神鸟，南朝宋刘敬叔《异苑》载：“鸾睹镜中影则悲。”［5］秦晋：指结为姻亲。春秋时，秦、晋两国世代结为姻亲，故称两姓联姻为“秦晋之好”。［6］双姑：山名，即大孤山与小孤山。江西九江南鄱阳湖出口处谓之大孤山，与在彭泽北的

小孤山遥遥相对。［7］青冢：汉代王昭君远嫁匈奴单于，死后葬在内蒙古呼和浩特之南，传说当地多白草而此冢独青，故称“青冢”。此处指坟墓。［8］未簪笄：未成年。簪，首饰，即簪子。笄，即“及笄”，古代女子满十五周岁可结发行笄礼。［9］河伯：古时传说中的黄河水神。［10］两灵妃：即舜帝妃子娥皇、女英。西晋张华《博物志》记载，传说舜帝死后，娥皇、女英二人投湘江而亡，被后人奉为湘水神，亦为“湘灵”。［11］苏子榖：苏曼殊的别号之一。

# 《曼殊画谱》自序

题解

1907年夏季，跟随苏曼殊学画的女弟子何震搜集到他的画稿，准备刊行《曼殊画谱》。苏曼殊同意刊行此画谱，并写了序言。不过此画谱后来未能出版，而多散见于《天义报》《民报》《文学因缘》之中。

昔人谓山水画自唐始变，盖有两宗，李思训[1]、王维[2]是也（后称王维画法为“南宗”，李思训画法为“北宗”）。又分勾勒、皴擦二法：“勾勒”用笔，腕力提起，从正锋笔嘴跳力，笔笔见骨，其性主刚，故笔多折断，此归“北派”；“皴擦”用笔，腕力沉坠，用惹侧笔身拖力，笔笔有筋，其性主柔，故笔多长韧，此归“南派”。

李之传为宋王诜[3]、郭熙[4]、张择端[5]、赵伯驹[6]、伯骕[7]，及李唐[8]、刘松年[9]、马远[10]、夏珪[11]，皆属李派；王之传为荆浩[12]、关同[13]（一名种，又作童，《宣和画谱》作仝）、李成[14]、李公麟[15]、范宽[16]、董元[17]（一作源）、巨然[18]，及燕肃[19]、赵令穰[20]、元四大家[21]，皆属王派。李派板细乏士气；王派虚和萧散，此又惠能[22]之禅，非神秀[23]所及也。至郑虔[24]、卢鸿一[25]、张志和[26]、郭忠恕[27]、大小米[28]、马和之[29]、高克恭[30]、倪瓒[31]辈，又如不食烟火人，另具一骨相者。

及至今人，多忽略于形象，故画焉而不解为何物，或专事临摹，苟且自安，而诩诩自矜者有焉。明李流芳[32]曰："余画无师承，又不喜规摹古人，虽或仿之，然求其似，了不可得。"夫学古人者，固非求其似之谓也。子久[33]、仲圭[34]学董巨，元镇[35]学荆、关，彦敬[36]学二米，亦成其为元镇、子久、仲圭、彦敬而已，何必如今之临摹古人者哉？

衲三至扶桑，一省慈母。山河秀丽，寂相[37]盈眸。尔时何震[38]搜衲画，将付梨枣[39]。顾衲经钵飘零，尘劳行脚，所绘十不一存，但此残山水若干帧，属衲序之。嗟夫！汉画之衰久矣！今何子留意于斯，迹彼心情，别有怀抱。然而亡国留痕，夫孰过而问者？

佛灭度后二千三百八十三年[40]　粤东慧龙寺曼殊

## 注释

［1］李思训：唐朝宗室，长于绘山水、树石，书法亦为一代大家。　［2］王维：字摩诘。唐代诗人、画家。苏轼评价王维："味摩诘之诗，诗中有画；观摩诘之画，画中有诗。"　［3］王诜：北宋画家，能诗善画，山水画用"破墨法"，苏轼谓其"得破墨三昧"。有作品《烟江叠嶂图》《渔村小雪图》等。　［4］郭熙：字淳夫，北宋画家。其画取法李成，二人并称"李郭"。所画山石独

创状如卷云的皴笔，被后人称为“卷云皴”。［5］张择端：字正道，北宋画家。宋徽宗宣和年间任翰林待诏，存世作品有《清明上河图》等。［6］赵伯驹：字千里，南宋画家。宋太祖七世孙，善绘金碧山水，画法师唐代李思训、李昭道父子。［7］伯骕：赵伯骕，字希远，南宋画家，宋朝宗室，赵伯驹之弟。亦善绘金碧山水，界画亦精。传世作品有《五金阙图》《番骑猎归图》等。［8］李唐：南宋画家，曾为画院待诏。善绘山水、人物、林木、竹石、禽兽。［9］刘松年：南宋画家。［10］马远：字遥父，号钦山，南宋画家。善绘山水、人物、花鸟。［11］夏珪：又名圭，字禹玉，南宋画家。与李唐、刘松年、马远合称为“南宋四大家”。［12］荆浩：字浩然，号洪谷子，五代后梁画家。隐居太行山，善绘山水，师法张璪。［13］关同：即关仝，五代后梁画家，师法荆浩，画史上将荆浩、关仝并称为“荆关”。［14］李成：字咸熙，五代宋初画家，先世系唐宗室。善绘山水，师法荆浩、关仝，而能自成一家。［15］李公麟：字伯时，号龙眠居士，北宋画家，宋神宗熙宁三年（1070）进士，善绘人物、释道、鞍马、山水、花鸟，有“宋画中第一人”之誉。［16］范宽：字仲立（又作中立），又名中正，北宋画家，善绘山水，存世作品有《溪山行旅图》《雪山萧寺图》《雪景寒林图》等。［17］董元：即董源，字叔达，五代南唐画家，曾任北苑副使，世称“董北苑”。善绘溪桥、渔浦、洲渚等江南景色。［18］巨然：五代画家、僧人，曾在南京开元寺出家。承董源画风，二人并称为“董巨”。有画作《秋山问道图》《山居图》等传世。［19］燕肃：字仲穆，北宋画家、诗人。宋真宗大中祥符年间进士，官至龙图阁直学士，人称“燕龙图”。师法李成，存世作品有《秦岫渔歌》《江山雪霁》等。［20］赵令穰：字大年，北宋画家。宋太祖赵匡胤五世孙。存世作品有《汉宫图》《阿阁图》《万松金阙图》等。［21］元四大家：黄公望、吴镇、倪瓒、王蒙（见明董其昌《容台别集·画旨》）。一说指赵孟頫、吴镇、黄公望、王蒙（见明王世贞《艺苑卮言·附录》）。［22］惠能：尊称六祖惠能，唐代岭南新州（今广东新兴）人，得到五祖弘忍传授衣钵，继承东山法脉并建立了南宗，弘扬“直指人心、见性成佛”的“顿教”法门。［23］神秀：唐代高僧，禅宗北宗的创立者。［24］郑虔：字趋庭，唐代文学家、书法家、画家，其诗、书、画被唐玄宗称为“郑虔三绝”。［25］卢鸿一：一名鸿，字浩然，唐代画家、诗人、隐士，善绘山水、树石。［26］张志和：字子同，初名龟龄，号玄真子。董其昌在《容台别集·画旨》中评价道：“昔人以逸品置神品之上，历代唯张志和可无愧色。”［27］郭忠恕：字恕先，又字国宝，五代末期至北宋初期画家，善绘界画，被赞为“一时之绝”。［28］大小米：北宋米芾、米友仁父子。［29］马和之：南宋画家，曾任画院待诏，善绘佛像、界画，尤精绘人物，其绘画风格与唐代吴道子相仿，时称“小吴生”。［30］高克恭：字彦敬，号房山，师法董源、李成，善绘墨竹。［31］倪瓒：初名倪珽，字泰宇，别字元镇，号云林子、荆蛮民、幻霞子，江苏无锡人，元末明初画家、诗人。［32］李流芳：字长蘅，号檀园，明代诗人、书画家。［33］子久：即黄公望，元代画家。［34］仲圭：即吴镇，元代画家、书法家、诗人。［35］元镇：即倪瓒。［36］彦敬：即高克恭。［37］寂相：寓意安静之相。［38］何震：何班，字志剑，江苏扬州人，刘师培之妻。1915年何震随刘师培加入筹安会，拥护袁世凯复辟帝制。1919年刘师培病故，何震不知所终，一说出家为尼。［39］梨枣：古代刻书多用梨木或枣木，此代指印刷书籍。［40］佛灭度后二千三百八十三年：即1907年。

# 代河合母氏撰《〈曼殊画谱〉序》

周作人[1] 译

**题解**

在何震编辑《曼殊画谱》之时，她请苏曼殊的母亲河合仙写序，苏曼殊于是据河合仙所述代写，并请周作人译为中文。

月离中天云逐风，雁影凄凉落照中。（吾儿画此景独多）

我望东海寄归信，儿到灵山第几重。（儿尝作《灵山振衲图》）

苏曼殊《白门秋柳图》

吾儿少不聪明，兼多疾病，性癖爱画，且好远游。早岁出家，不相见者十余年，弹指吾儿二十四矣。去夏始得卷单[2]来东省余，适余居乡，缘慳不遇[3]。今夏重来，余白发垂垂老矣。及检其过去帖，见其友刘子[4]所赠诗，有云："享君黄酒胡麻饭，（自注：上人虽不饮，每过我家，必强以一啜云。）贻我《白门秋柳图》。（自

注：与上人同客金陵，上人手绘是图，精妙无伦。）只是有情抛不了，袈裟赢得泪痕粗。（自注：不知是何故。）”

余询知其为思我及其姊[5]，亦下泪语之曰：“吾儿情根未断也。”今吾儿又决心将谒梵土，审求梵学。顾儿根器虽薄弱，余冀其愿力之庄严。为诗一绝，以坚其志。会唐土[6]何震女士，集示吾儿零星诸作，以是因缘，泚笔志之，固无碍体例也。

河合氏于西户部之茅舍

## 注释

[1]周作人：字星杓，号知堂，浙江绍兴人，近代学者，曾任国立北京大学教授，燕京大学新文学系主任、客座教授。 [2]卷单：僧人收拾行李离开寺庙。此指苏曼殊从中国东渡日本。 [3]缘悭不遇：苏曼殊于1898年东渡日本留学时曾访母，但因河合仙居住在乡下，未得见。 [4]刘子：指刘季平。 [5]其姊：榎本荣子。 [6]唐土：中国。

# 《梵文典》自序

## 题解

1904年，苏曼殊“继游暹罗”，遇到鞠窣磨长老“殷殷以梵学相勉”，苏曼殊受此鼓励，决心编一部学习梵文的字典。后来在陈独秀处得到《梵文典》的英译本，就开始翻译。1907年，苏曼殊在日本对书稿进行了整理，写了此序，发表于同年在日本出版的《天义报》第6卷上。当时恰逢印度人钵逻罕自美国到日本访问，于是苏曼殊请他审阅《梵文典》翻译稿，“后以印人索价太奢（盖日本尚无此种字母，惟欧洲有之，且有英文插入，故难）”（见1907年8月复刘三信函），未能出版，据说书稿藏在他的朋友处，后不知所踪。

如是我闻[1]：

此梵字者，亘三世而常恒，遍十方以平等。学之书之，定得常住之佛智；观之诵之，必证不坏之法身[2]。诸教之根本，诸字之父母，其在斯乎？夫欧洲通行文字，皆原于拉丁[3]，拉丁原于希腊。由此上溯，实本梵文。他日考古文学，唯有梵文、汉文二种耳，余无足道也。顾汉土梵文作法，久无专书，其现存《龙藏》[4]者，唯唐智广所选《悉昙字记》[5]一卷，然音韵既多龃龉[6]，至于文法，一切未详。此但持咒之资，无以了知文义。

衲早岁出家，即尝有志于此。继游暹罗[7]，逢鞠窣磨长老，长老意思深远，殷殷以梵学相勉。衲拜受长老之旨，于今三年。只以行脚劳劳，机缘未至。嗣见西人撰述《梵文典》条例彰明。与慈恩[8]所述“八转[9]”“六释[10]”等法，默相符会。正在究心，适南方人[11]来，说鞠窣磨长老已圆寂矣！尔时，衲唯有望西三拜而已。今衲敬成鞠窣磨长老之志，而作此书。非谓佛刹圆音，尽于斯著，然沟通华、梵，当自此始。但愿法界有情，同圆种智[12]。抑今者佛教大开光明之运，已萌于隐约间，十方大德，必有具备迅勇猛大雄无畏相者。词无碍解，当有其人。他日圆音一演，成金色佛，遍满娑婆即婆。虽慧根微弱，冀愿力庄严，随诸公后。若夫忘言忘思，筌蹄[13]俱废，奚以是为？然能尔也。

岭南慧龙寺僧博经[14]书于西湖灵隐山[15]

## 注释

［1］如是我闻：佛经的开首语。如是，即佛经内容如此。我闻，阿难自称我闻之于佛。　［2］法身：亦作“佛身”，指以佛法成身，或是身具一切佛法。　［3］拉丁：拉丁语，古罗马用的文字，起源于拉丁姆地区。　［4］《龙藏》：佛教圣典总集，即《乾隆大藏经》，以明代《北藏》为底本刻印。　［5］《悉昙字记》：南天竺般若菩提所传的梵文字书。　［6］龃龉：指体例不协调，

有差失之处。［7］暹罗：泰国旧称。［8］慈恩：唐代高僧窥基，法相宗的代表人物，玄奘的弟子，常住大慈恩寺，故称“慈恩大师”。［9］“八转”：亦称“八啭”，梵语苏漫多声的八种语格，即体声、业声、具声、所为声、所从声、所属声、所依声、呼声。此八声各有一言声、二言声、多言声之别，故为二十四声，而此二十四声又有男声、女声、中声三性，故有七十二声之变形。为苏漫多声变化的总数。［10］“六释”：即“六离合释”，梵语以持业释、依主释、有财释、相违释、邻近释、带数释六种法式分别音义。方法是先离释，后合释。释，解。指解释开演，安教立理。［11］南方人：指印度人钵逻罕，“亚洲和亲会”会员，苏曼殊的《梵文典》即由其审阅并予题辞。［12］种智：佛之一切智知。［13］筌蹄：比喻达到目的的手段或工具。《庄子·外物》云：“筌者所以在鱼，得鱼而忘筌；蹄者所以在兔，得兔而忘蹄。”筌，捕鱼竹器具名。蹄，捕兔器具名。［14］博经：苏曼殊已故师兄南雄始兴赵氏遣凡的法号。苏曼殊在离开慧龙寺时，拿走博经的度牒，此后就以“博经”自居。［15］灵隐山：亦称武林山，在浙江杭州西湖畔，佛教名山之一，有古刹灵隐寺。

# 儆告十方佛弟子启

**题解**

1907年，苏曼殊和章太炎为捍卫佛教、唤醒僧侣，写下此文，阐述对佛教的见解，后来和《告宰官白衣启》合印成一册。

自迦叶腾[1]东流像法[2]，讫今千八百年。由汉至唐，风流乡[3]盛；两宋以降，转益衰微。今日乃有毁坏招提[4]改建学堂之事。窃闻海内白衣长者[5]，提倡僧学，略有数人。以此抵制宰官，宁非利器！然犹有未慊[6]者，法门败坏，不在外缘而在内因。今兹戒律清严、禅观坚定者，诚有其人。而皆僻处茅庵，不逞僧次。自余兰若，惟有金山[7]、高旻[8]、宝华[9]、归元[10]，人无异议。其他刹土，率与城市相连，一近俗居，染污便起。或有裸居茶肆，拈赌骨牌，聚观优戏，钩牵母邑[11]。碎杂小寺，时闻其风。丛林[12]轨范虽存，已多弛缓。不事奢摩静虑，而惟终日安居；不闻说法讲经，而务为人礼忏[13]。嘱累正法，则专计资财（此弊广东最甚。其余虽少，亦不求行证，惟取长于世法而已）。争取缕衣[14]，则横生矛戟。驰情于供养，役形于利衰。为人轻贱，亦已宜矣。复有趋逐炎凉，情钟势耀。诡云护法，须赖人王[15]。相彼染心，实为利己。既无益于正教，而适为人鄙夷，此之殃咎，实由自取。详夫礼忏之法，虽起佛门，要为广说四谛八正道等，令自开悟。岂须广建坛场，聚徒讽诵？

## 注释

［1］迦叶腾：即迦叶摩滕，天竺僧人，东汉明帝时，他用白马载佛经至洛阳。汉明帝建白马寺，为汉译佛经之始。［2］像法：即佛教。［3］乡：通“向”。［4］招提：寺庙。［5］白衣长者：泛指僧人之外的人。天竺之波罗门与俗人，多穿鲜白衣服。长者，对有名望之人的尊称。［6］慊：满意。［7］金山：金山寺，在江苏镇江金山上。［8］高旻：高旻寺，在江苏扬州三汊河西岸，清代扬州八大名刹之一。［9］宝华：宝华寺，在河北承德宝华山上。［10］归元：归元寺，在湖北武汉汉阳区归元寺路，清顺治十五年（1658）由白光法师兴建。［11］钩牵母邑：牵连所在的世俗之人。钩牵，缠绕牵连。母邑，指佛寺和所在的地方如母子相依。［12］丛林：梵语Vindhga Vana，即贫婆那，指寺院。［13］礼忏：礼拜与忏悔的略称。礼拜三宝，忏悔所造之罪。［14］缕衣：传法袈裟。［15］人王：人中之王，指天子。

昔迦王[1]虐杀安息国[2]人，自知灭后当隳[3]地狱。马鸣菩萨，以八地圣僧[4]为之礼忏，但得罪障微薄，尚隳龙身[5]，岂况六通[6]未具，四禅[7]犹缺，唐持梵呗，何补秋毫？此方志公[8]智者，虽作忏议，本是菩萨化身，能以圆音利物。若在凡僧，何益之有？云栖[9]广作忏法，蔓延至今。徒误正修，以资利养。流毒沙门，其祸至烈。至于禅宗，本无忏法。而今亦相率崇效，非宜深戒者乎！应赴之说，古未之闻。昔白起为秦将，坑长平降卒四十万，死入地狱。至梁武帝时，致梦于帝，乞所以救拔之方。帝觉，求诸志公。公曰："闻《大藏》中有《水陆仪文》一卷，若得之，如法行持，可以济拔。"于是集天下高僧，建水陆道场七昼夜，凡一切善法所应行者悉行之。一时名僧咸赴其请，应赴之法自此始。昔佛在世时，为法施生，以法教化众生。人间天上，莫不以五时八教[10]次第调停而成熟之。诸弟子亦各分化一方，恢弘其道。迨佛灭度后，阿难[11]等结集三藏[12]流通法宝。至汉明帝[13]时，佛法始入震旦[14]。唐宋以后，渐入浇漓。取为衣食之资，将作贩卖之具。嗟夫！异哉！自既未度，焉能度人？譬如从井救人，二俱陷溺。且施者，与而不取之谓。

## 注释

[1] 迦王：阿输迦王，亦称"无忧王"，古印度摩揭陀国孔雀王朝第三代国王。早年好战，在与安息国的战争中俘获15万人，杀戮10万人，晚年崇信佛教。 [2] 安息国：即帕提亚帝国，又称阿萨息斯王朝，是亚洲西部伊朗地区古典时期的奴隶制帝国。 [3] 隳（huī）：掉入。 [4] 八地圣僧：八地菩萨。 [5] 龙身：帝王身份。 [6] 六通：一名身通，二名天眼通，三名天耳通，四名他心通，五名宿命通，六名漏尽通。 [7] 四禅：又作四禅定、四静虑。指用以治惑、生诸功德之四种根本禅定。亦指色界中之初禅、第二

禅、第三禅、第四禅，故又称“色界定”。 ［8］志公：南朝齐、梁时的宝志禅师。 ［9］云栖：明代净土宗高僧莲池。 ［10］五时八教：天台宗的判教学说。 ［11］阿难：阿难陀的略称。释迦牟尼的从弟，十大弟子之一。 ［12］三藏：即“经藏”“律藏”“论藏”。佛教经典总称。藏，即一切应知之义，皆蕴藏于其中。 ［13］汉明帝：刘庄，东汉第二位皇帝，他派人去天竺求取佛经，佛教随之传入中国。 ［14］震旦：古代印度人称中国为Cīnisthana，汉译佛经作震旦。

今我以法与人，人以财与我，是谓贸易，云何称施？况本无法与人，徒资口给耶？纵有虔诚之功，不赎贪求之过。若复苟且将事，以希利养，是谓盗施主物，又谓之负债用；律有明文，呵责非细。不坐铁床、饮洋铜者，无有是处。付法藏者，本以僧众宏多，须入纲纪。在昔双林[1]示灭，迦叶[2]犹在叶波[3]过七日已，乃闻音耗，自念如来曾以袈裟衲衣施我，圣利[4]满足，与佛无异，当护正法（《善见律毗婆沙》第一）。此岂明有付法之文？正以耆年有德，众望所归故也。此土天台一宗，自谓直接龙树[5]，而授受相隔，事异亲依。禅宗虽有传灯[6]，然自六祖灭后，已无转付衣钵之事。若计内证，则得法者或如竹林竿蔗，岂必局在一人？若计俗情，则衣钵所留，争端即起，悬丝示戒，著在禅书。然则法藏所归，宜令学徒公选。必若闻修有缺，未妨兼请他僧（惟不可令宰官居士与闻选事，以所选必深于世法者故）。何取密示传承，致生诤讼，营求嗣法，不护讥嫌？若尔者，与俗士应举求官何异？而得称为上人哉！王者护法之事，虽起古初，印度四姓[7]有分，婆罗门夙为贵种，主持宗教，尊为王家。刹利[8]种人，宜多愤嫉。佛以净饭王子[9]，为天人师。帝王归命，本以同气相求，自然翕合。即实而言，为仁由己；出其言善，则千里应之。岂待王者归依，方能弘法？此土传法之初，诚资世主；终由士民崇信，方得流行。唐时虽重羽流[10]，而瞿昙[11]之尊，卒逾老子[12]。三武[13]虽尝灭法，而奕世之后，事得再兴。吾宗苟有龙象[14]，彼帝王焉能为损益哉？顷者，日本僧徒，咸指板垣退助（日本勋臣，创议废佛法也者），以为佛敌，其实百万哑羊[15]，娶妻食肉，深著世法，隳废律议。纵无板垣，彼僧自当为人轻蔑。不自克责，于人何尤！吾土诸德，犹有戒香。不务勇猛精进，以弘正法，而欲攀援显贵，藉为屏墙，何其左矣？

## 注释

[1]双林：佛入灭处之林，为沙罗树之并木，故谓之双林。　[2]迦叶：释迦牟尼十大弟子中有头陀第一之罗汉，谓之摩诃迦叶，略称迦叶。　[3]叶波：地名。　[4]圣利：即无上荣光，犹言荣誉。　[5]龙树：古印度大乘佛教中观学派的创始人。　[6]传灯：法能破闇，故以灯譬之，传法于他，故曰传灯。　[7]印度四姓：古印度社会的四个等级，一婆罗门，属僧侣贵族；二刹帝利，属王公贵族；三吠舍，属平民；四首陀罗，属奴隶。　[8]刹利：即刹帝利，印度四姓之第二。　[9]净饭王子：即释迦牟尼，佛教创始人，释迦族人，古印度北部迦毗罗卫国（今尼

泊尔与印度北方邦交界的区域）净饭王的太子。［10］羽流：代指道士。［11］瞿昙：旧译，今译“乔答摩”，释迦牟尼之姓，名悉达多。［12］老子：老聃，春秋时思想家，所著《道德经》被奉为道家学派经典著作。［13］三武：指北魏太武帝拓跋焘、北周武帝宇文邕、唐武宗李炎。此三位帝王在位期间，都禁佛教，拆寺庙，令僧人还俗，故称“三武之难”“三武灭佛”。［14］龙象：佛教诸阿罗汉中，修行勇猛、有最大力者被称为“龙象”。水行中龙力最大，陆行中象力最大，故以此为喻。［15］哑羊：佛教语。喻指至愚不知解悟之人。

夫世尊[1]制法，“王”“贼”并称。周武帝初年信佛，道安[2]说法，令帝席地听之，与设食会餐，帝自辞曰：“法师不宜与贼臣同席。”即敕将去（见宣律师《续高僧传》）。此则“王”“贼”同言，末世犹知其义。至于法门拜俗，礼所宜绝。远公[3]已来，持之久矣。宋世始有称臣之法，清代遂隆拜帝之仪，斯皆僧众自污，非他能强。及至今日，宰官当前，跪拜惟谨，檀施在目，归命为依。乃至刊《同戒录》者，有戒元、戒魁等名。依附俗科，尤可鄙笑。夫儒俗逸民，尚有不臣天子；白莲邪教[4]，且能睥睨贵游。何意圣教衰微，反出二流之下！近世基督教救世军[5]有布斯者，自称法将，随俗利人，虽小善未圆，而众望斯集。一谒英皇，遂招物议。以彼人天小教，犹当清净自持。岂有无上正觉之宗，而可枉自卑屈？且法之兴废，视乎人材。枉法求存，虽存犹灭。仁者弘教，当视势利如火坑矣。

然则佛门戒范，虽有多途，今者对治之方，宜断三事：一者礼忏，二者付法，三者趋炎。第一断者，无贩法名；第二断者，无诤讼名；第三断者，无猥鄙名。能行斯义，庶我薄伽梵教，无泯将来。若欲绍隆佛法，则有自利、利他二门要之悉以义解为本。欲得义解，必持经论。今者缩版《藏经》，现在日本（全藏只须一百七十余元）。寺置一函，其费无几（今人多喜往柏林寺[6]奏请《龙藏》，较其所费三十倍于缩版《藏经》。王家赐藏，无过尘世虚荣，何益佛事？若欲藉为护符，求免封闭，亦不可得。日本缩板印行已二十年，而购求者殊少，固知其意在彼不在此也。思之真堪堕泪）。金陵扬州亦有流通印本，取携既易，为益弘多。念诸大德，固应计度及此。然以近世度僧，既太率易，有未知文字而具授菩萨戒者（此不得以六祖籍口）。是故建立僧学，事为至急。详邬波柁耶[7]之名（译义为亲教师），亦以泛唤“博士”，西方或云“乌社”，此土遂有“和上”之名（见《南海寄归传》三）。是和上者，本以教授经论为事。《慈恩传》[8]述那烂陀寺诸僧，以通经多寡为高下。此则建置精舍，本为学人讲诵之区，若专求止观者，冢间林下，亦得自如，即不烦设寺矣。乃若保持琳宫[9]，坐资寺产，逸居无教，等于惰民。如成都昭觉寺[10]僧，资财百万，厚自营生，卒为宰官掊收。此之执吝，欲何为耶？

## 注释

［1］世尊：释迦牟尼。 ［2］道安：东晋高僧，般若学派本

无宗的代表人。 [3]远公：东晋高僧慧远，道安的弟子，净土宗始祖。 [4]白莲邪教：白莲教，混合有佛教、明教、弥勒教等内容的秘密宗教组织。始于宋代，到元代逐渐流行，至大元年（1308）被禁止，但参加者仍不断增加。元以后改信弥勒。教派名称随时随地变化。元、明、清三代，常被农民起义作为组织斗争的工具。 [5]救世军：于1865年由英国人布斯创立，以军队形式作为其架构和行政方针，以基督教作为基本信仰的国际性宗教及慈善公益组织，1880年正名为救世军。 [6]柏林寺：位于北京东城，建于元至正七年（1347），寺内所藏《龙藏》经版是中国释藏中现存的唯一木刻经版。 [7]邬波柁耶：其意为亲教师。《玄应音义·二十一》载："邬波柁耶，旧言和尚或言和阇皆讹也。此云亲教，亦云近诵。以弟子年少不离于师。常逐常近，受经而诵也。" [8]《慈恩传》：《大慈恩寺三藏法师传》的略称，所记为玄奘生平事迹。玄奘居大慈恩寺，故尊称其为慈恩寺三藏法师。 [9]琳宫：道观。 [10]昭觉寺：在四川成都北郊，为唐贞观年间改建的佛刹，时称"建元寺"，宣宗时赐名"昭觉"。清康熙二年（1663）重修，有"川西第一禅林"之称。

尔来东南各寺宇，间设学堂，是宜遍及神州以合立寺之义，然助成其事者，多在士人。或乃随逐时趋，不求实用。向闻杭州僧学，乃教英文。夫沙门入校，趣于解经。欲解经者，即须先习汉文为本。晋、唐翻经诸师，多通字学，至今《一切经音义》[1]《止观辅行传》[2]诸书，尚为儒人所宝，经文典则（远过欧、曾、王、苏[3]之文），非先审儒书文义，未易深通。唐以前书，是宜观览，宋以后书，除理学外，无庸涉猎。亦如印度诸僧，必晓吠陀[4]之学。俗人干禄[5]，可以不识汉文。沙门解经，岂得昧于句义？如欲兼明异语，正可讲及梵书，何须遽习英文，虚捐岁月？往者悉昙章义，略记音声。非独“八转”（八转声即八格）、“十罗”（十伽罗声即十时），绝无解说。名词物号，亦不一存。此但持咒之资，无以了知文义。然则名身句身，必应穷了。念昔奘公[6]未出以前，罗什[7]诸师，译语或多影略。是须明习梵文，校其元本。又大、小乘经论，此方所未译者，其籍犹多（据费长房[8]、宣律师所述：菩提留支[9]持来梵经凡万余卷，真谛[10]三藏所携，若尽译出，可得二万余卷。今计全藏所有，并省复重，视梵土才五分之一耳）。今印度佛学虽微，犹有中土所未译者。如能翻录，顾不快耶？又况六师外道[11]此方所译，惟胜论[12]有《十句义》，数论[13]有《金七十论》，自余诸哲，竟无完书。六师义谛闳深，远在老、庄之上。一遭佛日，爝火失明。不读六师之书，宁知佛教所以高远！且波你尼仙所陈，乃为字学。尼夜耶宗所说，即是因明。佛家既录其长，岂容芒昧？前者《优波尼沙陀书》[14]，罗甸已尝译录。顾于中土，反缺斯篇，是亦宜为甄述者矣。日本学梵文者，多就英都，直由心失均平，重欧洲而轻印度。若求谛实，何如高蹈五天？径从受学，纵其未暇，亦可礼致明师，来相讲授（印度佛法虽微，而吠檀多教[15]尚盛，其师皆明习梵文。今官立学校，岁费三四千金，以求欧洲教授，尚不能得其佳者。若印度梵师，专授声明、因明之术，求则得之。集合数寺，不忧无资延请也）。此与学习英文，孰缓孰急，断可识矣。欧洲哲学，习内典者，亦所应知。然比于梵书，犹为当后。然诠慧学，又在德国诸师，无取英人肤浅语也。综此数事，今所急者，惟在汉文；次所急者，倡坚实不浮之学。解经以后，以此自利，则止观易以修持；以此利他，则说法不遭堕负。佛日再晖，庶几可望。又今南土沙门[16]，多游日本，日本诸师亦欲于支那传教。俗士无知，谓宜取则，详东僧分明经教，实视汉土为优。至于修习禅那，远有不逮。置短取长，未妨互助。若其恣啖有情，喜触不净；家有难陀[17]之天女，人尝帝释之鸽羹，既犯僧残，即难共处。而说者以为时代不同，戒律即难遵守。大乘佛教，事在恢弘。不应牵制律文，介然独善。去岁有月霞禅师[18]自金陵来，即遇多人劝其蓄内，禅师笑而置之。夫毗尼[19]细节，岂特今古有殊，亦乃东西互异。四分十诵，科条繁密，非专习戒律者，容有周疏。若彼大端，无容出入。佛制小乘食三净肉[20]，大乘则一切禁断。至夫室家亲昵，大小俱遮。若犯此者，即与俗人不异。出家菩萨，临机权化，他戒许开。独于色欲有禁，当为声闻[21]示仪范故。而云大乘恢弘，何其谬妄！且蔬笋常餐，非难入咽，兼饮乳酪，何损卫生。阴阳交会，复非存生所急。稍习骨观，其欲自净。岂为居必桧巢[22]，食非火化，而云古今有异哉？必也情念炽然，亦可自署居士，何乃妄号比丘，破坏佛法？日餐血肉而说慈悲，不断淫根而言清净。螺音狗行[23]，无过此矣。况其诳语利人，终无实用。徒有附会豪家，佞谀权势。外取兼济之名，内怀贪忍之实；纵有小善，非市估所能为。何待缁流，曲为挹注？以此显扬佛法，只令门风堕地，此迹倡优而已。然情欲奔驰，易如流瀑，波旬[24]既现，易引垢心。年少学人，血气未定，摩登诱惑，谁能坚往？窃谓自今以后，宜定年过三十者，方许受具足戒，则魔说或当少止乎？某等闻熏未周，方便[25]尚缺。悲正法之将灭，惧邪见之堕人。陈此区区，无补毫末。亦谓应时便用，切要在兹，若十方大德，恕其狂愚，加以采录，挽回末法，或在斯言。若其不尔，便恐智日永沉，佛光乍灭。虽千百法琳[26]，恒沙[27]智实[28]，亦无能为役矣。

佛灭度后二千三百八十四年

广州比丘曼殊、杭州邬波索迦[29]末底[30]同白

## 注释

［1］《一切经音义》：即《玄应音义》，唐时玄应撰，共二十五卷。　［2］《止观辅行传》：即《摩诃止观辅行传弘决》，唐时湛然撰，用以注释天台宗之《摩诃止观》。　［3］欧、曾、王、苏：欧阳修、曾巩、王安石、苏东坡。　［4］吠陀：即《吠陀》一书，梵文的音译，意为“知识”，用梵文写成，为印度宗教、哲学及文学之基础，是古印度婆罗门教、印度教的早期经典，包括《黎俱吠陀》《夜柔吠陀》《娑摩吠陀》《阿闼婆吠陀》四部本集及阐释它的《森林书》《奥义书》等。　［5］干禄：指一心钻营，追名逐利。　［6］玄奘：唐佛教学者、旅行家，唯识宗创始人之一。本姓陈，名袆，洛州缑氏（今河南偃师缑氏镇）人。贞观三年（629年，一说贞观元年）西行赴天竺，名震五天竺。译出经、论七十五部，凡一千三百三十五卷。对中

国佛教思想的发展影响极大。［7］罗什：即十六国时期后秦高僧鸠摩罗什。［8］费长房：北周、隋时僧人，北周武帝废僧时还俗，曾为翻经学士。［9］菩提留支：一作菩提流支，意译为道希，北印度僧人，大乘瑜伽系学者。北魏永平元年（508）至洛阳，住永宁寺，译出《佛名经》《入楞迦经》《法集经》《深密解脱经》《宝性论》《法华经论》等经籍。［10］真谛：印度优禅尼国人，应南朝梁武帝邀至梁都建康译经，他与鸠摩罗什、玄奘、不空并称“中国佛教四大译经师”。［11］六师外道：亦作外道六师，古印度释迦牟尼时反对婆罗门教思想的六派学说。［12］胜论：即最胜学派。印度六派哲学（数论、瑜伽论、胜论、正理论、弥曼差论、吠檀多论）之一，为呕露迦仙（又名迦那陀）始称，是分析宇宙万有为究竟的唯物的多元论。［13］数论：印度哲学的一个流派。［14］《优波尼沙陀书》：即《邬波尼杀昙书》，为讲述细微细数极限之书。［15］吠檀多教：印度哲学史上占统治地位的唯心主义哲学派别，为印度六派哲学中最有势力的一派。［16］南土沙门：中国南方的僧人。［17］难陀：即欢喜佛。［18］月霞禅师：胡显珠，初习天台宗，后栖心华严宗学。1914年创办华严大学，著述有《维摩经讲义》行世。［19］毗尼：即毗奈耶，其意为律。《楞严经·卷一》载：“严净毗尼，弘范三界。”［20］三净肉：三种净肉的略称，即一我眼不见其杀者，二不闻为我杀者，三无为我而杀之疑者。［21］声闻：听闻佛陀声教而证悟的出家弟子。《大乘义章》载：“从佛声闻而得道者，悉名声闻。”［22］桧巢：穴居式住所。［23］螺音狗行：喻言行清高虚伪而至无耻者。螺音，佛教乐器，其声勇猛，以表大法之雄猛。［24］波旬：又作经魔波旬，古印度佛教中所说的魔王，称魔罗。此处代指邪念。［25］方便：又作善权、变谋。指巧妙地接近、施设、安排等。乃一种向上进展之方法。［26］法琳：隋末唐初僧人。唐武德四年（621）太史傅奕上表唐高祖李渊请废佛法，法琳作《破邪论》予以辩驳。后有道士李仲卿、刘进喜写文贬低佛教，法琳再作《辩正论》予以痛击。有“唐护法沙门”之誉。［27］恒沙：恒河沙数的略称。形容多。恒河，南亚的大河。［28］智实：唐代僧人。［29］邬波索迦：梵文，其意是清信士，用以称受五戒的男子。［30］末底：章太炎。

# 《文学因缘》自序

## 题解

1908年，苏曼殊将搜集到的英译汉文诗，以及自己译的歌德诗和拜伦诗各一首，汇编成《文学因缘》，共收录翻译诗歌16首，遂写此序，该书于同年在日本东京齐民社出版。1915年上海群益书社翻印过此书。

先是在香江读Candlin师[1]所译《葬花诗》，词气凑泊[2]，语无增减。若法译《离骚经》[3]《琵琶行》[4]诸篇，雅丽远逊原作。

夫文章构造，各自含英[5]，有如吾粤木绵素馨[6]，迁地弗为良。况歌诗之美，在乎节族[7]长短之间，虑非译意所能尽也。

衲谓文词简丽相俱者，莫若梵文，汉文次之，欧洲番书，瞠乎后矣！汉译经文，若“输卢迦”，均自然缀合，无失彼此。盖梵、汉字体，俱甚茂密，而梵文“八转”“十罗”，微妙傀琦[8]，斯梵章所以为天书也。今吾汉土末世昌披，文事弛沦久矣。大汉天声，其真绝耶？

比随慈母至逗子海滨，山谷幽寂，时见残英辞树。偶录是编，闽江诸友，愿为之刊行，得毋灵府[9]有难尘泊者哉？

曩见James Legge博士[10]译述《诗经》全部，其《静女》《雄雉》《汉广》数篇，与*Middle Kingdom*[11]所载不同，《谷风》《鹊巢》两篇，又与Francis Davis[12]所译少异。今各录数篇，以证同异。伯夷、叔齐《采薇歌》[13]，《懿氏谣》[14]，《击壤歌》[15]，《饭牛歌》[16]，百里奚妻《琴歌》[17]，箕子《麦秀歌》[18]，《箜篌引》[19]，《宋城者讴》[20]，古诗《行行重行行》[21]，及杜诗《国破山河在》[22]等，亦系Legge所译。李白《春日醉起言志》《子夜吴歌》，杜甫《佳人行》，班固《怨歌行》[23]，王昌龄[24]《闺怨》，张籍[25]《节妇吟》，文文山[26]《正气歌》等，系Giles[27]所译。《采茶词》[28]亦见Williams[29]所著*The Middle Kingdom*，系Mercer学士[30]所译。其余散见群籍，都无传译者名。尚有《山中问答》《玉阶怨》《赠汪伦》[31]数首，今俱不复记忆。

畏友仲子[32]尝论“不知心恨谁[33]”句，英译微嫌薄弱。衲谓第以此土人译作英语，恐弥不逮。是犹倭人[34]之汉译，其蹇涩殊出意表也。又如“长安一片月[35]”，尤属难译，今英译亦略得意趣。友人君武[36]译拜伦《哀希腊》诗，亦宛转不离原意，惟稍逊《新小说》所载二章，盖稍失粗豪耳。顾欧人译李白诗不可多得，犹此土之于Byron[37]也。其《留别雅典女郎》四章，则故友[38]译自《Byron集》中。沙恭达罗（Sakoontala）者，印度先圣毗舍密多罗[39]（Viswamitra）女，庄艳绝伦。后此诗圣迦梨陀娑[40]（Kalidasa）作*Sakoontala*剧曲，纪无能胜王[41]（Dusyanta）与沙恭达罗慕恋事，百灵光怪。千七百八十九年，William Jones（威林，留印度十二年，欧人习梵文之先登者）始译以英文。传至德，Goethe[42]见之，惊叹难为譬说，遂为之颂，则《沙恭达纶》一章是也。Eastwick[43]译为英文，衲重移译，感慨系之。印度为哲学文物源渊，俯视希腊，诚后进耳。其《摩诃婆罗多》（*Mahabrata*）、《罗摩衍那》（*Ramayana*）[44]二章，衲谓中土名著，虽《孔雀东南飞》[45]《北征》[46]《南山》[47]诸什，亦逊彼闳美。而今极目五天[48]，荒丘残照，忆昔舟经锡兰，凭吊断塔颓垣，凄然泪下。有“恒河落日千山碧，王舍[49]号风万木烟”句，不亦重可哀耶！

曼殊

## 注释

[1] Candlin师：George T. Candlin，坎德林，在香港的英国传教士，著有《中国小说》，其中有英译曹雪芹《红楼梦》里的《葬花诗》。 [2] 凑泊：拼凑。 [3]《离骚经》：即屈原《离骚》。 [4]《琵琶行》：唐白居易所作的长篇叙事诗。 [5] 含英：内含精英。 [6] 素馨：素馨花。属木犀科，小枝，叶对生，开白花。 [7] 节族：节奏。《荀子·非相》云：“文久而息，节族久而绝。”杨倞注：“节奏久则废也。” [8] 傀琦：怪异不经。 [9] 灵府：心。《庄子·德充符》云：“故不足以滑和，不可入于灵府。”成玄英疏：“灵府者，精神之宅，所谓心也。” [10] James Legge博士：理雅各，19世纪英国汉学家，曾

任香港英华书院校长、伦敦布道会传教士。译著有《四书》《五经》等，著作有《中国经典》《法显行传》《中国的宗教：儒教、道教与基督教的对比》《中国编年史》等。［11］*Middle Kingdom*：即卫三畏《中国总论》。［12］Francis Davis：约翰·弗朗西斯·戴维斯，英国汉学家，18岁时至广州，在东印度公司任职，1816年作为英国使团随员到过北京。1833年英国成立驻华商务监督署，被任命为商务监督。1844年任第二任香港总督。1848年离港返国。著有《汉文诗解》，英译过《好逑传》《汉宫秋》等。［13］《采薇歌》：先秦古歌。《史记·伯夷列传》载，周武王灭商，伯夷、叔齐不耻食周粟，逃至首阳山采薇而食，饿死前赋："登彼西山兮，采其薇矣。以暴易暴兮，不知其非矣。神农虞夏忽焉没兮，我适安归矣。于嗟徂兮，命之衰矣。"［14］《懿氏谣》：古歌。《左传·庄公二十二年》载，陈大夫懿氏，卜妻敬仲，其妻卜之，曰吉。其谣云："凤皇于飞，和鸣锵锵，有妫之后，将育于姜。五世其昌，并于正卿。八世之后，莫之与京。"［15］《击壤歌》：相传为尧帝时一隐士所咏耕田生活歌谣。其歌曰："日出而作，日入而息。凿井而饮，耕田而食。"［16］《饭牛歌》：古歌。亦作《扣角歌》《牛角歌》《商歌》。相传是春秋时卫人宁戚贫贱时所作之歌，歌曰："南山矸，白石烂，生不遭尧与舜禅。短布单衣适至骭，从昏饭牛薄夜半，长夜漫漫何时旦？"［17］《琴歌》：战国时百里奚被封为秦相后，抛弃糟糠之妻。其妻入府抚弦自唱："百里奚，五羊皮。忆别时，烹伏雌，炊扊扅。今日富贵忘我为？"百里奚闻之惭愧，复为夫妇。［18］《麦秀歌》：箕子朝周时所作，其歌曰："麦秀渐渐兮，禾黍油油。彼狡僮兮，不与我好兮。"《史记·宋微子世家》载："箕子朝周，过故殷墟，感宫室毁坏，生禾黍，箕子伤之，欲哭则不可，欲泣为其近妇人，乃作《麦秀之诗》以歌咏之。"［19］《箜篌引》：汉乐府《相和六引》其一。晋崔豹《古今注》云："《箜篌引》者，朝鲜津卒霍里子高妻丽玉所作也。子高晨起刺船，有一白首狂夫，被发提壶，乱流而渡，其妻随而止之，不及，遂堕河而死。于是援箜篌而歌曰：'公无渡河，公竟渡河。堕河而死，当奈公何。'声甚凄怆，曲终亦投河而死。子高还，以语丽玉。丽玉伤之，乃引箜篌而写其声，闻者莫不堕泪饮泣。丽玉以其曲传邻女丽容，名曰《箜篌引》。" ［20］《宋城者讴》：亦名《华元歌》。《左传·宣公二年》载："城者讴曰：'睅其目，皤其腹，弃甲而复。于思于思，弃甲复来。'使其骖乘谓之曰：'牛则有皮，犀兕尚多，弃甲则那？'役人曰：'从其有皮，丹漆若何？'"为春秋时宋国筑城人嘲讽败军之将华元的一首歌。 ［21］《行行重行行》：出自《古诗十九首》。 ［22］《国破山河在》：即唐杜甫《春望》。［23］班固《怨歌行》：班固，字孟坚，东汉史学家。据考《怨歌行》实为托名班固所作。 ［24］王昌龄：字少伯，唐代诗人。 ［25］张籍：字文昌，唐代诗人。 ［26］文文山：文天祥，字宋瑞，号文山，南宋末年政治家、文学家。 ［27］Giles：Herbert Allen Giles，翟理斯，英国人，曾任剑桥大学中文教授。 ［28］《采茶词》：李亦青写茶乡茶事与民俗风情的一组竹枝词，原诗题为"春园采茶词三十首"。 ［29］Williams：Samuel Wells Williams，卫三畏，美国新教传教士，汉学家，1833年至广州，1876年归国，曾任美国耶鲁大学汉学讲座首任教授、美国东方学会会长。有代表作《中国总论》和《汉英韵府》。 ［30］Mercer学士：William T. Mercer，茂叟，英国人，曾执教于牛津大学，《采茶词》的英译者。 ［31］《山中问答》《玉阶怨》《赠汪伦》：皆李白诗。 ［32］仲子：陈独秀。 ［33］不知心恨谁：出自李白《怨情》："美人卷珠帘，深坐颦蛾眉。但见泪痕湿，不知心恨谁。" ［34］倭人：日本人古称。［35］长安一片月：出自李白《子夜吴歌》："长安一片月，万户捣衣声。秋风吹不尽，总是玉关情。何日平胡虏，良人罢远征。"［36］君武：马君武，字厚山，号君武，曾用歌行体译拜伦、席勒的诗歌。［37］Byron：拜伦。［38］故友：即葛循叔，译《留别雅典女郎》时署名"盛唐山民"。［39］毗舍密多罗：古印度一修道者。［40］迦梨陀娑：约4—5世纪古印度诗人、剧作家。［41］无能胜王：《沙恭达罗》里的国王豆扇陀。［42］Goethe：Johann Wolfgang von Goethe，歌德，德国作家、诗人，著作有小说《少年维特之烦恼》、戏剧《浮士德》等。［43］Eastwick：即伊斯特威克。［44］《摩诃婆罗多》（*Mahabrata*）、《罗摩衍那》（*Ramayana*）：古印度两大著名梵文史诗。［45］《孔雀东南飞》：汉乐府长篇叙事诗。［46］《北征》：唐杜甫诗。［47］《南山》：唐韩愈诗。［48］五天：五天竺之略，指印度。古印度分为东天竺、西天竺、南天竺、北天竺、中天竺。［49］王舍：即王舍城，在印度摩迦陀国。

# 《潮音》跋

## 题解

1911年苏曼殊在日本时，准备将所编的《潮音》出版，于是托名日本金阁寺僧人飞锡写此跋，该书于同年在日本淀江莲华寺刊印。1925年上海湖畔诗社将《潮音》改为横排出版。

曼殊阇黎，始名宗之助[1]，自幼失怙，多病寡言，依太夫人河合氏[2]生长江户。四岁，伏地绘狮子频伸状，栩栩欲活。喜效奈良时裹头法师装。

一日，有相士过门，见之，扶其肉髻[3]，叹曰："是儿高抗[4]，当逃禅，否则非寿征也。"五岁，别太夫人，随远亲西行支那，经商海南，易名苏三郎，又号子穀，始学粤语。稍长，不事生产，奢豪爱客，肝胆照人。而遭逢身世有难言之恫[5]。年十二，从慧龙寺住持赞初大师披剃于广州长寿寺，法名博经。由是经行侍师惟谨。威仪严肃，器钵无声。旋入博罗，坐关三月，诣雷峰海云寺，具足三坛大戒，嗣受曹洞[6]衣钵，任知藏[7]于南楼古刹。四山长老极器重之。咸叹曰："如大德者，复何人也！"亡何，以师命归广州。时长寿寺被新学暴徒毁为圩市[8]，法器无存。阇黎乘欧舶渡日本，奉太夫人居神奈川[9]。太夫人令学泰西[10]美术于上野[11]二年，学政治于早稻田[12]三年，一无所成。清使汪大燮[13]以使馆公费助之学陆军八阅月，卒不屑。从此孑身傲游，足迹遍亚洲，以是羸疾几殆。太夫人忧之，药师屡劝静养，而阇黎马背郎当[14]，经钵飘零如故。

尝从西班牙庄湘处士治欧洲词学。庄公欲以第五女公子雪鸿妻之，阇黎垂泪："吾证法身久，辱命奈何？"庄公为整资装，遂之扶南[15]，随乔悉摩长老究心梵章二年，归入灵隐山，著《梵文典》八卷，盖仿《波弥尼八部书》。余杭章枚叔[16]、仪征刘申叔[17]，及印度逻罕学士序而行之。

阇黎绘事精妙奇特，太息苦瓜和尚[18]去后，衣钵尘土，自创新宗，不傍前人门户。零缣断楮[19]，非食烟火人所能及。顾不肯多作，中原名士，不知之也。

初，驻锡沪上，为《国民日日报》翻译。后赴苏州任吴中公学义务教授。继渡湘水，登衡岳以吊三闾大夫[20]。复先后应聘长沙实业学堂、蒙正学堂、明德学堂、经正学堂、安徽公学、芜湖皖江中学、金陵陆军小学、日本西京学社、淑德画院、南海波罗寺、盘古青年学会、锡兰菩提寺、噶班中华会馆诸处。振铃执鞭，慈悲慷慨，诏诸生以勇猛奋迅，大雄无畏，澄清天下。故其弟子多奇节孤标之士。

前岁，池州杨仁山居士接印度摩诃菩提会达磨波罗书，欲遣青年僧侣西来汉土，学瑜伽、禅那二宗，并属选诸山大德，巡礼五天，踵事译述，居士遂偕诗人陈伯严[21]创办祇洹精舍于建业城中，以为根本。函招阇黎，并招李晓暾为教师，居士自任讲经。十方宗仰，极南北之盛。阇黎尽瘁三月，竟犯唾血，东归随太夫人居逗子樱山。循陔之余，惟好啸傲山林。一时夜月照积雪，泛舟中禅寺湖，歌拜轮《哀希腊》。歌已哭，哭复歌，抗音与湖水相应。舟子惶然，疑其为精神病作也。后为梵学会译师，交游婆罗门忧国之士，捐其所有旧藏梵本，与桂伯华[22]、陈仲甫、章枚叔诸居士议建"梵文书藏"，人无应者，卒未成。

阇黎杂著亦多，如《沙昆多逻》《文学因缘》《岭海幽光录》《娑罗海滨遁迹记》《燕子龛随笔》《断鸿零雁记》《泰西群芳名义集》《法显〈佛国记〉》《惠生〈使西域记〉地名今释及旅程图》，俱绝作也，又将《燕子笺》[23]译为英吉利文，甫脱稿，雪鸿大家携之玛德利，谋刊行于欧土。

阇黎振锡南巡，流转星霜，虽餐啖无禁，亦犹志公之茹鱼脍，六祖[24]之在猎群耳。

余与阇黎为远亲，犹念儿时偕阇黎随其王父忠郎[25]弄艇投竿于溪崖海角，或肥马轻裘与共。曾几何时，其王父已悲夙草。弹指阇黎年二十有八。而余综观世态，万绪悲凉，权洞上正宗[26]监院之职，亦将十载。今夏安居松岛[27]，手写阇黎旧著《潮音》一卷，将英译陈元孝《崖山题奇石壁》，澹归和尚《贻吴梅村诗》，杜牧《秦淮夜泊》，陆放翁《细雨骑驴入剑门》绝句，及汉译雪莱《含羞草》数章删去，复次加《拜轮年表》于末，系英吉利诗人佛子[28]为阇黎参订者。今与莲华寺主重印流通，仍曰《潮音》。圣哉，响振千古，不啻马鸣菩萨《赖吒婆罗》[29]，当愿恒河沙界，一切有情，同圆种智。会阇黎新自梵土归来，诣其王父墓所，道过山斋，握手欷歔，泪随声下。爰出是篇，乞阇黎重证数言。阇黎曰："余离绝语言文字久矣，当入邓尉[30]力行正照，吾子其毋饶舌。"阇黎心量廓然而不可夺也。古德[31]云："丈夫自有冲天气，不向他人行处行。"阇黎当之，端为不愧。

学人飞锡拜跋于金阁寺[32]

## 注释

[1] 宗之助：苏曼殊的日本名字。 [2] 河合氏：苏曼殊之养母河合仙。 [3] 肉髻：佛头顶上隆起的肉团。 [4] 高抗：刚强。 [5] 难言之恫：指身世有难言之隐。 [6] 曹洞：即曹洞宗，禅宗五派之一，由良价禅师在江西宜春宜丰县的洞山创宗，其弟子曹山本寂在宜黄吉水（今江西抚州宜黄县曹山）的曹山寺传禅，故称"曹洞宗"。 [7] 知藏：佛门掌管佛教经籍的一种职务。禅宗寺院西序六头首之一。 [8] 圩市：集市。 [9] 神奈川：县名，在日本关东地区南部。 [10] 泰西：西欧。 [11] 上野：东京上野美术专科学校，据考苏曼殊未在此读书。 [12] 早稻田：即东京早稻田大学，1902年苏曼殊入该校高等预科中国留学生部学习。 [13] 汪大燮：原名尧俞，字伯唐，政治家，清末时任外务部侍郎，后任北洋政府国务总理。 [14] 郎当：颓废。 [15] 扶南：古国名，今柬埔寨境内。 [16] 章枚叔：章太炎。 [17] 刘

申叔：刘师培。［18］苦瓜和尚：石涛，号苦瓜，清初画家。明靖江王后裔，原姓朱，名若极，法名原济。［19］零缣断楮：零散的画作。缣，古时质地细薄的丝织品。楮，纸的代称。［20］三闾大夫：战国时楚国官职，主宗庙祭祀，屈原被贬后曾任此职。此处代指屈原。［21］陈伯严：陈三立，字伯严，号散原，同光体诗派领军人物，与谭延闿、谭嗣同并称“湖湘三公子”。［22］桂伯华：名念祖，与其弟东渡日本留学10余年，学习梵文，通密宗，宣扬佛学，后客死日本。［23］《燕子笺》：明阮大铖创作的戏剧。［24］六祖：禅宗六祖惠能。［25］王父忠郎：即河合仙之父。［26］洞上正宗：曹洞宗。［27］松岛：在长崎县西彼郡大户町。［28］佛子：佛莱蔗。［29］《赖吒婆罗》：乐曲名。《付法藏经》云：“其音清雅哀婉调和。”［30］邓尉：山名，邓尉山，在江苏苏州西南。因东汉太尉邓禹曾隐居于此而得名。山上多梅树，开时一望似雪，是二月江南探梅之胜地，名为“香雪海”。［31］古德：尊称，指佛门先辈。［32］金阁寺：在日本京都。

# 讨袁宣言

## 题解

此文发表于1913年7月21日《民立报》，原题为“释曼殊代十方法侣宣言”。

昔者，希腊独立战争[1]时，英吉利诗人拜轮投身戎行以助之，为诗以励之，复从而吊之曰：Greece! Change the lords，thy state is still the same. The glorious day is o’er，but not thy year of shame.[2]

呜呼！衲等临瞻故园，可胜怆恻！

自民国创造，独夫袁氏[3]作孽作恶，迄今一年。擅屠操刀，杀人如草。幽蓟冤鬼[4]，无帝可诉。诸生平等，杀人者抵；人讨未申，天殛不逭[5]。况辱国失地，蒙边夷亡[6]。四维不张[7]，奸回[8]充诉。上穷碧落，下极黄泉。[9]新造共和[10]，固不知今真安在也？独夫祸心愈固，天道愈晦。雷霆之威，震震斯发。普国以内，同起伐罪之师[11]。

衲等虽托身世外，然宗国兴亡，岂无责耶？今直告尔：甘为元凶，不恤兵连祸结，涂炭生灵；即衲等虽以言善习静为怀，亦将起而褫尔之魄[12]！尔谛听之。

## 注释

［1］希腊独立战争：19世纪20年代希腊人民反对土耳其统治，争取民族独立的战争。 ［2］出自拜伦《恰尔德·哈洛尔德游记》第2章76节。其意为“希腊！改变了贵族的统治，而国家依旧如前。光荣的日子已经过去，耳畔仍响着耻辱的声音”。 ［3］袁氏：袁世凯，字慰亭，号容庵，河南项城人。曾任北洋军阀首领、北洋政府总统。 ［4］幽蓟：古州名，在今北京市及其附近一带。冤鬼：指在北京被袁世凯杀害的革命党人。 ［5］天殛不逭：天诛地灭，无可逃避。 ［6］蒙边夷亡：1912年11月3日，沙俄不顾中国政府不承认蒙古国独立的严正声明，强迫蒙古国傀儡政府签订《俄蒙协约》。 ［7］四维不张：传统道德已沦丧。《管子》言：“四维不张，国乃灭亡。”四维，即礼、义、廉、耻。 ［8］奸回：奸恶邪僻。《左传·宣公三年》载：“商纣暴虐，鼎迁于周。德之休明，虽小，重也。其奸回昏乱，虽大，轻也。” ［9］上穷碧落，下极黄泉：极其穷尽之意。上穷，穷尽。碧落，天空。黄泉，地下。出自白居易《长恨歌》：“上穷碧落下黄泉，两处茫茫皆不见。” ［10］新造共和：指清末帝溥仪退位，南北统一。 ［11］伐罪之师：1913年3月20日，国会开会前夕，国民党代理理事长宋教仁被暗杀，孙中山从日本回国，力主武装讨袁。1913年7月12日，李烈钧在孙中山指示下，在江西湖口召集旧部成立讨袁军总司令部，正式宣布江西独立，并发表通电，讨袁之役开始，即二次革命。随后江苏、安徽、上海、湖南、福建、四川、浙江、广东等地予以响应。 ［12］褫尔之魄：夺去你的生命。褫，夺。魄，代指生命。

# 《拜轮诗选》自序

题解

1909年，苏曼殊去日本探望母亲之余，译出4首拜伦诗，与盛唐山民所译的《留别雅典女郎》合编成《拜轮诗选》，但当时未能出版。在出版《潮音》时，将此序言改为《曼殊论翻译》编入。1914年在日本东京三秀舍出版《拜轮诗选》单行本即用此序，1922年上海泰东图书局曾翻印刊行。

去秋，白零[1]大学教授法兰[2]居士游秣陵，会衲于祇洹精舍，谭[3]及英人[4]近译《大乘起信论》[5]，以为破碎过甚。衲喟然叹曰："译事固难；况译以英文，首尾负竭，不称其意，滋无论矣。又其卷端，谓马鸣此论，同符景教。呜呼，是乌足以语大乘者哉！"

居士属衲为购《法苑珠林》[6]，版久蠹蚀，无以应其求也。衲语居士："震旦万事零坠，岂复如昔时所称天国（Celestial Empire），亦将为印度、巴比伦、埃及、希腊之继耳！"此语思之，常有余恫[7]。

比自秣陵遄归将母，病起匈膈[8]，濡笔译拜轮《去国行》《大海》《哀希腊》三篇。善哉，拜轮以诗人去国之忧，寄以吟咏，谋人家国，功成不居，虽与日月争光，可也！

尝谓诗歌之美，在乎气体。然其情思幼眇，抑亦十方同感。如衲旧译《颎颎赤墙靡》《去燕》《冬日》《答美人赠束发毪带诗》数章，可为证已。

古诗“思君令人老[9]”英译作“To think of you makes me old”。辞气相副，正难再得。若《小雅》[10]：

昔我往矣，杨柳依依。
今我来思，雨雪霏霏。
行道迟迟，载渴载饥。
我心伤悲，莫知我哀。

译如：

At first，when we set out，
the willows were fresh and green.
Now，when we shall be returning，
the snow will be falling in clouds.
Long and tedious will be our marching，
we shall hunger；we shall thirst.
Our hearts are wounded with grief，
and no one knows our sadness.

又陈陶[11]《陇西行》[12]：

誓扫匈奴不顾身，五千貂锦丧胡尘。
可怜无定河边骨，犹是春闺梦里人！
They swore the Huns should perish：

they would die in needs they must.
And now five thousand, sable–clad,
have bit the Tartar dust.
Along the rives bank their bones lie,
scattered where they may.
But still their forms in dreams are,
to fair ones far away.

顾视元文，犹不相及。自余译者，浇淳散朴，损益任情，宁足以胜鞮寄[13]之任！今译是篇，按文切理，语无增饰；陈义悱恻，事辞相称。世有作者，亦将有感乎斯文。

光绪三十二年佛从多罗夜登陵奢天下还日[14]

曼殊序于太平洋舟中

## 注释

[1] 白零：旧译，今译“柏林”。 [2] 法兰：Otto Franke，奥托·福兰阁，中文名为傅兰克，德国汉学家，曾任汉堡大学汉文教授、柏林大学汉文教授，于1908年至南京祇洹精舍访问。 [3] 谭：通“谈”。 [4] 英人：指李提摩太，字菩岳，英国浸礼会传教士。1870年至上海，在山东烟台、青州等地传教。1890年任《中国时报》主笔。著有《七国新学备要》《天下五洲各大国志要》《亲历晚清四十五年》等。 [5] 《大乘起信论》：佛经，古印度马鸣著。 [6] 《法苑珠林》：唐代道世禅师以佛经故实分类编著的一部书籍。 [7] 恫：《说文解字》：“痛也”。 [8] 匈

膈：亦作“胸鬲”，泛指胸腹。［9］思君令人老：出自《古诗十九首》之《行行重行行》。［10］《小雅》：此指《诗经·小雅·采薇》。［11］陈陶：字嵩伯，唐代诗人，辑有《陈嵩伯诗集》。［12］《陇西行》：组诗，共四首。此为第二首。［13］鞮（dī）寄：翻译。［14］佛从多罗夜登陵奢天下还日：即1909年8月30日。

# 南洋话

## 题解

南洋话，即话南洋，写于1912年，当时苏曼殊任《太平洋报》主笔。他自爪哇归国至上海，回忆起在爪哇时当地华人在荷兰殖民统治下尽受凌辱的所见，从而呼吁新政府能进一步给予交涉，废除苛法，善待华人，重订商约，保护商民，同时普及教育。

衲南巡爪哇二次，目击吾邦父老苦荷人苛法久。爪哇者，即《佛国记》[1]所云耶婆堤是。法显[2]纡道经此时，黄人足迹尚未至也。唐、宋以后，我先人以一往无前之概，航海而南，餐风宿雨，辟有蛮荒。迄万历时，华人往前通商者始众，出入俱用元通钱[3]，利息甚厚。乃至今日，华侨人数，即爪哇一岛而论，即达三十余万，蔚为大国矣。谁知荷人蚕食南洋三百年来，以怨报德，利我华人不识不知，施以重重压制。红河之役[4]，复糜吾先人血肉殆尽。今虽子孙不肖，犹未付之淡忘。乃开春中华民国甫成，而荷兰又以淫威戮我华胄，辱我国旗。呜呼，荷兰者，真吾国人九世之仇也！今者当道群公，已与荷政府办严重交涉，固吾新国堕地啼声，应该一试。唯衲更有愿望于群公者，即非废却一切苛法则弗休也。后此当重订商约，遣舰游弋，护卫商民；分派学人，强迫教育，使卖菜佣俱有六朝烟水气[5]，则人谁其侮我者！

爪哇野老尝为衲言：“昔千余年前，华人缔造末里洞[6]石佛山，工竣，临行，土人依依弗忍遽别，问我华人：‘何时复返？’我华人答之曰：“后此当有白奴儿[7]来此，替我经营，我返当以铁为路识之。”今铁道刚筑至该地，宁非华侨业尽福生之朕耶！

## 注释

［1］《佛国记》：东晋法显所撰，又名《历游天竺记》《昔道人法显从长安行西至天竺传》《释法显行传》《历游天竺记传》。记述了作者在东晋隆安三年（399）与同侣从长安出发往天竺历经三十二国，于义熙九年（413）自海上返建康的所见所闻。［2］法显：东晋高僧。［3］元通钱：荷兰人造的货币，有银币和铜币。［4］红河之役：即巴城大屠杀。1740年10月，荷兰属东印度当局为阻止在爪哇的巴达维亚（今雅加达）当地华人参加反荷运动，先逮捕后进行大规模屠杀，万余华人被惨杀。屠杀之地城西有一条红溪河，故又称“红溪惨案”。［5］六朝烟水气：指风雅之气。清吴敬梓《儒林外史》中杜慎卿到南京感叹曰：“真乃菜佣酒保，都有六朝烟水气”。［6］末里洞：岛屿名。旧译，今译“勿里洞岛”，在印度尼西亚苏门答腊和邦加岛东侧。［7］白奴儿：即白人契约劳工。

# 冯春航谈

## 题解

此文刊于1912年4月20日上海《太平洋报》。

冯春航：名子和，上海人。近代著名京剧演员，在《血泪碑》中扮演梁如珍。

前夕，亚子[1]要衲往观《血泪碑》[2]一剧。观毕，衲感喟无已。春航所唱西曲，节奏过促，只宜于Meet me by moon light[3]之调。又春航数年前所唱西曲，无如今日之美满，实觉竿头日进，剧界前途，大有望于斯人云。

忆曩日观《九袭衣》一剧，衲始而欷嘘，继则泪潸潸下透罗巾矣。人谓衲天生情种，实则别有伤心之处耳。

## 注释

[1]亚子：柳亚子。 [2]《血泪碑》：一部讲述梁如珍与石如玉爱情悲剧的剧情片。两人相爱而订婚，却遭梁如珍之姐梁如宝的情夫陆文卿设计陷害。后梁如珍被折磨至死，石如玉杀陆文卿、梁如宝，剜二人之心于梁如珍墓前，后撞墓碑而死。 [3]Meet me by moon light：西人俗曲的首句，意谓在月光下相会。

# 燕影剧谈

## 题解

此文刊于1913年11月17日上海《生活日报》。后又见于《燕子龛残稿》，题目改为“谈剧”，内容减半，字句也稍有不同。

燕影：曼殊别号之一。

余羁沪向不观新剧[1]。间尝被校书辈强余赴肇明[2]观《拿破伦》一出。节奏支离，茫无神彩。新剧不昌，亦宜然矣。前数年，东京留学者创春柳社[3]。以提倡新剧自命，曾演《黑奴吁天录》[4]《茶花女遗事》[5]《新蝶梦》[6]《血蓑衣》[7]《生相怜》[8]诸剧，都属幼稚，无甚可观，兼时作粗劣语句，盖多浮躁少年羼入[9]耳。今海上梨园所排新戏，俱漫衍成篇；间有动人之处，亦断章取义而已，于世道人心何补毫末？

约翰书院[10]某君为余言：“青年会有精通英吉利语数君，近亦知略习沙士比[11]剧曲，将于此土演而行之。”余曰：“亦诚善哉！第不知数君将以原文演唱，抑译而出之耶？二者都非其时也。何则？一以国人未尝涉猎域外文学风化；二无善知识，如日本坪内雄藏[12]耳——坪内生平究心沙氏之学，且优于文事者也。燕影肄业早稻田，为燕影教授，又尝观其亲演《丹麦国皇子咸烈德》[13]一出于帝国剧场，此为沙氏悲剧，畏庐居士[14]所译《吟边燕语·鬼诏》[15]一则，其梗概也。夫以博学多情如坪内，尚不能如松雪[16]画马，得其神骏，遑论浅尝者哉？若谓如欧、美士人，建设沙氏学会，专攻其业，燕影有厚望焉！”

沪上闻改良新剧之声久矣；然其所谓“社会教育”者，果安在耶？迹彼心情，毋亦以布景胡装，兼浅学诸生抄自东籍诸新名辞，为改良耳；于导世诱民之本旨何与焉？世衰道微，余实为叹！

曩者，友人言新民社剧颇能感人，余昨夕病稍脱体，姑往观之。趣剧名《弃旧怜新》，尚多牵强之处。正剧名《张诚》，亦能描摹社会情态。黄小雅[17]去张诚，声容并茂，出其孝悌之心，所以惩天下之为人继母者。此剧悲欢离合，正近情理，能令人喜怒哀乐。以新民社[18]诸君俱有愍人之至意，相彼昧者，其有昭乎！闻有《恶家庭》[19]一剧，为药风君[20]杰作，余病未能往观。普愿沪上善男善女，莫以新剧尽不合时宜而忽之可耳。燕影自惜贫如潦水之蛙，不能缔造一新剧院于沪渎也。欧、美剧曲，多出自诗人之手；吾国风人，则仅能为歌者一人标榜，大有甘隶妆台[21]之意。此今日梨园名角贾碧云、梅兰芳[22]、冯春航、毛韵珂[23]之所以得党魁之目也！

燕影亦尝于彦通[24]席上，为诗以赠碧云，有“江南谁得似，犹忆李龟年”之句。余以碧云温文尔雅，故云；非如小凤[25]之以梅郎为天仙化人。谁料旬日之间，友人咸称我为“贾党”，

**亦奇矣！文人好事，自古已然。若夫强作知音，周郎[26]自命；乃增缘导欲之事，其智反在梅、贾、冯、毛之下矣！**

## 注释

［1］新剧：话剧。　［2］肇明：戏院名。　［3］春柳社：1906年冬在日本东京成立的文艺研究团体，创始人为李叔同、曾孝谷。辛亥革命后以“新剧同志会”“春柳剧场”出现在上海。　［4］《黑奴吁天录》：即林纾编译的美国斯托夫人《汤姆叔叔的小屋》。1907年，曾孝谷与李叔同等人将其改编成演出剧本。　［5］《茶花女遗事》：即法国小仲马《巴黎茶花女遗事》，1897年，由林纾与精通法文的王寿昌合译。　［6］《新蝶梦》：春柳社编的话剧。　［7］《血蓑衣》：春柳社在日本公演的话剧，据日本村井弦斋《两美人》改编。　［8］《生相怜》：李叔同主演的一出独幕剧。　［9］羼入：掺入。羼，掺杂、混杂。　［10］约翰书院：即圣约翰书院，是一家教会学校。旧址在今上海长宁区万航渡路。　［11］沙士比：即莎士比亚。　［12］坪内雄藏：即坪内逍遥，日本学者，新戏剧运动的先驱，曾把易卜生和萧伯纳的作品介绍到日本，翻译有《莎士比亚全集》。　［13］《丹麦国皇子咸烈德》：即《哈姆雷特》。　［14］畏庐居士：即林纾。林纾字琴南，号畏庐。　［15］《吟边燕语·鬼诏》：出自林纾根据《莎士比亚故事集》翻译的《吟边燕语》，原书是19世纪英国兰姆姐弟据莎士比亚剧本所改编的作品。　［16］松雪：赵孟頫，字子昂，号松雪道人，南宋晚期至元初书画家。　［17］黄小雅：电影演员，1925年后息影。　［18］新民社：1913年郑正秋创办的

剧社。［19］《恶家庭》：由郑正秋编剧，1913年新民社在上海兰心大戏院演出的一出家庭剧。［20］药风君：郑正秋，号伯常，别署药风。［21］甘隶妆台：甘愿为伶人捧场。妆台，代指戏台。龚自珍《己亥杂诗》其二五二言："风云材略已消磨，甘隶妆台伺眼波。"［22］梅兰芳：名澜，字畹华，祖籍江苏泰州，1894年出生于北京。京剧"四大名旦"之一，时人称"梅郎"。［23］毛韵珂：京剧演员。［24］彦通：陈方恪，字彦通，陈三立第四子，其在家族中排行第七，故又称"彦老七"。后人辑有《陈方恪诗词集》。［25］小凤：叶楚伧的号。叶楚伧，南社诗人，政治活动家。［26］周郎：周瑜。此指精通音律。《三国志·吴志·周瑜传》载："瑜少精意于音乐，虽三爵之后，其有阙误，瑜必知之，知之必顾，故时人谣曰：'曲有误，周郎顾。'"

# 《双枰记》序

## 题解

《双枰记》是章士钊于1914年夏季所著的一部小说，好友苏曼殊为之作序，该序发表在该年《甲寅》杂志第1卷第4号上。

燕子山僧[1]按：烂柯山人此着来意，实记亡友何靡施[2]性情遭际，从头至尾，无一生砌之笔。所谓无限伤心，却不作态！而微词正义，又岂甘为何子一人造狎语邪？夫士君子惟恐修名[3]不立，顾为婴婴婉婉[4]者，损其天年，奚独何子？殆亦言者一往情深，劝惩垂戒焉耳！

若夫东家之子[5]，三五之年[6]，飘香曳裾之姿，掩袖回眸之艳。罗带银钩，绡巾红泪；帘外芭蕉之雨，陌头杨柳之烟，人生好梦，尽逐春风，是亦难言者矣。乃书记翩翩，镇翡翠以为床，拗珊瑚而作笔。宝鼎香消，写流魂于异域[7]；月华如水，听堕叶于行宫。故宅江山，梨花云梦。燕子龛[8]中，泪眼更谁愁似我？小弯山下，手持寒锡吊才人。欲结同心，天涯何许？不独秋风鸣鸟，闻者生哀也已！

甲寅　七月七日

## 注释

［1］燕子山僧：苏曼殊的别号之一。［2］何靡施：何梅士，1903年任《国民日日报》编辑，和苏曼殊、章士钊是同事。［3］修名：美好的名声。《楚辞·离骚》云："老冉冉其将至兮，恐修名之不立。"修，美好。［4］婴婴婉婉：代指女子。［5］东家之子：美女。战国楚宋玉《登徒子好色赋》云："东家之子，增之一分则太长，减之一分则太短；著粉则太白，施朱则太赤；眉如翠羽，肌如白雪，腰如束素，齿如含贝；嫣然一笑，惑阳城，迷下蔡。然此女登墙窥臣三年，至今未许也。"［6］三五之年：十五岁。［7］异域：指日本。［8］燕子龛：苏曼殊一生居无定所，似燕子飘零，所到之处，即燕子龛。

# 《三次革命军》题辞

## 题解

《三次革命军》为冯自由于1915年春著于美国旧金山，冯自由托陈树人在日本联系出版社，代请苏曼殊写序。

冯君懋龙[1]，余总角同窗也。少有成人之风。与郑君贯一[2]齐名，人称“双璧”。会戊戌政变[3]，中原鼎沸，贯一主持清议[4]于粤五稔[5]。一夕，掷笔长叹曰：“粤人多言而寡要，吾知其终无成也。”遂绝食而殒。君亦翩然遐征[6]，与余不相见者十有余载。前年于海上遇之，正君仓皇去国之日。余方愿其有迈世之志，用释劳生。比日君自美利坚国观巴拿马大会[7]造游记以归，更有撰述，命余作序。余愀然告君曰：“久病之人，终日解衣觅虱而外，岂能共君作老健语耶！”君有澄清天下之志。人但谓广东人有生为乱，而不知君故克己笃学之人。若夫傅嘏[8]所云：“志大心劳，能合虚誉”者，斯无望已。

曼殊题

## 注释

[1] 冯君懋龙：冯自由，字建华，名自由，广东南海人。早年

留学日本，与苏曼殊在日本大同学校时是校友。［2］郑君贯一：郑贯一，名道，号贯公，广东潮州人。1904年先后创办《世界公益报》《广东日报》《有所谓报》。与苏曼殊在参加“东京青年会”时相识并成为朋友。［3］戊戌政变：1898年（清光绪二十四年，戊戌年）慈禧太后发动的推翻戊戌新政的宫廷政变。［4］清议：指郑贯一在报社上发表的一系列公正公允的评论。［5］五稔：五年。《广雅·释诂》云：“稔，年也。”［6］遐征：远游，指冯自由远去美国旧金山。［7］巴拿马大会：即1915年在巴拿马城举办的万国博览会。［8］傅嘏：字兰石，三国魏人。

# 小说选读

# 断鸿零雁记

**题解**

1911年，苏曼殊在南洋执教之余，开始进行自传体小说《断鸿零雁记》的创作，一部分连载于当地《汉文新报》上。1912年，苏曼殊归国后在《太平洋报》任主笔，将《断鸿零雁记》重刊在该报上。1919年，上海广益书局曾出版单行本。1926年，段庵旋将其收入《燕子山僧集》。1924年，上海商务印书馆出版梁社乾英译本。

《断鸿零雁记》上海新文化书社1934年版书影

## 第一章

百越[1]有金瓯山[2]者，滨海之南，巍然矗立。每值天朗无云，山麓葱翠间，红瓦鳞鳞，隐约可辨，盖海云[3]古刹在焉。相传宋亡之际，陆秀夫[4]既抱幼帝[5]殉国崖山，有遗老遁迹于斯，祝发为僧，昼夜向天呼号，冀招大行皇帝[6]之灵。故至今日，遥望山岭，云气葱郁；或时闻潮水悲嘶，尤使人欷歔[7]凭吊，不堪回首。今吾述刹中宝盖金幢[8]，俱为古物。池流清净，松柏蔚然。住僧数十，威仪齐肃，器钵无声。岁岁经冬传戒，顾入山求戒者寥寥，以是山羊肠峻险，登之殊艰故也。

一日凌晨，钟声徐发，余倚刹角危楼，看天际沙鸥明灭。是时已入冬令，海风逼人于千里之外。读吾书者识之，此日为余三戒[9]俱足之日。计余居此，忽忽三旬，今日可下山面吾师。后此扫叶焚香，送我流年，亦复何憾！如是思维，不觉堕泪，叹曰："人皆谓我无母，我岂真无母耶？否否。余自养父见背，虽茕茕一身，然常于风动树梢，零雨连绵，百静之中，隐约微闻慈母唤我之声。顾声从何来，余心且不自明，恒结辖[10]凝想耳。"继又叹曰："吾母生我，胡弗使我一见？亦知儿身世飘零，至于斯极耶？"

此时晴波旷邈，光景奇丽。余遂披袈裟，随同戒者三十六人，双手捧香鱼贯而行。升大殿已，鹄立[11]左右。四山长老云集。《香赞》[12]既阕，万籁无声。少选，有尊证[13]阇黎[14]以悲紧之音唱曰："求戒行人，向天三拜，以报父母养育之恩。"

余斯时泪如绠縻[15]，莫能仰视，同戒者亦哽咽不能止。既而礼毕，诸长老一一来相劝勉曰："善哉大德，慧根深厚，愿力壮严。此去谨侍亲师，异日灵山会上，拈花[16]相笑。"

余聆其音，慈悲哀愍[17]，遂顶礼受牒，收泪拜辞诸长老，徐徐下山。夹道枯柯，已无宿叶；悲凉境地，唯见樵夫出没，然彼焉知方外之人，亦有难言之恫？

此章为吾书发凡，均纪实也。

## 注释

［1］百越：亦作“百粤”，秦汉时，江苏、浙江、福建、广东等一带为越族所居，故称。此处代指广东。 ［2］金瓯山：即雷峰山，位于广州番禺区南村镇。 ［3］海云：海云寺，在金瓯山山麓。 ［4］陆秀夫：字君实，江苏盐城人。南宋祥兴二年（1279），在崖山（今广东江门新会区南）和蒙古大军进行海战，战败后，他背负宋帝赵昺跳海。 ［5］幼帝：赵昺，宋度宗第三子。崖山海战失败时，被左丞相陆秀夫背负跳海，南宋随之覆灭。 ［6］大行皇帝：对刚去世的皇帝的称谓。《后汉书·安帝纪》载：“大行皇帝，不永天年。”李贤注引韦昭语曰：“大行者，不反之辞也；天子崩，未有谥，故称大行也。” ［7］欷歔：抽咽与叹息。 ［8］金幢：佛殿里悬挂的黄色锦缎长筒形装饰品。 ［9］三戒：即沙弥戒、比丘戒、菩萨戒。 ［10］结辖：喻心中郁结不畅。 ［11］鹄立：喻如鹄引颈而立，形容期盼之意。 ［12］《香赞》：佛教仪式开始时的赞颂词。 ［13］尊证：即戒场内证明比丘受具足戒时的见证人，称为尊证阿阇梨。 ［14］阇黎：梵语“阿阇梨”的简称，指僧人。 ［15］绠縻：形容泪流不断。东汉王粲《咏史》：“临穴呼苍天，涕下如绠縻。”张铣注：“绠、縻皆绳索。” ［16］拈花：即意会不可言传。《联灯会要》载：“世尊在灵山会上，拈花示众。众皆默然，唯迦叶破颜微笑。世尊云：吾有正法眼藏，涅槃妙心，实相无相，微妙法门，不立文字，教外别传。付嘱摩诃迦叶。” ［17］哀愍：同情怜惜之意。

## 第二章

余既辞海云寺，即驻荒村静室，经行侍师而外，日以泪珠拭面耳。吾师视余年幼，固已怜之。顾吾师虽慈蔼，不足以杀吾悲[1]。读者试思，余殆极人世之至戚者[2]矣。

一日，余以师命下乡化米，量之可十余斤，负之行，思觅投宿之所，忽有强者自远而来，将余米囊夺去。余付之一叹。尔时天已薄暮，彳亍独行，至海边，已不辨道路。徘徊久之，就沙滩小憩，而骇浪遽起，四顾昏黑。余踌躇间，遥见海面火光如豆，知有渔舟经此，遂疾声呼曰："请渔翁来，余欲渡耳。"

已而火光渐大，知舟已迎面至，余心殊慰。未几，舟果傍岸，渔人询余何往。曰："余为波罗村[3]寺僧，今失道至此，幸翁助我。"

渔人摇手曰："乌，是何言！余舟将以捕鱼易利，安能载尔贫僧？"言毕，登舟驶去。

余莫审所适，怅然涕下。忽耳畔微闻犬吠声，余念是间，殆有村落，遂循草径行。渐前，有古庙，就之，中悬渔灯，余入，蜷卧石上。俄闻户外足音，余整衣起，瞥见一童子忽忽入。余曰："小子何之？"

童子手持竹笼数事示余曰："吾操业至劳。夜已深矣，吾犹匿颓垣败壁，或幽岩密箐间，类偷儿行径者，盖为此唧唧者[4]耳。不亦大可哀耶？"

余曰："少年英俊，胡为业此屑小事？"

童子太息曰："吾家固有花圃，吾日间挑花以售富人，富人倍吝，故所入滋微，不足以养吾慈母。慈母老矣，试思吾为人子，安可勿尽心以娱其晚景？此吾所以不避艰辛，而兼业此。虽然，吾母尚不之知，否则亦必尼[5]吾如是。吾前日见庙侧有蟋蟀跨蜈蚣者，候此已两夜，尚未得也。天乎！使此微虫早落吾手，待邻村墟期[6]，必得善价，当为慈母市羊裘一领，使老母虽于冬深之日，犹在春温。小子之心，如是慰矣。吾岂荒伧市侩，尽日孳孳[7]爱钱而不爱命者耶？"

余聆小子言，不禁有所感触，泣然泪下。童子相余顶，从容曰："敢问师奚为露宿于是？"

余视童貌甚庄肃，一一告以所遇。童子慨然曰："师苦矣。寒舍尚有空闼[8]，去此不远，请从我归，否则村人固凶恣，诬师为贼，且不堪也。"

余感此童诚实，诺之，遂行。俄入村，至一宅。童子辟扉，复自阖之，导余曲折度回廊。苑内百花，暗香沁鼻。既忽微闻老人语曰："潮儿今日归何晚？"

余谛听之，奇哉，奇哉，此人声音也。乃至厅事，则赫然余乳媪[9]在焉。

## 注释

[1]杀：减少。　[2]戚者：悲戚的人。　[3]波罗村：今广州黄埔区庙头村。　[4]唧唧者：捕捉蟋蟀的人。　[5]尼：

阻止。 [6]墟期：犹墟日，即乡村赶集的日子。 [7]孳孳：同“孜孜”。努力之意。 [8]空闼（tà）：空屋。 [9]乳媪：乳母。

## 第三章

余礼乳媪既毕，悲喜交并。媪一一究吾行止，乃命余坐，谛视余面，即以手拊额，沉思久之，凄然曰：“伤哉，三郎也！设吾今日犹在彼家，即尔胡至沦入空界[1]？计吾依夫人之侧，不过三年，为时虽短，然夫人以慈爱为怀，视我良厚。一别夫人，悠悠十数载，乃至于今，吾每饭犹能不忘夫人爱顾之心。先是夫人行后，彼家人虽遇我恶薄，吾但顺受之，盖吾感夫人恩德，良不忍离三郎而去。迨尔父执去世之时，吾中心戚戚，方谓三郎孤寒无依，欲驰书白夫人，使尔东归，离彼獦獠[2]。讵料彼妇侦知，逢其蕴怒，即以藤鞭我。斯时吾亦不欲与之言人道矣！纵情挞已，即摈我归。”

媪言至此，声泪俱下。斯时余方寸悲惨已极，顾亦不知所以慰吾乳媪，惟泪涌如泉，相对无语。余忽心念乳媪以四十许人，触此愤恸，宁人所堪？遂强颜慰之曰：“媪毋伤。媪育我今已成立。此恩此德，感戴何可言宣？余虽心冷空门，今兹幸逢吾媪，借通吾骨肉消息；否即碧落黄泉，无相见之日！以此思之，不亦彼苍尚有灵耶？余在幼龄，恒知吾母尚存，第百思莫审居何许，且为谁氏。今吾媪所称‘夫人’者，得非余生身阿母？奚为任我孑孑一身，飘摇危苦，都弗之问？媪试语我，以吾身世究如何者。”

媪既收泪，面余言曰：“三郎居！吾语尔：吾为村人女，世居于斯，牧畜为业。既嫁，随吾夫子，日出而作，日入而息，其乐无极，宁识人间有是非忧患？村家夫妇，如水流年。吾三十，而吾夫子不幸短命死矣！仅遗稚子，即潮儿也。是后家计日困，平生亲友，咸视吾母子为路人。斯时吾始悟世变，怆然于中，四顾茫茫，其谁诉耶？

“一日，拾穗村边，忽有古装夫人，珊珊来至吾前，谓曰：‘子似重有忧者？’因详叩吾况。吾一一答之，遂蒙夫人怜而招我，为三郎乳媪。古装夫人者，诚三郎生母，盖夫人为日本产，衣制悉从吾国古代。此吾见夫人后，始习闻之。

“‘三郎’即夫人命尔名也。尝闻之夫人，尔呱呱坠地，无几月，即生父见背。尔生父宗郎，旧为江户[3]名族，生平肝胆照人，为里党[4]所推。后此夫人综览季世，渐入浇漓[5]，思携尔托根上国；故掣尔身于父执为义子，使尔离绝岛民根性，冀尔长进为人中龙也。明知兹事有干国律，然慈母爱子之心，无所不至，乃亲自抱尔潜行来游吾国，侨居三年。

“忽一日，夫人诏我曰：‘我东归矣，尔其珍重！’复手指三郎，凄声含泪曰：‘是儿生也不辰，媪其善视之，吾必不忘尔赐。’语已，手书地址付余，嘱勿遗失。故吾今尚珍藏旧簏之中。

“当是时，吾感泣不置。夫人且锡我百金，顾今日此金虽尽，而吾感激之私，无能尽也。尤忆夫人束装之先一夕，一一为贮小影于尔果罐之中，衣箧之内，冀尔稍长，不忘见阿母容仪，用意至为凄恻。谁知夫人行后，彼家人悉检毁之。

“嗣后，夫人尝三致书于余，并寄我以金，均由彼妇收没。又以吾详知夫人身世，且深爱三郎，怒我故作是态，以形其寡德。怨毒之因，由斯而发。甚矣哉，人与猛兽，直一线之分耳！

“吾既见摈[6]之后，彼即诡言夫人已葬鱼腹，故亲友邻舍，咸目尔为无母之儿，弗之闻问。迹彼肺肝，盖防尔长大，思归依阿娘耳。嗟乎！既取人子，复暴遇之，吾百思不解彼妇前生，是何毒物？苍天苍天！吾岂怨毒他人者哉？今为是言者，所以惩悍妇耳。尔父执为人诚实，恒念尔生父于彼有恩，视尔犹如己出。谁料尔父执辞世不旋踵，而彼妇初心顿变耶？至尔无知小子，受待之苛，莫可伦比。

“顾尔今亭亭玉立，别来无恙；吾亦老矣，不应对尔絮絮出之，以存忠厚。虽然，今丁末造，我在在行吾忠厚，人则在在居心陷我。此理互相消长。世态如斯，可胜浩叹！”吾媪言已，垂头太息。

少须，媪尚欲有言。斯时余满胸愁绪，波谲云诡。顾既审吾生母消息，不愿多询往事，更无暇自悲身世，遂从容启媪曰：“今夜深矣，媪且安寝。余行将孑身以寻阿母，望吾媪千万勿过伤悲。天下事正复谁料？媪视我与潮儿，岂没世而名不称者耶？”

既而媪忽仰首，且抚余肩曰：“伤哉，不图三郎羸瘠至于斯极！尔今须就寝，后此且住吾家，徐图东归，寻觅尔母。吾时时犹梦古装夫人，旁皇于东海之滨，盼三郎归也。三郎，尔尚有阿姊、义妹，娇随娘侧，尔亦将闻阿娘唤尔之声。老身已矣，行将就木，弗克再会夫人，但愿苍苍者，必有以加庇夫人耳。”

翌晨，阳光灿烂，余思往事，历历犹在心头。读者试思，余昨宵乌能成寐？斯时郁伊[7]无极，即起披衣出庐四瞩，柳瘦于骨，山容萧然矣。继今以后，余居乳媪家，日与潮儿弄艇投竿于荒江烟雨之中，或骑牛村外。幽恨万千，不自知其消散于晚风长笛间也。

## 注释

［1］空界：佛教六界之一，即无边虚空也。此处指出家当和尚。　［2］獦（gé）獠（liáo）：中国古代对南方少数民族的称呼，亦以泛指南方人。《新唐书·南蛮》载：“戎、泸间有獦獠，居依山谷林菁，逾数百里。俗喜叛，持牌而战，奉酋帅为王，号曰婆能，出入前后植旗。”　［3］江户：日本东京的旧称。　［4］里党：即邻里。　［5］浇漓：人情、风俗淡薄。南朝齐王融《为竟陵王与隐士刘虬书》曰：“淳清既辨，浇漓代袭。”　［6］摈：抛弃。　［7］郁伊：忧郁。

# 第四章

一日薄暮，荒村风雪，萧萧彻骨。余与潮儿方自后山负薪以归。甫入门，见吾乳媪背炉兀坐，手缝旧衲，闻吾等声气，即仰首视余曰："劳哉小子！吾见尔滋慰。尔两人且歇，待我燃烛出鲜鱼热饭，偕尔晚膳。吾家去湖不远，鱼甚鲜美，价亦不昂，村居胜城市多矣。"

余与潮儿即将蓑笠除下，与媪共饭，为况乐甚。少选，饭罢，媪面余言曰："吾今日见三郎荷薪，心殊未忍。以尔孱躯，今后勿复如是。此粗重工夫，潮儿可为吾助。今吾为尔计，尔须静听吾言。吾家花圃，在三春佳日，群芳甚盛。今已冬深，明岁春归时，尔朝携花出售，日中即为我稍理亭苑可耳。花资虽薄，然吾能为尔积聚。迄二三年后，定能敷尔东归之费，舍此计无所出。三郎，尔意云何？"

余曰："善，均如媪言。"

媪续曰："三郎，尔先在江户固为公子，出必肥马轻裘，今兹暂作花佣，亦殊异事。虽然，尔异日东归，仍为千金之子，谁复呼尔为鬻花郎耶？"

余听至此，注视吾媪慈颜，一笑如春温焉。

岁月不居，春序忽至。余自是遵吾乳媪之命，每日凌晨作牧奴装，携花出售，每晨只经三四村落。余左手携花筐，右手持竹竿，顶戴渔父之笠，盖防人知我为比丘[1]也。踯躅道中，状殊羞涩，见买花者，女子为最多，次则村妪耳。计余每日得钱可二三百，如是者弥月矣。

一日，余方独行前村，天忽阴晦，小雨溟濛，沾余衣袂。此日为清明前二日，家家部署扫墓之事，故沿道无人，但有雨声清沥愁人而已。余纡道徐行，至一屋角细柳之下，枯立小憩。忽睹前垣碧纱窗内，有女郎新装临眺，容华绝代，而玉颜带肃，涌现殷忧之兆。迨余旁睇，瞬然已杳。俄而雨止，天朗气清，新绿照眼。余方欲行，前屋侧扉已启，又见一女子匆遽出而礼余，嗫嚅言曰："恕奴失礼。请问若从何方至此，为谁氏子？以若年华，奚至业是？若岂不识韶光一逝，悔无及耶？请详答我。"

余聆其言，心念彼女慧甚，无村竖态[2]，但奚为盘问，一若算命先生也者？殆故探吾行止，抑有他因耶？余惟僵立，心殊弗释，亦莫审所以为对。

良久，彼女复曰："吾之所以唐突者，乃受吾家女公子命，嘱必如是探问。吾女公子情性幽静无伦，未尝共生人言语，顾今如此者，盖听若卖花声里，含酸哽余音。今晨女公子且见若于窗外，即审若身世，固非荒凉。若得毋怪我语无伦次？若非'河合'其姓，'三郎'其名者耶？"

余骤闻是言，愕极欲奔，继思彼辈殆非为害于余，即漫声应之曰："诚然。余亟于东归寻母，不得不业此耳。尚望子勿泄于人，则余受恩不浅矣。"

女重礼余，言曰："谨受教。先生且自珍重。明晨请再莅此，待我复命女公子也。"

余自是心绪潮涌，遂怏怏以归。

注释

[1]比丘：出家人。　[2]村竖态：粗俗之态。

## 第五章

明日，天气阴沉，较诸昨日为甚。迄余晨起，觉方寸中仓皇无主，以须臾即赴名姝之约耳。读吾书者，至此必将议我陷身情网，为清净法流[1]障碍。然余是日正心思念：我为沙门，处于浊世，当如莲华不为泥污，复有何患？宁省后此吾躬有如许惨戚，以告吾读者。

余出门去矣，此时正为余惨戚之发轫[2]也。江村寒食，风雨飘忽，余举目四顾，心怦然动。窃揣如斯景物，殆非佳朕。然念彼姝见约，定有远因，否则奚由稔余名姓？且余昨日乍睹芳容，静柔简淡，不同凡艳，又乌可与佻挞下流，同日而语！余且行且思，不觉已重至碧纱窗下，呆立良久，都无动定。余方沉吟，谓彼小娃，殆戏我耶？继又迹彼昨日之言，一一出之至情，然则又胡容疑者？

亡何[3]，风雨稍止，僮娃果启扉出，不言亦不笑，行至吾前，第以双手出一纸函见授。余趣[4]接之，觉物压余手颇重。余方欲发问，而僮娃旋踵已去。余亟擘函视之，累累者，金也。余心滋惑，于是细察函中，更有银管乌丝[5]，盖贻余书也。嗟夫！读者，余观书讫，惨然魂摇，心房碎矣！书曰：

妾雪梅将泪和墨，裣衽[6]致书于三郎足下：

先是人咸谓君已披剃空山，妾以君秉坚孤之性，故深信之，悲号几绝者屡矣！静夜思君，梦中又不识路，命也如此，夫复奚言？迩者连朝于卖花声里，惊辨此音，酷肖三郎心声。盖妾婴年，尝之君许，一挹清光，景状至今犹藏心坎也。迨侵晨隔窗一晤，知真为吾三郎矣。当此之时，妾觉魂已离舍，流荡空际；心亦腾涌弗止，不可自持。欲亲自陈情于君子之前，又以干于名义，故使侍儿冒昧进诘，以渎清神，还望三郎怜而恕妾。妾自生母弃养，以至今日，伶仃愁苦，已无复生人之趣。继母孤恩，见利忘义，怂老父以前约可欺，行思以妾改嫔他姓。嗟夫！三郎，妾心终始之盟，固不贰也！若一旦妾身见抑于父母，妾只有自裁以见志。妾虽骨化形销至千万劫，犹为三郎同心耳。上苍曲全与否，弗之问矣！不图今日复睹尊颜，知吾三郎无恙，深感天心慈爱，又自喜矣。呜呼！茫茫宇宙，妾舍君其谁属耶？沧海流枯，顽石尘化，微命如缕，妾爱不移。今以戋戋百金奉呈，望君即日买棹遄归，与太夫人图之。万转千回，惟君垂悯。苫次[7]不能细缕，伏维长途珍重。

雪梅者，余未婚妻也。然则余胡可忍心舍之，独向空山而去？读者殆以余不近情矣，实则余之所以出此者，正欲存吾雪梅耳。须知吾雪梅者，古德幽光，奇女子也。今请语吾读者：

雪梅之父，亦为余父执，在余义父未逝之先，已将雪梅许我。后此见余义父家运式微，余生母复无消息，乃生悔心，欲爽前诺。雪梅固高抗无伦者，奚肯甘心负约？顾其生父继母，都不见恤，以为女子者，实货物耳，吾固可择其礼金高者而鬻之，况此权特操诸父母，又乌容彼纤小致一辞者？雪梅是后，茹苦含辛，莫可告诉。所谓庶女之怨，惟欲依母氏于冥府，较在恶世为安。此非躬历其境者，不自知也。余年渐长，久不与雪梅相见，无由一证心量，然睹此情况，悲慨不可自聊。默默思量，只好出家皈命佛陀、达摩、僧伽，用息彼美见爱之心，使彼美享有家庭之乐。否则绝世名姝，必郁郁为余而死，是何可者？不观其父母利令智昏，宁将骨肉之亲，付之蒿里，亦不以嫔单寒无告之儿如余者。当时余固年少气盛，遂掉头不顾，飘然之广州常秀寺[8]，哀祷赞初长老[9]，摄受为“驱乌沙弥[10]”，冀梵天[11]帝释[12]愍此薄命女郎而已。前书叙余在古刹中忆余生母者，盖后此数月间事也。

## 注释

［1］法流：喻正法如流水般源源不断。　［2］发轫：事情的开始。轫，刹车木。　［3］亡何：不久。　［4］趣（cù）：赶快。　［5］乌丝：即乌丝栏。《通雅·器用》载：“乌丝，笺之画栏者也。”　［6］袷衽：敬意之辞，整理好衣袖行礼。　［7］苫（shān）次：旧指居亲丧的地方，后代指居丧。　［8］常秀寺：即广州长寿寺。　［9］赞初长老：广东新会慧龙寺的住持。　［10］驱乌沙弥：三品沙弥之一，指7～13岁的能驱逐乌鸟、蝇等的和尚。　［11］梵天：即大梵天王，婆罗门教崇拜的主神。　［12］帝释：即帝释天，也称释提桓因，印度教崇拜的天神之首，佛教护法神。

# 第六章

余自得雪梅一纸书后，知彼姝所以许我者良厚。是时心头辘辘，不能为定行止，竟不审上穷碧落，下极黄泉，舍吾雪梅而外，尚有何物。即余乳媪，以半百之年，一见彼姝之书，亦惨同身受，泪潸潸下。余此际神经，当作何状，读者自能得之。须知天下事，由爱而生者，无不以为难，无论湿、化、卵、胎四生，综以此故而入生死，可哀也已！

清明后四日，侵晨，晨曦在树，花香沁脑，是时余与潮儿母子别矣。以媪亦速余遄归将母，且谓雪梅之事，必力为余助。余不知所云，以报吾媪之德，但有泪落如沈，乃将雪梅所赠款，分二十金与潮儿，为媪购羊裘之用。又思潮儿虽稚，侍亲至孝，不觉感动于怀，良不忍与之遽作分飞劳燕。忽回顾苑中花草，均带可怜颜色，悲从中来，徘徊饮泣。媪忽趣余曰："郎，行矣，迟则渡船解缆。"余此时遂抑抑别乳媪、潮儿而去。

二日已至广州，余登岸步行，思诣吾师面别。不意常秀寺已被新学暴徒毁为墟市，法器无存。想吾师此时，已归静室，乃即日午后易舟赴香江。

翌晨。余理装登岸，即向罗弼牧师[1]之家而去。牧师隶西班牙国，先是数年，携伉俪及女公子[2]至此，构庐于太平山。家居不恒外出，第以收罗粤中古器及奇花异草为事。余特慕其人清幽绝俗，实景教[3]中铮铮之士，非包藏祸心、思墟人国者，遂从之治欧文二载，故与余雅有情怀也。余既至牧师许，其女公子盈盈迎于堂上，牧师夫妇亦喜慰万状。迨余述生母消息及雪梅事竟，俱泪盈于睫。余万感填胸，即踞胡床而大哭矣。

## 注释

［1］罗弼牧师：罗弼·庄湘，西班牙马德里人，基督教牧师。［2］女公子：罗弼·雪鸿，罗弼·庄湘的女儿。［3］景教：基督教的支派，5世纪初由叙利亚人聂斯托利所创。唐贞观九年（635），波斯人阿罗本带其经典入长安，唐太宗诏准建寺传教。初称波斯经教，后称景教，其寺称波斯寺，天宝时改名大秦寺。唐武宗会昌五年（845）禁。

## 第七章

后此四日，牧师夫妇为余置西服。及部署各事既竟，乃就余握别曰："舟于正午启舷，孺子珍重！上帝必宠锡尔福慧兼修。尔此去可时以笺寄我。"

语毕，其女公子曳蔚蓝文裾以出，颇有愁容。至余前，殷殷握余手，亲持紫罗兰花及含羞草一束、英文书籍数种见贻。余拜谢受之。俄而海天在眼，余东行矣。

船可五昼夜，经太平洋。斯时风日晴美，余徘徊于舵楼之上，茫茫天海，渺渺余怀。即检罗弼大家所贻书籍，中有莎士比尔、拜轮及室梨全集。余尝谓拜轮犹中土李白，天才也；莎士比尔犹中土杜甫，仙才也；室梨犹中土李贺，鬼才也。乃先展拜轮诗，诵《哈咯尔游草》[1]，至末篇，有《大海》六章，遂叹曰："雄浑奇伟，今古诗人，无其匹矣！"濡笔译为汉文如左：

皇涛澜汗，灵海黝冥。万艘鼓楫，泛若轻萍。
芒芒九围，每有遗虚。旷哉天沼，匪人攸居。
大器自运，振荡粤夆。岂伊人力，赫彼神工。
罔象乍见，决舟没人。狂謈未几，遂为波臣。
掩体无棺，归骨无坟。丧钟声嘶，逖矣谁闻。

谁能乘蹻，履涉狂波。藐诸苍生，其奈公何。
泱泱大风，立懦起罢。兹维公功，人力何衰。
亦有雄豪，中原陵厉。自公匈中，擿彼空际。
惊浪霆奔，慑魂愯神。转侧张皇，冀为公怜。
腾澜赴厓，载彼微体。抃溺含弘，公何岂弟。

摇山撼城，声若雷霆。王公黔首，莫不震惊。
赫赫军艘，亦有浮名。雄视海上，大莫与京。
自公视之，藐矣其形。纷纷溶溶，旋入沧溟。
彼阿摩陀，失其威灵。多罗缚迦，壮气亦倾。

傍公而居，雄国几许。西利佉维，希腊罗马。
伟哉自繇，公所锡予。君德既衰，耗哉斯土。
遂成遗虚，公目所睹。以敖以娭，旛回涛舞。

苍颜不皱，长寿自古。渺弥澶漫，滔滔不舍。

赫如阳燧，神灵是鉴。别风淮雨，上临下监。
扶摇羊角，溶溶澹澹。北极凝冰，赤道淫滟。
浩此地镜，无裔无襜。圆形在前，神光奄闪。
精魁变怪，出尔泥淰。回流云转，气易舒惨。
公之淫威，忽不可验。

苍海苍海，余念旧恩。儿时水嬉，在公膺前。
沸波激岸，随公转旋。淋淋翔潮，媵余往还。
涤我匈臆，慴我精魂。惟余与女，父子之亲。
或近或远，托我元身。今我来斯，握公之鬈。

余既译拜诗竟，循环朗诵。时新月在天，渔灯三五，清风徐来，旷哉观也！

翌晨舟抵横滨，余遂舍舟投逆旅。今后当叙余在东之事。

## 注释

［1］《哈咯尔游草》：旧译，今译《恰尔德·哈洛尔德游记》，是以欧洲为背景，反对暴政，谴责拿破仑侵略，追求自由，歌颂民族解放的长篇叙事诗。

# 第八章

余行装甫卸，即出吾乳媪所授地址，以询逆旅主人。逆旅主人曰："是地甚迩，境绝严静，汽车去此可五站。客且歇一句钟[1]，吾当为客购车票。吾阅人多矣，无如客之超逸者，诚宜至彼一游。今客如是急逼，殆有要事耶？"

余曰："省亲耳。"

午餐后，逆旅主人伴余赴车场，余甚感其殷渥。车既驶行，经二站，至一驿，名大船[2]。掌车者向余言曰："由此换车，第一站为镰仓[3]，第二站是已。"

余既换车，危坐车中，此时心绪，深形忐忑；自念于此顷刻间，即余骨肉重逢，母氏慈怀大慰，宁非余有生以来第一快事？忽又转念，自幼不省音耗，矧[4]世事多变如此，安知母氏不移居他方？苟今日不获面吾生母，则飘泊人胡堪设想？余心正怔忡不已，而车已停。余向车窗外望，见牌上书"逗子[5]驿"三字，遂下车。

余既出驿场，四瞩无有行人，地至萧旷，即雇手车向田亩间辚辚而去。时正寒凝，积冰弥望。如是数里，从山脚左转，即濒海边而行，但见渔家数处，群儿往来垂钓，殊为幽悄不嚣。车夫忽止步告余曰："是处即樱山，客将安往？"

余曰："樱山即此耶？"遂下车携箧步行。

久之，至一处，松青沙白。方跂望[6]间，忽遥见松阴夹道中，有小桥通一板屋，隐然背山面海；桥下流水触石，汩汩作声。余趣前就之，仰首见柴扉之侧，有标识曰："相州逗子樱山村八番。"余大悦怿，盖此九字，即余乳媪所授地址。遂以手轻叩其扉，久之，阒如无人。寻复叩之，一妇人启扉出，余见其襟前垂白巾一幅，审其为厨娘也。即问之曰："幸恕唐突，是即河合夫人居乎？"

妇曰："然。"

余曰："吾欲面夫人，烦为我通报。"

妇踌躇曰："吾主人大病新瘥[7]，医者嘱勿见客。客此来何事，吾可代达主人。"

余曰："主人即余阿母，余名三郎。余来自支那，今早始莅横滨，幸速通报。"

妇闻言，张目相余，自颅及踵，凝思移时，骇曰："信乎，客三郎乎？吾尝闻吾主言及少主，顾存亡未卜耳。"

语已，遂入。久之，复出，肃余进，至廊下，一垂髫少女礼余曰："阿兄归来大幸。阿娘病已逾月，侵晨人略清爽，今小睡已觉，请兄来见阿娘。"于是导余登楼。

甫推屏，即见吾母斑发垂垂，据榻而坐，以面迎余微笑。余心知慈母此笑，较之恸哭尤为酸辛万倍。余即趋前俯伏吾母膝下，口不能言，唯泪如潮涌，遽湿棉墩。此时但闻慈母咽声言曰："吾儿无恙，谢上苍垂悯。三郎，尔且拭泪面余。余此病几殆，年迈人固如风前之烛；今得见吾儿，吾病已觉霍然脱体，尔勿悲切。"

言已，收泪扶余起。徐回顾少女言曰："此尔兄也。自幼适异国，故未相见。"旋复面余曰："此为吾养女，今年十一，少尔五岁，即尔女弟也；侍我滋谨，吾至爱之。尔阿姊明日闻尔归，必来面尔。尔姊嫁已两载，家事如毛，故不恒至。吾后此但得尔兄妹二人在侧，为况慰矣。吾感谢上苍，不任吾骨肉分飞，至有恩意也。"

慈母言讫，余视女弟依慈母之侧，泪盈于睫，悲戚不胜。此时景况，凄清极矣！少选，慈母复抚余等曰："尔勿伤心，吾明日病瘳[8]，后日可携尔赴谒王父及尔父墓所，祝呵护尔。吾家亲戚故旧正多，后此当带尔兄妹各处游玩。吾卧病已久，正思远行，一觇他乡风物。"

时厨娘亦来面余母，似有所询问。吾母且起且嘱余女弟曰："蕙子，且偕阿兄出前楼瞭望，尔兄仆仆征尘，苦矣。"已复指厨娘顾余曰："三郎，尔今在家中，诸事尽可遣阿竹理之。阿竹佣吾家十余载，为人诚笃，吾甚德之。"

吾母言竟下楼，为余治晚餐。余心念天下仁慈之心，无若母氏之于其子矣。遂随吾女弟步至楼前。时正崦嵫落日，渔父归舟，海光山色，果然清丽。忽闻山后钟声，徐徐与海鸥逐浪而去。女弟告余曰："此神武古寺[9]晚钟也。"

## 注释

［1］一句钟：一点钟。　［2］大船：地名，日本神奈川县村镇。

［3］镰仓：日本三浦半岛西北城市。　［4］矧：况且。　［5］逗子：三浦半岛西南小城镇。　［6］跂（qǐ）望：踮起脚尖向前望。［7］瘥（chài）：痊愈。　［8］瘳（chōu）：病愈。　［9］神武古寺：为纪念日本神武天皇而建的寺庙。

## 第九章

入夜，余作书二通：一致吾乳媪，一致罗弼牧师。二书均言余平安抵家，得会余母；并述余母子感谢前此恩德，永永不忘。余母复附寄百金与吾乳媪，且嘱其母子千万珍卫，良会自当有期。迨二书竟，余疲极睡矣。

逾日既醒，红日当窗，即披衣入浴室。浴罢，登楼，见芙蓉峰涌现于金波之上，胸次为之澄澈。此日余母精神顿复，为余陈设各事无少暇。

余归家之第三日，天甫迟明，余母携余及弱妹趁急行车，赴小田原[1]扫墓。是日阴寒，车行而密雪翻飞，途中景物，至为萧瑟。迨车抵小田原驿，雪封径途矣。荒村风雪中，固无牵车者，余母遂雇一村妇负余妹。又至驿旁，购鲜花一束。既已，余即扶将母氏步行可三里，至一山脚。余仰睇山顶积雪中，露红墙一角，余母以指示余曰："是即龙山寺，尔祖及父之墓即在此。"

余等遂徐徐踏石蹬而上。既近山门，有联曰："蒲团坐耐江头冷，香火重生劫后灰。"

余心谓是联颇工整。方至殿中，一老尼龙钟出，与余母问讯叙寒暄毕，尼即往燃香，并携清水一壶，授余母。余与弱妹随阿母步至浮屠之后，见王父及先君两墓并立，四围绕以铁栅，栅外复立木柱。柱之四面，作悉昙文[2]，书“地、水、火、风、空”五字，盖密宗[3]以表大日如来[4]之德者也。余与弱妹拾取松枝，将坟上积雪推去。余母以手提壶灌水，由墓顶而下。少选，汎洒严净，香花既陈，余母复摘长青叶一片，端置石案之中，命余等展拜。余拜已，掩面而哭。余母曰：“三郎，雪弥剧，余等遄归[5]。”

余遂启目视坟台，积雪复盈三寸，新陈诸物，均为雪蔽。余母以白纸裹金授老尼，即与告别，冒雪下山。余母且行且语余曰：“三郎，若姨昨岁卜居箱根[6]，去此不远，今且与尔赴谒若姨。须知尔幼时，若姨爱尔如雏凤，一日不见尔，则心殊弗择。先时余携尔西行，若姨力阻；及尔行后，阿姨肝肠寸断矣。三郎知若姨爱尔之恩，弗可忘也。”

## 注释

［1］小田原：位于日本神奈川县西部。 ［2］悉昙文：梵文字母。 ［3］密宗：亦称“密教”，佛教宗派之一。 ［4］大日如来：即摩诃毗卢遮那，密宗尊奉的主佛。 ［5］遄归：速归。《尔雅》曰：“遄，速也。” ［6］箱根：在日本神奈川县西南部。

## 第十章

既至姨氏许，阍者[1]通报，姨氏即出迓[2]余母。已复引领顾余问曰："其谁家宁馨[3]耶？"

余母指余笑答姨氏曰："三郎也，前日才归家。"

姨氏闻言喜极曰："然哉，三郎果生还耶？胡未驰电告我？"

言已，即以手扑余肩上雪花，徐徐叹曰："哀哉三郎！吾不见尔十数载，今尔相貌犹依稀辨识，但较儿时消瘦耳。尔今罢矣，且进吾闼。"

遂齐进厅事，自去外衣。倏忽见一女郎，擎茶具，作淡装出，孅娜无伦。与余等礼毕。时余旁立谛视之，果清超拔俗也。第心甚疑骇，盖似曾相见者。姨氏以铁管剔火钵寒灰，且剔且言曰："别来逾旬，使人系念。前日接书，始知吾妹就瘥，稍慰。今三郎归，诚如梦幻，顾我乐极矣！"

余母答曰："谢姊关垂。身虽老病，今见三郎，心滋怡悦。惟此子殊可愍耳！"

此时女郎治茗既备，即先献余母，次则献余。余觉女郎此际瑟缩不知为地。姨氏知状，回顾女郎曰："静子，余犹记三郎去时，尔亦知惜别，丝丝垂泪，尚忆之乎？"因屈指一算，续曰："尔长于三郎二十有一月，即三郎为尔阿弟，尔勿踧踖[4]作常态也。"

女郎默然不答，徐徐出素手，为余妹理鬓丝，双颊微生春晕矣。迨晚餐既已，余顿觉头颅肢体均热，如居火宅。是夜辗转不能成寐，病乃大作。

翌晨，雪不可止。余母及姨氏举屋之人，咸怏怏不可状，谓余此病匪细。顾余虽呻吟床褥，然以新归，初履家庭乐境，但觉有生以来，无若斯时欢欣也。于是一一思量，余自脱俗至今，所遇师傅、乳媪母子及罗弼牧师家族，均殷殷垂爱，无异骨肉。则举我前此之飘零辛苦，尽足偿矣。第念及雪梅孤苦无告，中心又难自恝[5]耳。然余为僧及雪梅事，都秘而不宣，防余母闻之伤心也。兹出家与合婚二事，直相背而驰。余既证法身，固弗娶者，虽依慈母，不亦可乎？

方遐想间，余母与姨氏入矣。姨氏手持汤药，行至榻畔予余曰："三郎，汝病盖为感冒。汝今且起服药，一二日后可无事。此药吾所手采。三郎，若姨日中固无所事，惟好去山中采药，亲制成剂，将施贫乏而多病者。须知世间医者，莫不贪财，故贫人不幸构病，只好垂手待毙，伤心惨目，无过于此。吾自顾遣此余年，舍此采药济人之事，无他乐趣。若村妇烧香念佛，吾弗为也。三郎，吾与汝母俱为老人类。谚云'老者预为交代事'，盖谓人老只当替后人谋幸福，但自身劳苦非所计。顾吾子现隶海军，且已娶妇，亦无庸为彼虑。今兹静子，彼人最关吾怀。静子少失怙恃[6]，依吾已十有余载，吾但托之天命。"

姨氏言至此，凝思移时，长喘一声，复面余曰："三郎，先是汝母归来，不及三月，即接汝义父家中一信，谓三郎上山，为虎所噬。吾思彼方固多虎患，以为言实也。余与汝母，得此凶耗，一哭几绝，顿增二十余年老态。兹事亦无可如何，惟有晨夕祷告上苍，祝小子游魂，来归阿母。”

余倾听姨氏之言，厥声至惨，猛触宿恨，肺叶震震然，不知所可。久之，仰面见余母容仪，无有悲戚，即力制余悲，恭谨言曰：“铭感阿姨过爱。第孺子遭逢，不堪追溯，且已成过去陈迹，请阿姨阿母置之。儿后此晨昏得奉阿姨阿母慈祥颜色，即孺子喜幸当何如也！”

余言已，余母速余饮药。少选，上身汗出如注，惫极，帖然[7]而卧。

## 注释

[1] 阍者：守门人。 [2] 迓（yà）：迎接。 [3] 宁馨：即宁馨儿，原意为“这么样的孩子”，后用作赞美孩子的话。此代指孩子。《晋书·王衍传》载，“何物老妪，生宁馨儿”。 [4] 踧（cù）踖（jí）：恭敬而局促。 [5] 自恝（jiá）：自己难以无动于衷。 [6] 少失怙（hù）恃：即从小失去父母。《诗经·小雅·蓼莪》：“无父何怙，无母何恃？” [7] 帖然：安然。

## 第十一章

余病四昼夜，始臻勿药。余母及姨氏举家喜形于色。时为三月三日，天气清新，余就窗次卷帘外盼，山光照眼，花鸟怡魂，心乃滋适。忽念一事：盖余连日晨醒，即觉清芬通余鼻观，以榻畔紫檀几上，必易鲜花一束，插胆瓶中，奕奕有光，花心犹带露滴。今晨忽见一翡翠襟针遗于几下，方悉其为彼姝之物，花固美人之贻也。余又顿忆前日似与玉人曾相识者，因余先在罗弼女士斋中，所见德意志画伯阿陀辅[1]手绘《沙浮遗影》[2]，与彼姝无少差别耳。

方凝伫间，忽注目纱帘之下，陈设甚雅：有云石案作鹅卵形，上置鉴屏[3]、银盒、笔砚、绛罗，一尘不着；旁有柚木书椟，状若鸽笼，藏书颇富。余检之，均汉土古籍也。迨余回视左壁，复有小几，上置雁柱鸣筝，似尚有余音绕诸弦上。此时余始惊审此楼为彼姝妆阁，又心仪彼姝学邃，且翛然出尘，如藐姑仙子[4]。

斯时，余正觉心中如有所念；移时，又怃然[5]若失。忽见余母登楼，手中将春衣二袭，嘱余曰："三郎，今兹寒威已退，尔试易此衣。"

余将衣接下，遂伴余母坐于蓝缎弹簧长椅之上。余母视余作慈祥之色，旋以手案余额问曰："吾儿今晨何似？"

余曰："儿无所苦，身略罢耳。阿娘以何日将余及妹宁家[6]？余尚未面阿姊也。"

余母曰："何时均可。吾初意俟尔病瘳即行，但若姨昨夕，苦苦留吾母子勿遽去。今晨已函报尔姊。盖若姨有切心之事，与我相量。苟尔居此舒泰，吾一时固无归意。尔知吾年已垂暮，生平亲属咸老，势必疏远，安能如盛年时往来无绝？吾今举目四顾，惟与若姨形影相吊耳。且若姨见尔，中心怡悦靡极，则尔住此，一若在家中可也。吾知尔性耽幽寂，居此楼最适。此楼向为静子所居，前日尔来，始移于楼下，与尔妹同室。三郎，尔居此，意若弗适者，尽可语我。”

余曰：“敬遵娘言。阿姨屋外风物固佳，小住，于儿心滋乐也。”

此时侍者传言，晨餐已备，余母欣然趣余更衣下楼御膳。余既随母氏至食堂，即鞠躬致谢阿姨厚遇之恩。姨氏以面迎余，欣欢万状，引首顾彼姝曰：“托天之庇，三郎无恙矣。静子，尔趋前为三郎道晨安。”

瞬息，即见玉人翩若惊鸿，至余前，肃然为礼。而此际玉人密发虚鬟，丰姿愈见娟媚。余不敢回眸正视，惟心绪飘然，如风吹落叶，不知何所止。

余兄妹随阿娘羁旅姨氏家中，不啻置身天苑。姨氏固最怜余，余惟凡百恭谨，以奉阿姨阿母欢颜，自觉娱悦匪极。苟心有怅触[7]，即倚树临流，或以书自遣。顾楼中所藏多宋人理学之书；外有梵章及驴文[8]数种，已为虫蚀，不可辨析，俱唐本也。复次有汉译《婆罗多》及《罗摩延》二书，乃长篇叙事诗。——二书汉土已失传矣，惟于《华严经》中偶述其名称，谓出自马鸣菩萨[9]，今印度学人哆氏[10]之英译《摩诃婆罗多族大战篇》[11]，即其一也。

## 注释

［1］阿陀辅：即阿道夫·门采尔，德国画家，擅长历史画与风景画。 ［2］《沙浮遗影》：即《沙浮听琴图》。沙浮，旧译，今译“萨福”，公元前7—前6世纪古希腊女诗人。 ［3］鉴屏：镜屏。 ［4］藐姑仙子：古代传说中的藐姑射山仙子。《庄子·逍遥游》载：“藐姑射之山，有神人居焉，肌肤若冰雪，绰约若处子。” ［5］怃（wǔ）然：失意的样子。 ［6］宁家：归家。 ［7］枨（chéng）触：触动。 ［8］驴文：即佉卢虱吒书，古代佛教书籍，传说该书所用文字由驴唇仙人所造。 ［9］马鸣菩萨：公元1—2世纪古印度诗人。传说他随沙门外道说法，马听说法，皆垂泪，故名。 ［10］哆氏：陀露哆，印度女诗人。 ［11］《摩诃婆罗多族大战篇》：《摩诃婆罗多》中的一个章节。

# 第十二章

一时雁影横空，蝉声四彻。余垂首环行于姨氏庭苑鱼塘堤畔，盈眸廓落，沦漪泠然。余默念晨间，余母言明朝将余兄妹遄归，则此地白云红树，不无恋恋于怀。忽有风声过余耳，瑟瑟作响。余乃仰空，但见宿叶脱柯，萧萧下堕，心始耸然知清秋亦垂尽矣。遂不觉中怀惘惘，一若重愁在抱。想余母此时已屏挡[1]行具，方思进退闲之轩[2]，一看弱妹。

步至石阑桥上，忽闻衣裙窸窣之声。少选，香风四溢，陡见玉人靓妆，仙仙飘举而来，去余仅数武[3]；一回青盼，徐徐与余眸相属矣。余即肃然鞠躬致敬。尔时玉人双颊虽赪[4]，然不若前此之羞涩，至于无地自容也。余少瞩，觉玉人似欲言而未言。余愈踧踖，进退不知所可，唯有俯首视地。久久，忽残菊上有物，映余眼帘，飘飘然如粉蝶，行将逾篱落而去。趋前以手捉之，方知为蝉翼轻纱，落自玉人头上者。斯时余欲掷之于地，又思于礼微悖，遂将返玉人。玉人知旨，立即双手进接，以慧目迎余，且羞且发娇柔之声曰："多谢三郎见助。"

此为余第一次见玉人启其唇樱，贻余诚款，故余胶胶不知作何词以对。但见玉人口窝动处，又使沙浮复生，亦无此庄艳。此时令人真个消魂矣！

玉人寻复俯其颈，叶婉妙之音，微微言曰："三郎日来安乎？逗子气候温和，吾甚思造府奉谒，但阿母事集，恐岁内未能抽身耳。是间比逗子清严幽澈则一，惟气候悬绝，盖深山也。唐人咏罗浮诗云：'游人莫著单衣去，六月飞云带雪寒。'吾思此语移用于此，颇觉亲切有味，未知三郎以吾言有当不？"

余聆玉人词旨，心乃奇骇，唯唯不能作答，久乃恭谨言曰："谢阿姊分神及我。果阿姊见枉寒舍，俾稚弟朝夕得侍左右，垂纶于荒村寒牖，幸何如之！否则寒舍东西诗集不少，亦可挑灯披卷，阿姊得毋嫌软尘溷人[5]？敢问阿姊喜诵谁家诗句耶？"

玉人低首凝思，旋即星眸瞩我，輾然[6]答曰："感篆[7]三郎盛意。所问爱读何诗，诚为笑话，须知吾固未尝学也。三郎既不以吾为渎，敢不出吾肝膈以告？且幸三郎有以教我。"遂累累如贯珠言曰："从来好读陈后山诗，亦爱陆放翁，惟是故国西风，泪痕满纸，令人心恻耳。比来读《庄子》及《陶诗》[8]，颇自觉徜徉世外，可见此关于性情之学不少。三郎观吾书匮所藏多理学家言，此书均明之遗臣朱舜水先生所赠吾远祖安积公者。盖安积公彼时参与德川[9]政事，执弟子礼以侍朱公，故吾家世受朱公之赐。吾家藏此书帙，已历二百三十余年矣。"此语一发，余更愕然张目注视玉人。

玉人续曰："吾婴年闻先君道朱公遗事，至今历历不忘，吾今复述三郎听之。"于是长喟一声，即愀然曰："朱公以崇祯十七年，即吾国正保[10]元年，正值胡人猖披[11]之际，孑身数航长崎，欲作秦庭七日之哭[12]，竟不果其志。迨万治[13]三年，而明社覆矣。朱公以亡国遗民，耻食二朝之粟[14]，遂流寓长崎，以其地与平户郑成功诞生处近也。后德川氏闻之，遣水户儒臣，聘为宾师，尤殚礼遇。公遂传王阳明学于吾国土，公与阳明固是同乡也。至今朱公遗墓，尚存茨城县久慈郡瑞龙山上，容日当导三郎，一往奠之，以慰亡国忠魂。三郎其有意乎？又闻公酷爱樱花，今江户小石川后乐园中，犹留朱公遗爱。此园系朱公亲手经营者。朱公以天和[15]二年春辞世，享寿八十有三。公目清人腼然人面，疾之如仇。平日操日语至精，然当易箦[16]之际，公所言悉用汉语，故无人能聆其临终垂训，不亦大可哀耶？"

玉人言已，仰空而欷，余亦凄然。二人伫立无语，但闻风声萧瑟。忽有红叶一片，敲玉人肩上。玉人蹙其双蛾，状似弗惬，因俯首低声曰："三郎，明朝行耶？胡弗久留？吾自先君见背，旧学抛荒已久。三郎在，吾可执书问难。三郎如不以弱质见弃，则吾虽凋零，可无憾矣。"

余不待其言之毕，双颊大赪，俯首至臆；欲贡诚款，又不工于词，久乃嗫嚅言曰："阿母言明日归耳。阿姊恳恳如此，滋可感也。"

时余妹亦出自廊间，且行且呼曰："阿姊不观吾袷衣[17]已带耶？晚餐将备，曷入食堂乎？"

玉人让余先行，即信步随吾而入。是夕餐事丰美，逾于常日，顾余确不审为何味。

饭罢，枯坐楼头，兀思余今日始见玉人天真呈露，且殖学[18]滋深，匪但容仪佳也。即监守天阍之乌舍仙子，亦不能逾是人矣！思至此，忽尔昂首见月明星稀，因诵忆翁[19]诗曰："千岩万壑无人迹，独自飞行明月中。"心为廓然。对月凝思，久久，回顾银烛已跋，更深矣，遂解衣就寝；复喟然叹曰："今夕月华如水，安知明夕不黑云叆叇[20]耶？"余词未毕，果闻雷声隐隐，似发于芙蓉塘外，因亦戚戚无已。寻复叹曰："云耶，电耶，雨耶，雪耶，实一物也，不过因热度之异而变耳。多谢天公，幸勿以柔丝缚我！"

明日，晨餐甫竟，余母命余易旅行之衣，且言姨氏亦携静子偕行。余闻言喜甚，谓可免黯然魂消之感。余等既登车室，玻璃窗上，霜痕犹在。余母及姨氏，指麾云树，心旷神怡。瞬息，闻天风海涛之声，不觉抵吾家矣。自是日以来，余循陔[21]之余，静子亦彼此常见，但不久谭，莞尔示敬而已。

一日，细雨廉纤，余方伴余母倚阑观海，忽微微有叩镮声，少选，侍者持一邮筒，跪上余母。余母发函申纸，少选，观竟，嘱余言曰："三郎，此尔姊来笺也，言明日莅此，适逢夫子以明日赴京都，才能分身一来省我云。此子亦大可怜。"言至此，微喟，续曰："谚云'养女徒劳'，不其然乎？女子一嫔夫家，必置其亲于脑后，即每逢佳节，思一见女面，亦非易易。此虽因中馈[22]繁杂，然亦天下女子之心，固多忘所自也。昔有贫女，嫁数年，夫婿致富。女之父母，私心欣幸，方谓两口可以无饥矣。谁料不数日，女差人将其旧服悉还父母，且传语曰：'好女不着嫁时衣。'意讽嫁时奁具薄也。世人心理如是，安得不江河日下耶？"

余母言已，即将吾姊来书置桌上，以慈祥之色回顾余曰："三郎，晨来毋寒乎？吾觉凉生两臂。"

余即答曰："否。"余母遂徐徐诏余曰："三郎，坐。"

余即坐。余母问曰："三郎，尔视静子何如人耶？"

余曰："慧秀孤标，好女子也。"

余母尔时舒适不可状，旋曰："诚然，诚然，吾亦极爱静子和婉有仪。母今有言，关白于尔，尔听之：三郎，吾决纳静子为三郎妇矣。静子长于尔二岁，在理吾不应尔。然吾仔细回环，的确更无佳耦逾是人者。顾静子父母不全，按例须招赘，始可袭父遗荫，然吾固可与若姨合居，此实天缘巧凑。若姨一切部署已定，俟明岁开春时成礼，破夏[23]吾亦迁居箱根。兹事以情理而论，即若姨必婿吾三郎，中怀方释。盖若姨为托孤之人，今静子年事已及，无时不系之怀抱。顾连岁以来，求婚者虽众，若姨都不之顾。若姨之意，非关门地，第以世人良莠不齐，人心不古，苟静子不得贤夫子而侍，则若姨将何以自对？今得婿三郎，若姨重肩卸矣。”

余母言至此，凄然欲哭曰：“三郎，老母一生寥寂，今行将见尔庆成嘉礼[24]，即吾与若姨晚景，亦堪告慰。后此但托天命，吾知上苍必予尔两小福慧双修。”

余母方絮絮发言，余心房突突而跳。当余母言讫，余衷犹不敢遽答。正思将前此所历，径白余母，继又恐滋慈母之戚，非人子之道。心念良久，蕴泪于眶，微微言曰：“儿今有言奉干慈母听纳，盖儿已决心……”

余母急曰：“何谓？”

余曰：“儿终身不娶耳。”

余母闻言极骇，起立张目注余曰：“乌，是何言也！尔何所见而为此言？抑尔固执拗若是？此语真令余不解。尔年弱冠不娶，人其谓我何？若姨爱尔，不陡然耶？尔澄心思之，此语胡可使若姨听之者？矧静子恒为吾言，舍三郎无属意之人。尔前次恹恹病卧姨家，汤药均静子亲自煎调。怀诚已久，尚不知尔今竟岸然作是言也！”

余母言至末句，声愈严峻。余即敛涕言曰："慈母谛听。儿抚心自问，固爱静子，无异骨肉；且深敬其为人，想静子亦必心知之。儿今兹悍然出是言者，亦非敢抗挠慈母及阿姨之命，此实出诸不得已之苦衷，望慈母恕儿稚昧[25]。"

余母凄然不余答，久乃哀咽言曰："三郎，尔当善体吾意。吾钟漏且歇[26]，但望尔与静子早成眷属，则吾虽入土，犹含笑矣。"

## 注释

[1]屏挡：收拾之意。 [2]退闲之轩：睡房。 [3]武：古代六尺为步，半步为武。 [4]赪（chēng）：红色。 [5]溷（hùn）人：糊涂人。 [6]辴（chǎn）然：笑貌。 [7]感篆：感激之意。 [8]《陶诗》：东晋陶渊明的诗。 [9]德川：日本德川幕府。 [10]正保：日本第110代后光明天皇年号（1644—1647）。 [11]胡人猖披：指清军恣意妄为。 [12]秦庭七日之哭：代指借兵复国。楚昭王十年（公元前506年），吴国破楚。申包胥到秦国向秦哀公请求发兵援救，在秦庭上痛哭七天七夜。 [13]万治：日本第111代后西天皇年号（1658—1661）。 [14]耻食二朝之粟：即不做两朝臣民。二朝，代指明清两朝。 [15]天和：日本第112代灵元天皇年号（1681—1683）。 [16]易箦：更换竹席，指人将死。箦，竹席。 [17]袷（jiá）衣：有夹层的衣服。 [18]殖学：即学殖，指学问与学业。《左传·昭公十八年》载："夫学，殖也，不殖将落。"杜预注："殖，生长也，言学之进德，如农殖苗，日新日益。" [19]忆翁：郑思肖，字忆翁，号所南，南宋末元初诗人，著有《心史》《郑所南先

生文集》《所南翁一百二十图诗集》。［20］叆（ài）叇（dài）：形容云层之厚。［21］循陔：奉养父母。西晋束皙《补亡诗·南陔》曰：“循彼南陔，言采其兰。”陔，田埂。［22］中馈：即在家中主持饮食诸事。［23］破夏：佛教语。僧人于夏季三月须安居静修，又谓坐夏，如出外谓之破夏。［24］嘉礼：婚礼，西周五礼之一，其主要内容包括饮食、婚冠、宾射、飨燕、脤膰、庆贺。［25］稚昧：亦作“穉昧”，即幼稚无知。［26］钟漏且歇：喻年老衰残。钟、漏皆古代计时工具。

## 第十三章

余听母言，泪如瀑泻，中心自咎，诚不应逆堂上之命，致老母出此伤心之言，此景奚堪？余皇然少间，遽跪余母膝前，婉慰余母曰：“阿娘恕儿。儿诚不孝，儿罪重矣！后此惟有谨遵慈命。儿固不经事者，但望阿娘见恕耳。”

余母徐徐收泪，漫声应曰：“孺子当听吾言为是。古云：‘不信老人言，后悔将何及？’矧吾儿终身大事，老母安得不深思详察耶？当知娘心无一刻不为儿计也。即尔姊在家时，苟不从吾言，吾亦面加叱责而不姑息；今既归人，万事吾可不必过问。须知女心固外向，吾又何言？若静子则不然。彼姝性情娴穆，且有夙慧，最称吾怀，尔切勿以傅粉涂脂之流目之可耳。”

余母尚欲有言，适侍女跪白余母曰：“浴室诸事已备，此时刚十句钟也。”言毕，即去。

余母颜色开霁，抚余肩曰：“三郎，娘今当下楼检点冬衣，十一时方暇。尔去就浴。”

余此时知已宽慈母之忧，不禁怡然自得。仰视天际游丝，缓缓移去，雨亦遽止，余起易衣下楼就浴。

余浴毕，登楼面海，兀坐久之，则又云愁海思，袭余而来。当余今日，慨然许彼姝于吾母之时，明知此言一发，后此有无穷忧患，正如此海潮之声，续续而至，无有尽时。然思若不尔者，又将何以慰吾老母？事至于此，今但焉置吾身？只好权顺老母之意，容日婉言劝慰余母，或可收回成命。如老母坚不见许，则历举隐衷，或卒能谅余为空门中人，未应蓄内。余抚心自问，固非忍人，忘彼姝也。继余又思：日俗真宗[1]，固许带妻，且于刹中行结婚礼式，一效景教然者。若吾母以此为言，吾又将何言说答余慈母耶？余反复思维，不可自聊，又闻山后凄风号林，余不觉惴惴其栗。因念佛言：“身中四大[2]，各自有名，都无我者。”嗟乎！望吾慈母，切勿驱儿作哑羊[3]可耳！

## 注释

［1］真宗：日本净土真宗的略称，其僧人按戒律可以娶妻生子。　［2］四大：亦称“四界”。即地大、水大、火大、风大。地大以坚为性，能支持万物；水大以湿为性，能收摄万物；火大以暖为性，能调和万物；风大以动为性，能生长万物。　［3］哑羊：佛教语。喻指至愚不知解悟之人。

## 第十四章

越日，余姊果来，见余不多言，但亦劝余曰："吾弟随时随地，须听母言。凡事毋以盛气自用，则人情世故，思过半矣。至尔谓终身不娶，自以为高，此直村竖恒态，适足笑煞人耳！三郎，尔后此须谨志吾言，勿贻人笑柄也。"

余唯唯而退。余自是以来，焦悚万状，定省晨昏，辄不久坐。尽日惴惴然[1]，唯恐余母重提意向。余母每面余时，欢欣无已，似曾不理余心有闲愁万种。

一日，余方在斋中下笔作画，作宣愁绪。既绘怒涛激石状，复次画远海波纹，已而作一沙鸥斜身堕寒烟而没。忽微闻叩环声，继知吾妹推扉言曰："阿兄胡不出外游玩？"余即回顾，忽尔见静子作斜红绕脸之妆，携余妹之手，伫立门外，见余即鞠躬与余为礼。余遂言曰；"请阿姊进斋中小坐，今吾画已竟，无他事也。"

余言既毕，余妹强牵静子，径至余侧。静子注观余案上之画。少选，莞尔顾余言曰："三郎幸恕唐突。昔董原写江南山，李唐写中州山，李思训写海外山，米元晖写南徐山，马远、夏圭写钱塘山，黄子久写海虞山，赵吴兴写霅苕山；今吾三郎得毋写崖山耶？一胡使人见则翛然如置身清古之域，此诚快心洞目之观也。"

言已，将画还余。余受之，言曰："吾画笔久废，今兴至作此，不图阿姊称誉过当，徒令人增惭惕[2]耳。"

静子复微哂，言曰："三郎，余非作客气之言也。试思今之画者，但贵形似，取悦市侩，实则宁达画之理趣哉？昔人谓画水能终夜有声，余今观三郎此画，果证得其言不谬。三郎此幅，较诸近代名手，固有瓦砾明珠之别，又岂待余之多言也。"

余倾听其言，心念世宁有如此慧颖者？因退立其后，略举目视之，鬒发腻理，纤秾中度。余暗自叹曰："真旷劫难逢者也。"

忽而静子回盼，赧赧然曰："三郎，此画能见媵[3]否？三郎或不以余求在礼为背否？余观此景沧茫古逸，故爱之甚挚。今兹发问，度三郎能谅我耳。"

余即答曰："岂敢，岂敢！此画固不值阿姊一粲。吾意阿姊固精通绘事者，望阿姊毋吝教诲，作我良师，不宁佳乎？"

静子瑟缩垂其双睫，以柔荑[4]之手，理其罗带之端，言曰："非然也。昔日虽偶习之，然一无所成，今唯行箧所藏《花燕》一幅而已。"

余曰："请问何云《花燕》？"

静子曰："吾家园池，当荷花盛开时，每夜有紫燕无算，巢荷花中，花尽犹不去。余感其情性，命之曰'花燕'，爰为之图。三郎，今容我检之来，第恐贻笑大方耳。"

余鞠躬对曰："请阿姊速将来，弟亟欲拜观。"

静子不待余言之毕，即移步鞠躬而去，轻振其袖，薰香扑人。余遂留余妹问之曰："何不闻阿母、阿姊声音，抑外出耶？"

余妹答曰："然，阿姊约阿姨阿母俱出，谓往叶山[5]观千贯松，兼有他事，顺道谒淡岛神社[6]。已嘱厨娘，今日午膳在十二句半钟，并嘱吾语阿兄也，"

余曰："妹曷未同往？"

妹曰："不，静姊不往，故我亦不愿往。"

余顾余妹手中携有书籍，即诘之曰："何书？"

妹曰："此波弥尼[7]八部书也。"

余曰："此为《梵文典》[8]，吾妹习此乎？"

妹曰："静姊每日授余诵之，顾初学殊艰；久之渐觉醰醰[9]有味。其句度雅丽独逸，迥非法兰西、英吉利所可同日而语。"

余曰："然则静姊固究心三斯克列多文[10]久矣。"

妹曰："静姊平素喜谈佛理，以是因缘，好涉猎梵章。尝语妹云：佛教虽斥声论，然《楞伽》[11]《瑜伽》[12]所说五法，曰相，曰名，曰分别，曰正智，曰真如，与波弥尼派相近。《楞严》[13]后出，依于耳根圆通，有'声论宣明'之语。是佛教亦取声论，特形式相异耳。"

余听毕，正色语余妹曰："善哉，静姊果超凡入圣矣。吾妹谨随之学，毋怠。"

## 注释

[1] 惴惴然：恐惧之意。《诗经·小雅·小宛》："惴惴小心，

如临于谷。” ［2］惭惕：羞愧惶恐。 ［3］媵：赠送。 ［4］柔荑：初生的茅草，色白且柔嫩，用以喻好的手纤细白嫩。《诗经·卫风·硕人》云：“手如柔荑。” ［5］叶山：在日本神奈川县。 ［6］淡岛神社：在神奈川县。 ［7］波弥尼：传说创造梵语文典的古仙人。 ［8］《梵文典》：学习梵文文法的范本。 ［9］醰（tán）醰：醇厚。《洪武正韵》释：“醇也。” ［10］三斯克列多文：即梵文、英文、日文的音译。 ［11］《楞伽》：《楞伽阿跋多罗宝经》的略称，是大乘佛教的一部重要经典。 ［12］《瑜伽》：《瑜伽师地论》的略称，佛教典籍，唐代玄奘译，共百卷。内容总述唯识理论，以及瑜伽行者修行的经验历程、成就的果位。是瑜伽行派的根本论典。 ［13］《楞严》：《大佛顶如来密因修证了义诸菩萨万行首楞严经》的略称，佛教的一部极为重要的经典。

## 第十五章

余语吾妹既讫，私心叹曰：“静子慧骨天生，一时无两，宁不令人畏敬？惜乎，吾固勿能长侍秋波也！”

已而静子盈盈至矣。静子手持缋绢一帧，至余前；余肃然起立，接而观之：莲池之畔，环以垂杨修竹，固是姨家风物；有女郎兀立，风采盎然，碧罗为衣，颇得吴带当风[1]之致；女郎挽文金高髻[2]，即汉制飞仙髻[3]也；俯观花燕，且自看妆映，翛然有出尘之姿，飘飘有凌云之概。余赞叹曰：“美哉伊人！奚啻真真[4]者？”

静子闻言，转目盼余，兼视余妹，莞尔言曰：“究又奚能与三郎之言相副耶？且三郎安可以外貌取人？亦觇其中藏如何耳。画中人外观，似奕奕动人，第不能言，三郎何从谂其中心着何颜色者？”

余置其言弗答，续曰：“画笔秀逸无伦，固是仙品。余生平博览丹青之士，咸弗能逮。嗟乎！衣钵尘土久，吾尚何言？今且据行云流水之描，的是吾姊戛戛独造，使余叹观止矣。阿姊端为吾师，吾何幸哉！”

静子此时，羞不能答，俯首须臾，委婉言曰：“三郎，胡为而作如是言？令浅尝者无地自容。但愿三郎将今日之画见赐，俾为临本，兼作永永纪念，以画中意况，亦与余身世吻合。迹君心情，宁谓非然者？”

余曰：“余久不复属意于画，盖已江郎才尽。阿姊自是才调过人，固应使我北面红妆[5]，云何谓我妄言？”

静子含羞不余答。余亦无言，但双手擎余画献之，且无心而言曰：“敬乞吾畏友哂存，聊申稚弟倾服之诚，非敢言画也。”

静子欣然曰：“三郎此言，适足以彰大作之益可贵耳。”言已，即平铺袖角，端承余画，以温厚之词答曰：“敬谢三郎。三郎无庸以畏友外我。今得此画，朝夕对之，不敢忘锡画人也。”

是夕，微月已生西海，水波不兴。余乃负杖出门，随步所之，遇渔翁，相与闲话，迄翁收拾垂纶，余亦转身归去。时夜静风严，余四顾，舍海曲残月而外，别无所睹。及去余家仅丈许，瞥见有人悄立海边孤石之旁，静观海面，余谛瞩倩影亭亭，知为静子，遂前叩之曰："立者其吾阿姊乎？"

静子闻余声，却至欣悦，急回首应曰："三郎，归何晏？独不避海风耶？吾迟[6]三郎于此久矣。三郎出时可曾加衣否？向晚气候，不比日间，恐非三郎所胜，不能使人无戚戚于中。三郎善自珍摄，寒威滋可畏也。"

余即答曰："感谢吾姊关垂！天寒夜寂，敬问吾姊于此，沉沉何思？女弟胡未奉侍左右？"

静子则柔声答曰："区区弱质，奚云惜者？今余方自家中来，姨母、令姊、令妹及阿母，咸集厨下制瓜团粉果，独余偷闲来此，奉候三郎。三郎归，吾心至适。"

余重谢之曰："深感阿姊厚意见待，愧弗克当。望阿姊次回，毋冒夜以伫我。吾姊恩意，特恐下走不称消受耳。"

余言毕，举步欲先入门，静子趣前娇而扶将曰："三郎且住。三郎悦我请问数言乎？"

余曰："何哉？姊胡为客气乃尔？阿姊欲有下回，稚弟固无不愿奉白者也。"

静子踌躇少间，乃出细腻之词，第一问曰："三郎，迩来相见，颇带幽忧之色，是何故者？是不能令人无郁拂。今愿窃有请耳。"

余此时心知警兆，兀立不语。

静子第二问曰："三郎可知今日阿母邀姨母同令姊，往礼淡岛明神，何因也？吾思三郎必未之审。"

余闻语茫然，瞠不能答，旋曰：“果如阿姊言，未之悉也。”

静子低声而言，其词断续不可辨，似曰：“三郎鉴之，总为君与区区不肖耳。”

## 注释

［1］吴带当风：形容画技高超，风格飘逸。唐代画家吴道子善画佛像，所画出的衣带如被风吹拂。 ［2］高髷（qū）：高而卷曲的发鬟。 ［3］汉制飞仙髻：女子的一种发式，源自汉代，即绾发于顶，两侧结高鬟。唐王叡《炙毂子》载：“汉武帝时，王母降，诸仙髻皆异人间，帝令宫中效之，号飞仙髻。” ［4］真真：此借喻画中女子栩栩如生。唐杜荀鹤《松窗杂记》记载，唐代进士赵颜，于画工处得一软幛，上绘美女，名真真，呼其名百日而活。 ［5］北面红妆：拜姑娘为师。红妆，指女子。 ［6］迟：等待。

## 第十六章

余胸震震然，知彼美言中之骨也。余正怔忡间，转身稍离静子所立处，故作漫声指海面而言曰：“吾姊试谛望海心黑影，似是鱼舸经此，然耶？否耶？”

静子垂头弗余答。少选，复步近余胸前，双波略注余面。余在月色溟濛之下，凝神静观其脸，横云斜月，殊胜端丽。此际万籁都寂，余心不自镇；既而昂首瞩天，则又乌云弥布，只余残星数点，空摇明灭。余不觉自语曰："吁！此非人间世耶？今夕吾何为置身如是景域中也？"

余言甫竟，似有一缕吴绵[1]，轻温而贴余掌。视之，则静子一手牵余，一手扶彼枯石而坐。余即立其膝畔，而不可自脱也。久之，静子发清响之音，如怨如诉曰："我且问三郎，先是姨母，曾否有言关白三郎乎？"

余此际神经已无所主，几于膝摇而牙齿相击，垂头不敢睇视，心中默念，情网已张，插翼难飞，此其时矣。但闻静子连复同曰："三郎乎，果阿姨作何语？三郎宁勿审于世情者，抑三郎心知之，故弗背言？何见弃之深耶？余日来见三郎愀然不欢，因亦不能无渎问耳。"

余乃力制惊悸之状，嗫嚅言曰："阿娘向无言说，虽有，亦已依稀不可省记。"

余言甫发，忽觉静子筋脉跃动，骤松其柔荑之掌。余知其心固中吾言而愕然耳。余正思言以他事，忽尔悲风自海面吹来，乃至山岭，出林薄而去。余方凝伫间，静子四顾皇然，即襟间出一温香罗帕，填余掌中，立而言曰："三郎，珍重。此中有绣角梨花笺，吾婴年随阿母挑绣而成，谨以奉赠，聊报今晨杰作。君其纳之。此闲花草，宁足云贡？三郎其亦知吾心耳！"

余乍闻是语，无以为计。自念：拒之，于心良弗忍；受之，则睹物思人，宁可力行正照[2]，直证无生耶？余反复思维，不知所可。

静子故欲有言，余陡闻阴风怒号，声振十方[3]，巨浪触石，惨然如破军之声。静子自将笺帕袭之，谨纳余胸间。既讫，遽握余臂，以腮熨之，嘤嘤欲泣曰：“三郎受此勿戚，愿苍苍者祐吾三郎无恙。今吾两人同归，朝母氏也。”

余呆立无言，惟觉胸间趯趯[4]而跃。静子娇不自胜，挽余徐行。及抵斋中，稍觉清爽，然心绪纷乱，废弃一切。此夜今时，因悟使不析吾五漏[5]之躯，以还父母，又那能越此情关，离诸忧怖耶?

注释

[1] 吴绵：亦作“吴棉”，吴地所产丝绵。此喻手温软。[2] 力行正照：朝着佛教正统法度去修行。[3] 十方：佛经称东、西、南、北、东南、西南、东北、西北、上、下为十方。[4] 趯（tì）趯：跳跃貌。[5] 五漏：指两耳、两鼻孔、一口。

## 第十七章

翌朝，天色清朗，惟气候遽寒，盖冬深矣。余母晨起，即部署厨娘，出镈饦[1]，又陈备饮食之需。既而齐聚膳厅中，欢声腾彻。余始知姊氏今日归去。静子此际作魏代晓霞妆[2]，余发散垂右肩，束以毻带[3]，迥绝时世之装，腼腆与余为礼，益增其冷艳也。余既近炉联坐，中心滋耿耿，以昨夕款语海边之时，余未以实对彼姝故耳。

已而，姊氏辞行，余见静子拖百褶长裙，手携余妹送姊氏出门。余步跟其后，行至甬道中，余母在旁，命余亦随送阿姊。静子闻命，欣然即转身为余上冠杖。余曰："谨谢阿姊待我周浃[4]。"

余等齐行，送至驿上，展軨[5]车发，遂与余姊别。归途唯静子及余兄妹三人而已。静子缓缓移步，远远见农人治田事，因出其纤指示余，顺口吟曰："'采菱辛苦废犁锄，血指流丹鬼质枯。无力买田聊种水，近来湖面亦收租。'三郎，此非范石湖[6]之诗欤？在宋已然，无怪吾国今日赋税之繁且重，吾为村人生无限悲感耳！"

静子言毕，微喟。须臾，忽绛其颊，盼余问曰："三郎得毋劳顿？日来身心，亦无患耶？吾晨朝闻阿母传言，来周过已更三日，当挈令妹及余归箱根；未审于时三郎可肯重尘游屐[7]否？"

余闻言，万念起落，不即答。转视静子，匿面于绫伞流苏之下，引慧目迎余，为状似甚羞涩。余曰："如阿娘行，吾必随叩尊府。"

余言已，复回顾静子眉端，隐约见愁态。转瞬静子果蕴泪于眶，嘤然而呻曰："吾晨来在膳厅中，见三郎胡乃作戚戚容？得毋玉体违和？敢希见告耳。苟吾三郎有何伤感，亦不妨掬心相示，幸毋见外也。"

余默默弗答。

静子复微微言曰："君其怒我乎？胡靳[8]吾请。"

余停履抗声答曰："心偶不适，亦自不识所以然。劳阿姊询及，惭惕何可言，万望阿姊饶我。"

余且行且思，赫赫有触于心，弗可自持，因失声呼曰："吁，吾滋愧悔于中，无解脱时矣！"

余此时泪随声下。静子虽闻余言，殆未得窥余命意所在，默不一语。继而容光惨悴，就胸次出丹霞之巾，授余揾泪，慰藉良殷，至于红泪沾襟。余暗惊曰："吾两人如此，非寿征也！"

旁午，始莅家庭，静子与余都弗进膳。

## 注释

［1］镈（bó）饦（tuō）：即馎饦，一种面食。 ［2］魏代晓霞妆：源自三国魏的妇女装饰。唐张泌《妆楼记》载："夜来初入魏宫，一夕，文帝在灯下咏，以水晶七尺屏风障之。夜来至，不觉面触屏上，伤处如晓霞将散，自是宫人俱用胭脂仿画，名晓霞妆。" ［3］璊（mén）带：赤玉色的腰带。璊，玉色赤。 ［4］周浃：周到。 ［5］展軨（líng）：观看车辆，以示对坐车者之尊敬。展，视也。軨，车栏。 ［6］范石湖：范成大，字至能，号石湖居士，南宋诗人，有《石湖居士诗集》《石湖词》等著作传世。 ［7］游屐：出游时穿的木屐，代指游山玩水。北宋王安石《韩持国从富并州辟》云："何时归相过，游屐尚可蜡。" ［8］靳：吝惜。

# 第十八章

余姊行后，忽忽又三日矣。此日大雪缤纷，余紧闭窗户，静坐思量，此时正余心与雪花交飞于茫茫天海间也。余思久之，遂起立徘徊，叹曰："苍天，苍天，吾胡尽日怀抱百忧于中，不能自弭[1]耶？学道无成，而生涯易尽，则后悔已迟耳。"

余谛念彼姝，抗心高远，固是大善知识，然以眼波决之，则又儿女情长，殊堪畏怖。使吾身此时为幽燕老将，固亦不能提刚刀慧剑，驱此婴婴宛宛者于漠北。吾前此归家，为吾慈母；奚事一逢彼姝，遽加余以尔许缠绵婉恋，累余虱身于情网之中，负己负人，无有是处耶？嗟乎，系于情者，难平尤怨，历古皆然。吾今胡能没溺家庭之恋，以闲愁自戕哉？佛言："佛子离佛数千里，当念佛戒。"吾今而后，当以持戒为基础，其庶几乎。余轮转思维，忽觉断惑证真，删除艳思，喜慰无极。决心归觅师傅，冀重重忏悔耳。第念此事决不可以禀白母氏，母氏知之，万不成行矣。

忽而余妹手托锦制瓶花入，语余曰："阿兄，此妹手造慈溪派插花，阿兄月旦，其能有当否？"

余无言，默视余妹，心忽恫楚，泪盈余睫，思欲语以离家之旨，又恐行不得也。迄吾妹去后，余心颤不已，返身掩面，成泪人矣。

此夕，余愁绪复万叠如云，自思静子日来恹恹，已有病容。迹彼情词，又似有所顾虑，抑已洞悉吾隐衷，以我为太上[2]忘情者欤？今既不以礼防为格，吾胡不亲过静子之室，叙白前因，或能宥我。且名姝深愫，又何可弃捐如是之速者？

思已，整襟下楼，缓缓而行。及至廊际，闻琴声，心知此吾母八云琴[3]，为静子所弹，以彼姝喜调《梅春》之曲也。至“夜迢迢，银台绛蜡，伴人垂泪”句，忽而双弦不谱，音变滞而不延，似为泪珠沾湿。迄余音都杳，余已至窗前，屏立不动。乍闻余妹言曰：“阿姊，晨来所治针黹[4]，亦已毕业未？”

静子太息答余妹曰：“吾欲为三郎制领结，顾累日未竟，吾乃真孺稚也。”

余既知余妹未睡，转身欲返，忽复闻静子凄声和泪，细诘余妹曰：“吾妹知阿兄连日胡因郁郁弗舒，恒露忧思之状耶？”

余妹答曰：“吾亦弗审其由。今日尚见阿兄独坐斋中，泪潸潸下，良匪无以。妹诚愕异，又弗敢以禀阿娘。吾姊何以教我慰阿兄耶？”

静子曰：“顾乃无术。惟待余等归期，吾妹努力助我，要阿兄同行，吾宁家，则必有以舒阿兄郁结。阿兄莅吾家，兼可与吾妹剧谈破寂，岂不大妙？不观阿兄面庞，近日十分消瘦，令人滋恨恨[5]。今有一言相问吾妹：妹知阿母、阿姨或阿姊，向有何语吩咐阿兄否？”

余妹曰：“无所闻也。”

静子不语。久之，微呻曰：“抑吾有所开罪阿兄耶？余虽勿慧，曷遂相见则……”言至此，噫焉而止。复曰：“待明日，但乞三郎加示喻耳。”

静子言时，凄咽不复成声。余猛触彼美沛然至情，万绪悲凉，不禁欷歔泣下，乃归，和衣而寝。

注释

［1］自弭：自己消除之意。［2］太上：涵养达到最高境界的上圣之人。［3］八云琴：日本的二弦琴。［4］针黹（zhǐ）：即针线活。［5］悢（liàng）悢：忧伤。

## 第十九章

天将破晓，余忧思顿释，自谓觅得安心立命之所矣。盥漱既讫，于是就案搦管构思，怃然少间，力疾书数语于笺素云：

静姊妆次[1]：

呜呼，吾与吾姊终古永诀矣！余实三戒俱足之僧，永不容与女子共住者也。吾姊盛情殷渥[2]，高义干云，吾非木石，云胡不感？然余固是水曜离胎[3]，遭世有难言之恫，又胡忍以飘摇危苦之躯，扰吾姊此生哀乐耶？今兹手持寒锡，作远头陀矣。尘尘刹刹[4]，会面无因。伏维吾姊，贷我残生，夫复何云？倏忽离家，未克另禀阿姨、阿母，幸吾姊慈悲哀愍，代白此心；并婉劝二老切勿悲念顽儿身世，以时强饭加衣，即所以怜儿也。

幼弟三郎含泪顶礼

书毕，即易急装，将笺暗纳于鞋骨细盒之内。

盒为静子前日盛果媵余，余意行后，静子必能检盒得笺也。

摒挡既毕，举目见壁上铜钟，锵锵七奏，一若催余就道者。此时阿母、阿姨，咸在寝室，为余妹理衣饰。静子与厨娘女侍，则在厨下，都弗余觉。余竟自辟栏潜行。行数武，余回顾，忽见静子亦匆匆踵至；绿鬓垂于耳际，知其还未栉掠[5]，但仓皇呼曰："三郎，侵晨安适？夜来积雪未消，不宜出行。且晨餐将备，曷稍待乎？"

余心为赫然，即脱冠致敬，恭谨以答曰："近日疏慵特甚，忘却为阿姊道晨安，幸阿姊恕之。吾今日欲观白泷不动尊神[6]，须趁雪未溶时往耳。敬乞阿姊勿以稚弟为念。"

静子趣近余前，愕然作声问曰："三郎颜色，奚为乍变？得毋感冒？"言毕，出其腻洁之手，按余额角，复执余掌言曰："果热度腾涌。三郎此行可止，请速归家，就榻安歇，待吾禀报阿母。"言时，声颤欲嘶。

余即陈谢曰："阿姊太过细心。余惟觉头部微晕，正思外出，吸取清气耳。望吾姊勿尼吾行。二小时后，余即宁家，可乎？"

静子以指掠其鬓丝，微叹不余答，久乃娇声言曰："然则吾请侍三郎行耳。"

余急曰："何敢重烦玉趾，余一人行道上，固无他虑。"

静子似弗释，含泪盼余，喟然答曰："否！粉身碎骨，以卫三郎，亦所不惜，况区区一行耶？望三郎莫累累见却，即幸甚矣。”

余更无词固拒，权伴静子逡巡而行。道中积雪照眼，余略顾静子芙蓉之靥，衬以雪光，庄艳绝伦，吾魂又为之奭然而摇也。静子频频出素手，谨炙余掌，或扪余额，以觇热度有无增减。俄而行经海角砂滩之上，时值海潮初退，静子下其眉睫，似有所思。余瞩静子清癯已极，且有泪容，心滋恻怅，遂扶静子腰围，央其稍歇。静子脉脉弗语，依余憩息于细软干沙之上。

此时余神志为爽，心亦镇定，两鬓热度尽退，一如常时，但静默不发一言。静子似渐释其悲梗，尚复含愁注视海上波光，久久，忽尔扶余臂，愀然问曰：“三郎，何思之深也？三郎或勿讶吾言唐突耶？前接香江邮筒，中附褪红小简，作英吉利书，下署罗弼氏者，究属谁家扫眉才子[7]？可得闻乎？吾观其书法妩媚动人，宁让簪花格体？奈何以此蟹行乌丝，惑吾三郎，怏怏至此田地？余以私心决之，三郎意似怜其薄命如樱花然者。三郎今兹肯为我倾吐其详否耶？”

余无端闻其细腻酸咽之词，以余初不宿备，故噤不能声。静子续其声韵曰：“三郎，胡为缄口如金人[8]？固弗容吾一闻芳讯耶？”

余遂迳报曰：“彼马德利产，其父即吾恩师也。”

静子闻言，目动神慌，似极惨悸，故迟迟言曰：“然则彼人殆绝代丽姝，三郎固岂能忘怀者？”

言毕，哆其唇樱，回波注睇吾面，似细察吾方寸作何向背。余略引目视静子，玉容瘦损，忽而慧眼含红欲滴；余心知此子固天怀活泼，其此时情波万叠而中沸矣。余情况至窘，不审将何词以答。少选，遽作庄容而语之曰："阿姊当谅吾心，絮问何为？余实非有所恋恋于怀。顾余素怏怏不自聊者，又非如阿姊所料。余周历人间至苦，今已绝意人世，特阿姊未之知耳。"

余言毕，静子挥其长袖，掩面悲咽曰："宜乎三郎视我，漠若路人；余固乌知者？"已而复曰："嗟乎，三郎，尔意究安属？心向丽人则亦已耳，宁遂忍然弗为二老计耶？"

余聆其言，良不自适，更不忍伤其情款。所谓藕断丝连，不其然欤？余遂自绾愁丝[9]，阳慰之曰："稚弟胡敢者？适戏言耳，阿姊何当介蒂于中，令稚弟皇恐无地。实则余心绪不安，言乃无检。阿姊爱我既深，尚冀阿姊今以恕道加我，感且无任耳！阿姊其见宥耶？"

静子闻余言，若喜若忧，垂额至余肩际，方含意欲申，余即抚之曰："悲乃不伦，不如归也。"

静子愁愫略释，盈盈起立，捧余手重复亲之，言曰："三郎，记取后此无论何适，须约我偕行，寸心释矣。若今晨匆匆自去，将毋令人悬念耶？"

余即答曰："敬闻命矣。"

静子此时俯身，拾得虹纹贝壳，执玩反覆，旋复置诸砂面，为状似甚乐也。已而骈行，天忽阴晦，欲雪不雪，路无行人。静子且行且喟，余慄慄惴惧不已，乃问之曰："阿姊奚叹？"

静子答曰："三郎有所不适，吾心至慊[10]。"

余曰："但愿阿姊宽怀。"

此时已近山脚孤亭之侧，离吾家只数十武。余停履谓曰："请阿姊先归，以慰二老。小弟至板桥之下，拾螺蛤数枚，归贻妹氏，容缓二十分钟宁家。第恐有劳垂盼。阿姊愿耶？否耶？"

静子曰："甚善。余先归为三郎传朝食。"言毕，握余手略鞠躬，言曰："三郎，早归。吾偕令妹伫伺三郎，同御晨餐。今夕且看明月照积雪也。"

余垂目细瞻其雪白冰清之手，微现蔚蓝脉线，良不忍遽释，惘然久之。因曰："敬谢阿姊礼我。"

## 注释

［1］妆次：旧时书信中对女性的敬辞。 ［2］殷渥：真挚深厚。 ［3］水曜离胎：谓出生时即遭到厄运。水曜，即水星，为九曜之一，于密教中，住于胎藏界。 ［4］尘尘刹刹：或作"尘尘刹土"，即一微尘中皆有国土，世界之无穷无尽。 ［5］栉掠：梳妆。 ［6］不动尊神：即不动明王神像。 ［7］扫眉才子：有文采的女子。 ［8］缄口如金人：闭口不言。汉刘向《说苑·敬慎》："孔子之周，观于太庙。右陛之前，有金人焉，三缄其口，而铭其背曰：'古之慎言人也。'" ［9］自绾愁丝：抑制自己的愁绪。绾，盘结。 ［10］慊（qiàn）：不满。

# 第二十章

余目送静子珊珊行后，喟然而叹曰：“甚矣，柔丝之绊人[1]也！”

余自是力遏情澜，亟转山脚疾行。渐前，适有人夫牵空车一辆，余招而乘之，径赴车站。购票讫，汽车即发。二日半，经长崎，复乘欧舶西渡。余方豁然动念，遂将静子曩日所媵凤文罗简[2]之属，沉诸海中，自谓忧患之心都泯。

更二日，抵上海，余即日入城，购僧衣一着易之，萧然向武林[3]去，以余素慕圣湖[4]之美，今应顺道酬吾夙愿也。既至西子湖边，盈眸寂乐，迥绝尘寰。余复泛瓜皮舟，之茅家埠[5]。既至，余舍舟，肩挑被席数事，投灵隐寺，即宋之问[6]“楼观沧海日，门对浙江潮”处也。余进山门，复至客堂，将行李放堂外左边，即自往右边鹄立。

久久，有知客师[7]出问曰：“大师何自而来？”

余曰：“从广州来。”知客闻言欣然曰：“广东富饶之区也。”

余弗答，摩襟[8]出牒示之。知客审视牒讫，复欣然导余登南楼安息。余视此楼颇广，丁方可数丈，楼中一无所有，惟灰砖数方而已。

迄薄暮，斋罢，余急就寝，即以灰砖代枕。入夜，余忽醒，弗复成寐，又闻楼中作怪声甚厉。余心惊疑是间有鬼，颤栗不已，急以绒毡裹头，力闭余目，虽汗出如瀋，亦弗敢少动。漫漫长夜，不胜苦闷。天甫迟明，闻钟声，即起，询之守夜之僧，始知楼上向多松鼠，故发此怪声，来往香客，无不惊讶云。

晨粥既毕，主持来嘱余曰：“师远来，晨夕无庸上殿，但出山门扫枯叶柏子，聚而焚之。”

余曰：“谨受教。”

过午，复命余将冷泉亭石脚衰草剔净。

如是安居五日过已，余颇觉翛然自得，竟不识人间有何忧患，有何恐怖。听风望月，万念都空。惟有一事，不能无憾：以是间风景为圣湖之冠，而冠盖之流，往来如鲫[9]，竟以清净山门，为凡夫俗子宴游之区，殊令人弗堪耳。

注释

［1］绊人：被柔情纠缠之人。绊，纠缠。［2］罗简：代指信函。［3］武林：杭州的旧称。［4］圣湖：西湖。［5］茅家埠：位于杭州西湖景区。［6］宋之问：唐代诗人，字延清。［7］知客师：寺庙中接待宾客的僧人。［8］摩襟：按住衣襟。［9］鲫：即“过江之鲫”。东晋王朝在江南建立后，北方士族纷纷来到江南，当时有人说“过江名士多于鲫”。后以“过江之鲫”形容多而且纷乱。

## 第二十一章

余一日无事，偶出春淙亭[1]眺望，忽见壁上新题，墨痕犹湿。余细视之，即《捐官竹枝词》数章也，其词曰：

二品加衔四品阶，皇然绿轿四人抬。
黄堂半跪称卑府，白简通详署宪台。
督抚请谈当座揖，臬藩接见大门开。
便宜此日称观察，五百光洋买得来。

大夫原不会医生，误被都人唤此名。
说梦但求升道府，升阶何敢望参丞。
外商吏礼皆无分，兵户刑工浪挂名。
一万白银能报效，灯笼马上换京卿。

一麾分省出京华，蓝顶花翎到处夸。
直与翰林争俸满，偶兼坐办望厘差。
大人两字凭他叫，小考诸童听我枷。
莫问出身清白否，有钱再把道员加。

工赈捐输价便宜，白银两百得同知。
官场逢我称司马，照壁凭他画大狮。
家世问来皆票局，大夫买去署门楣。
怪他多少功牌顶，混我胸前白鹭鹚。

八成遇缺尽先班，铨补居然父母官。
刮得民膏还夙债，掩将妻耳买新欢。

若逢苦缺还求调，偏想诸曹要请安。
别有上台饶不得，一年节寿又分餐。

补褂朝珠顶似晶，冒充一个状元郎。
教官都作加衔用，殷户何妨苦缺当。
外放只能抡刺史，出身原是做厨房。
可怜裁缺悲公等，丢了金钱要发狂。

小小京官不足珍，素珠金顶亦荣身。
也随编检称前辈，曾向王公作上宾。
借与招牌充薙匠，呼来雅号冒儒臣。
衔条三字翰林院，诳得家人唤大人。

余读至此，谓其词雅谑。首章指道员，其二郎中，其三知府，其四同知，其五知县，其六光禄寺署丞，其七待诏；惜末章为风雨剥灭，不可辨，只剩“天丧斯文人影绝，官多捷径士心寒”一联而已。此时科举已废，盖指留学生而言也。

余方欲行，适有少年比丘，负囊而来。余观其年，可十六七，面带深忧极恨之色。见余即肃容合十，向余而言曰：“敬问阿师，此间能容我挂单否乎？”

余曰：“可，吾导尔至客堂。”

比丘曰：“阿弥陀佛。”

余曰：“子来从何许？观子形容，劳困已极，吾请助子负囊。”

比丘颦蹙曰：“谢师厚意！吾果困顿，如阿师言。吾自湖南来者，吾发愿参礼十方，形虽枯槁，第吾心中懊恼，固已净尽无余，且勿知苦为何味也。”

注释

［1］春淙亭：在杭州西湖龙泓洞口回龙桥上。

## 第二十二章

晚上，比丘与余同歇楼上。余视其衣单，均非旧物，因意其必为新剃度；又一望可知其中心实有千端愁恨者。遂叩之曰：“子出家几载？”

比丘聆余言，沉思久之，凄然应余曰：“吾削发仅月余耳。阿师待我殊有礼义，中心宁弗感篆？我今且语阿师以吾何由而出家者。

“吾恨人也，自幼失怙恃。吾叔贪利，鬻余于邻邑巨家为嗣。一日，风雨凄迷，余静坐窗间，读《唐五代词》，适邻家有女，亦于斯时当窗刺绣。余引目望之，盖代容华，如天仙临凡也。然余初固不敢稍萌妄念。

“忽一日，女缮一小小蛮笺[1]，以红线轻系于蜻蜓身上，令徐徐飞入余窗；盖邻窗与余窗斜对，仅离六尺，下有小河相界耳。余得笺，循环雒诵[2]，心醉其美，复体其情，因叹曰：‘吾何修而能枉天仙下盼耶？’由是梦魂，竟被邻女牵系，而不能自作主持矣。

“此后朝夕必临窗对晤，且馈余以锦绣文房之属；吾知其家贫亲老，亦厚报之以金，如是者屡矣。

“一日，女复自绣秋海棠笔袋，实以栴檀[3]香屑见贶。余感邻女之心，至于万状，中心自念，非更得金以酬之，无以自对良心也。顾此时阮囊羞涩[4]，遂不获已，告贷于厮仆。不料仆阳诺而阴述诸吾义父之前。翌晨，义父严责余曰：‘吾素爱汝，汝竟行同浪子耶？吾家断无容似汝败行之人，汝去！’义父言毕，即草一函，嘱余挈归，致吾叔父。

“余受函入房，女犹倚窗迎余含笑。余正色告之曰：‘今日见摈于老父，后此何地何时，可图良会耶？’

“女聆余言，似不欢，怫然竖其一指，逡巡答余曰：‘今夕无月，君于十一句钟，以舴艋至吾屋后。君能之乎？’

“余亟应曰：‘能之。’

“余既领香谕，自以为如天之福也。即归至家。叔父诘余曰：‘汝语我，将钱何所用，赌耶？交游无赖耶？’余唯恭默，不敢答一辞，恐直言之，则邻女声名瓦解，是何可者？

“俄顷，叔父复问曰：‘汝究与谁人赌耶？’余弗答如故。遂益中吾叔父之怒，乃以桐城烟斗，乱剥余肩。余忍痛不敢少动，又不敢哭。

“黄昏后，余潜取邻舍渔舟，肩痛不可忍。自念今夕不行，将负诺，则痛且死，亦安能格我者。遂勉力摇舟，欸乃而去。及至其宅，刚九句钟，余心滋慰，竟忘痛楚。停桡于屋角。待久之，不见人影，良用焦忧。忽骤雨如覆盆，余将孤艇驶至墙缘芭蕉之下，冒风雨而立，直至四更，亦复杳然。余心知有变，跃身入水，无知觉已。

“迄余渐醒，四瞩竹篱茅舍，知为渔家；一翁一媪，守余侧，频以手按余胸次，甚殷。余突然问曰：‘叟及夫人，拯吾命耶？然余诚无面目更生人世。’

“媪曰：‘悲哉，吾客也！客今且勿言。天必佑客平安无事，吾谢天地。’

“余闻媪言辞温厚，不觉堕泪，悉语以故。媪白发婆娑，摇头叹曰：‘天下负心人儿，比比然也。客今后须知自重。’

“叟曰：‘勉乎哉，客今回头是岸，佳也。’

“余收泪跪别翁媪而行，莫审所适，悲腾恨溢，遂入岳麓[5]为僧。乃将腰间所系海棠笔袋，并香屑，葬于飞来钟[6]树脚之侧。后此，附商人来是间。今兹茫茫宇宙，又乌睹所谓情、所谓恨耶？”

余闻湘僧言讫，历历忆及旧事，不能宁睡。忽依稀闻慈母责余之声，神为耸然而动，泪满双睫，顿发思家之感。

翌朝，余果病，不能兴。湘僧晨夕为余司汤药粥饱[7]各事，余辄于中夜感激涕零，遂与湘僧为患难交。后此，湘僧亦备审吾隐恫，形影相吊，无片刻少离。余病兼旬，始获清健，能扶杖出山门眺望，潭映疏钟，清人骨髓。

注释

［1］蛮笺：蜀地所产的一种彩色笺纸。［2］雒诵：即洛诵，反复诵读。［3］栴檀：栴檀那的略称，即檀香。［4］阮囊羞涩：喻贫困。阮囊，晋代阮孚的钱袋。羞涩，难为情。宋阴时夫《韵府群玉》载："阮孚持一皂囊，游会稽。客问：'囊中何物？'曰：'但有一钱看囊，恐其羞涩。'"［5］岳麓：即岳麓山，在湖南长沙湘江西岸。［6］飞来钟：挂在岳麓山云麓宫门外的树上的一口古钟。［7］粥饱：用油和稻米粉熬成的食物。

## 第二十三章

忽一日，监院[1]过余言曰："明日中元节[2]，城内麦家有法事，首座命衲应赴，并询住僧之中，谁合选为同伴者。衲以师对，首座喜甚。道师沉静寡言，足庄山门风范，能起十方宗仰；且麦氏亦岭南人，以师款洽[3]，较他人方便，此吾侪不得不借重于吾师也。"

余答曰："余出家以来，未尝习此，舍《香赞》《心经》[4]《大悲咒》[5]而外，一无所能，恐辱命，奈何？"

监院曰："瑜伽焰口[6]，只此亦够。尚有侍者三人，于诸事殊练达。师第助吾等敲木鱼及添香剪烛之外，无多劳。万望吾师勿辞辛苦，则常住增光矣。”

余不获已，允之。监院欣然遂去。

余语湘僧曰：“此无益于正教，而适为人鄙夷耳。应赴之说，古未之闻。昔白起[7]为秦将，坑长平降卒四十万。至梁武帝[8]时，志公[9]智者，提斯悲惨之事，用警独夫好杀之心，并示所以济拔之方。武帝遂集天下高僧，建水陆道场[10]七昼夜，一时名僧，咸赴其请。应赴之法，自此始。

“余尝考诸《内典》：昔佛在世，为法施生，以法教化四生。人间天上，莫不以五时八教，次第调停而成熟之；诸弟子亦各分化十方，恢弘其道。迨佛灭度[11]后，阿难等结集《三藏》，流通法宝。至汉明帝时，佛法始入震旦。唐宋以后，渐入浇漓，取为衣食之资，将作贩卖之具。嗟夫，异哉！自既未度，焉能度人？譬如下井救人，二俱陷溺。且施者，与而不取之谓；今我以法与人，人以财与我，是谓贸易，云何称施？况本无法与人，徒资口给耶？纵有虔诚之功，不赎贪求之过。若复苟且将事，以希利养，是谓盗施主物，又谓之负债用。律有明文，呵责非细。”

湘僧曰：“阿师言深有至理，令人不可置一词也。第余又不解志公胡必作此忏仪，延误天下苍生耶？”

余曰：“志公本是菩萨化身，能以圆音[12]利物[13]。唐持梵呗[14]，已无补秋毫。矧在今日凡僧，更何益之有？云栖[15]

广作忏法，蔓延至今，徒误正修[16]，以资利养，流毒沙门，其祸至烈。至于禅宗[17]，本无忏法，而今亦相率崇效，非宜深戒者乎？顾吾与子，俱是正信之人，既皈依佛，但广说其四谛[18]八正道[19]，岂人天小果有漏之因，同日语哉？”

湘僧曰：“善哉！马鸣菩萨言：诸菩萨舍妄，一切显真实，诸凡夫覆真，一切显虚妄。”

## 注释

［1］监院：总领众僧的职称，地位仅次于方丈。［2］中元节：农历七月十五，佛教称之为“盂兰盆节”，为民间祭祀节日之一。［3］款洽：亲切。［4］《心经》：《般若波罗蜜多心经》的略称。［5］《大悲咒》：《千手千眼观世音菩萨广大圆满无碍大悲心陀罗尼经》的略称。《千手经》云：“诵《大悲咒》，淫火灭邪心除。”［6］瑜伽焰口：佛教徒在夜间诵经超度亡魂的仪式。瑜伽，佛教中指物物相应。焰口，饿鬼名，其身形枯焦，口内燃火，咽细如针。在佛教密宗中，有专对这种饿鬼施食的经咒和念诵法事，即放焰口。［7］白起：战国时军事家，秦国秦昭王大将，楚国白公胜后裔，公元前260年在长平大败赵国军队，坑杀降卒四十余万。［8］梁武帝：萧衍，字叔达，南朝梁创建者。在位期间信奉佛教，广建寺院。［9］志公：南朝齐、梁时僧人，法号宝志，少年时在建康道林寺出家。［10］水陆道场：佛教宗教活动，亦称“水陆斋”。是一种遍施饮食以超度水陆众亡灵的法会，为佛教规模最大的法会。［11］灭度：“涅槃”的意译，亦指僧人死亡。［12］圆音：佛语，指圆妙之音。［13］利物：普度众生之意。［14］唐持梵呗：

唐代举办佛事时，念诵梵呗。梵呗，即赞菩萨的颂歌。［15］云栖：明代高僧，名袾宏，字佛慧，号莲池。30岁后出家，住杭州云栖，建创禅林，著有《莲池大师全集》。［16］正修：佛学正宗的修行。［17］禅宗：佛教中的一派，以禅那为示，故名。禅那译为“思惟修”或“静虑”，是思惟真理静息念虑之法，原为“三学六度”之一。［18］四谛：即苦谛、集谛、灭谛、道谛。［19］八正道：正见、正思惟、正语、正业、正命、正精进、正念、正定。

## 第二十四章

明日，余随监院莅麦氏许，然余未尝询其为何名，隶何地，但知其为宰官[1]耳。入夜，法事开场，此余破题[2]儿第一遭也。此时男女叠肩环观者甚众。监院垂睫合十，朗念真言，至“想骨肉已分离，睹音容而何在”，声至凄恻。及至“呜呼！杜鹃叫落桃花月，血染枝头恨正长”，又“昔日风流都不见，绿杨芳草髑髅寒”，又“将军战马今何在，野草闲花满地愁”等句，则又悲健无论。斯时举屋之人，咸屏默无声，注瞩余等。

余忽闻对壁座中，有婴宛细碎之声，言曰：“殆此人无疑也。回忆垂髫[3]，恍如隔世，宁勿凄然？”时复有男子太息曰：“伤哉！果三郎其人也。”

余骤闻是言，岂不惊怛？余此际神色顿变，然不敢直视。

女郎复曰：“似大病新瘥，我知三郎固有难言之隐耳。”

余默察其声音，久之，始大悟其即麦家兄妹，为吾乡里，又为总角[4]同窗。计相别五载，想其父今为宦于此。回首前尘，徒增浩叹耳。忆余羁香江[5]时，与麦氏兄妹结邻于卖花街[6]。其父固性情中人，意极可亲，御我特厚；今乃不期相遇于此，实属前缘。余今后或能借此一讯吾旧乡之事，斯亦足以稍慰飘零否耶？余心于是镇定如常。

黎明，法事告完，果见僮仆至余前揖曰："主人有命，请大师贲临书斋便饭。"

余即随之行。此时，同来诸僧咸骇异，以彼辈未尝知余身世，彼意谓余一人见招，必有殊荣极宠。盖今之沙门，虽身在兰阇[7]，而情趣缨茀[8]者，固如是耳！

及余至斋中，见餐事陈设甚盛：有莼菜，有醋鱼、五香腐干、桂花栗子、红菱藕粉、三白西瓜、龙井虎跑茶、上蒋虹字腿，此均为余特备者。余心默感麦氏，果依依有故人之意，足征长者之风，于此炎凉世态中，已属凤毛麟角矣。

少须，麦氏携其一子一女出斋中，与余为礼。余谛认麦家兄妹，容颜如故，戏采娱亲[9]。而余抱无涯之戚，四顾萧条，负我负人，何以堪此？因掩面哀咽不止。麦氏父子，深形凄怆，其女公子亦不觉为余而作啼妆矣。

无语久之，麦氏抚余庄然言曰："孺子毋愁为幸。吾久弗见尔。先是闻乡人言，吾始知尔已离俗，吾正深悲尔天资俊爽，而世路凄其也。吾去岁挈家人侨居于此，昨夕儿辈语我，以尔来吾家作法事，令老夫惊喜交集。老夫髦矣，不料犹能会尔，宁谓此非天缘耶？尔父执之妇，昨春迁居香江，死于喉疫。今老夫愿尔勿归广东。老夫知尔了无凡骨，请客吾家，与豚儿[10]作伴，则尔于余为益良多。尔意云何者？”

余闻父执之妻早年去世，满怀悲感，叹人事百变叵测也。

## 注释

［1］宰官：泛指主管的官员，后特指县令。［2］破题：本意为科举考试诗赋及八股文的起首，此处指第一次。［3］垂髫：代指童年。古代儿童三四岁至八九岁时不束发，头发下垂。［4］总角：代指少年时期。古时孩子八九岁至十五岁时束发为两小髻，向上分开，形似角，故称。［5］香江：香港的别称。［6］卖花街：街名，在香港中环。［7］兰阇：疑似“兰若”笔误，指寺庙。［8］缨茀：缠绵之意。［9］戏采娱亲：即戏彩娱亲，孝养父母之意。《艺文类聚·孝引列女传》记载：相传春秋时老莱子性至孝，年七十，常着五色彩衣，作婴儿嬉戏的样子逗父母高兴。［10］豚儿：对人谦称自己的儿子。

## 第二十五章

余收泪启麦氏曰：“铭感丈人，不以残衲见弃！中心诚皇诚恐，将奚以为报？然寺中尚有湘僧名法忍者，为吾至友，同居甚久，孺子滋不忍离之。后此孺子当时叩高轩侍教，丈人其恕我乎？”

麦氏少思，霭然言曰："如是亦善，吾惟恐寺中苦尔。"

余即答曰："否，寺僧遇我俱善。敬谢丈人，垂念小子，小子何日忘之？"

麦氏喜形于色，引余入席。顾桌上浙中名品咸备，奈余心怀百忧，于此时亦味同嚼蜡耳。

饭罢，余略述东归寻母事。麦氏举家静听，感喟无已。麦家夫人并其太夫人，亦在座中，为余言，天心自有安排，嘱余屏除万虑。余感极而继之以泣。及余辞行，麦家夫人出百金之票授余，嘱曰："孺子莫拒，纳之用备急需也。"

余拜却之曰："孺子自逗子起行时，已备二百金，至今还有其半，在衣襟之内。此恩吾惟心领，敬谢夫人。"

余归山门。越数日，麦家兄妹同来灵隐，视余于冷泉亭。余乘间问雪梅近况何若。初，兄妹皆隐约其辞，余不得端倪。因再叩之，凡三次。其妹微蹙其眉，太息曰："其如玉葬香埋[1]何！"

余闻言几踣[2]，退立震慑，捶胸大恫曰："果不幸耶？"

其兄知旨，急挽余臂曰："女弟孟浪，焉有是事？实则……"语至此，转复慰余曰："吾爱友三郎，千万珍重。女弟此言非确，实则人传彼姝春病颇剧耳。然吉人自有天相，万望吾爱友切勿焦虑，至伤玉体。"余遂力遏其悲。

是日，麦家兄妹复邀余同归其家。翌晨，余偶出后苑嘘气，适逢其妹于亭桥之上，扶栏凝睇，如有所思。既见余至，不禁红上梨涡，意不忍为陇中佳人[3]将消息耳。余将转身欲行，其妹回眸一盼，娇声问曰：“三郎其容我导君一游苑中乎？”

余即鞠躬，庄然谢曰：“那敢有劳玉趾？敬问贤妹一言，雪梅究存人世与否？贤妹可详见告欤？”

其妹嘤然而呻，辄摇其首曰：“谚云：‘继母心肝，甚于蛇虺[4]。’不诚然哉？前此吾居乡间，闻其继母力逼雪姑为富家媳，迨出阁前一夕，竟绝粒而夭。天乎！天乎！乡人咸悲雪姑命薄，吾则叹人世之无良，一于至此也！”

余此时确得噩信，乃失声而哭，急驰返山门，与法忍商酌，同归岭海[5]，一吊雪梅之墓，冀慰贞魂。

明日午后，麦氏父子，亲送余等至拱宸桥[6]，挥泪而别。

## 注释

［1］玉葬香埋：隐喻女子死亡。　［2］踣：跌倒。　［3］陇中佳人：代指已死去的人。陇中，地下。佳人，指雪梅。　［4］蛇虺（huī）：泛指蛇类，喻狠毒凶残。　［5］岭海：广东。其地处五岭之南，又近南海，故称。　［6］拱宸桥：一座横跨运河的石拱桥，在浙江杭州拱墅区北端。

## 第二十六章

余与法忍至上海，始悉襟间银票，均已不翼而飞，故不能买舟，遂与法忍决定行脚同归。沿途托钵，蹭蹬已极。逾岁，始抵横蒲关[1]，入南雄边界。既过红梅驿[2]，土人言此去俱为坦途，然水行不一由延[3]能达始兴。余二人尽出所蓄，尚可敷舟资及粮食之用，于是扬帆以行。风利，数日遂过浈水[4]，至始兴县，余二人忧思稍解。

是夕，维舟于野渡残扬之下。时凉秋九月矣，山川寥寂，举目苍凉。忽有西北风潇飒过耳，余悚然而听之，又有巨物呜呜然袭舟而来，竟落灯光之下，如是者络续而至。余异而瞩之，约有百数，均团脐胖蟹也。此为余初次所见，颇觉奇趣。

法忍语余曰："吾闻丹凤山去此不远，有张九龄[5]故宅，吾二人明晨当纡道[6]往观。"又曰："惜吾两人不能痛饮，否则将此蟹煮之，复入村沽黄醑[7]无量，尔我举匏樽[8]以消幽恨。奈何此夕百忧感其心耶？"

语次，舟子以手指枫林旷刹告余二人曰："此即怀庵古兰若[9]也，金碧飘零尽矣。父老相传，甲申三月[10]，吾族遗老誓师于此，不观腐草转磷，至今犹在？嗟乎！风景依然，而江山已非，宁不令人愀然生感，欷歔不置耶？"

迨余等将睡，忽而黑风暴雨遽作。余谓法忍："今夕不能住宿舟中，不若同往荒殿少避风雨，明日重行。"

法忍曰："善。"

余二人遂辞舟子，向枫林摩道而入。既至山门，缭垣倾圮殆尽，扉亦无存者。及入，殿中都无声响，惟见佛灯，光摇四壁。殿旁有甬道，通一耳室，余意其为住僧寮房，故止步弗入。法忍手扪碑上题诗，读曰：

十郡名贤请自思，座中若个是男儿。
鼎湖难挽龙髯日，鸳水争持牛耳时。
哭尽冬青徒有泪，歌残凝碧竟无诗。
故陵麦饭谁浇取，赢得空堂酒满卮。

余曰：“此澹归和尚贻吴梅村之诗也。当日所谓名流，忍以父母之邦，委于群胡[11]，残暴戮辱，亦可想而知矣。澹归和尚固是顶天立地一堂堂男子。呜呼！丹霞一炬[12]，遗老幽光，至今犹屈而不申，何天心之愦愦[13]也？”

时暴雨忽歇，余与法忍无言，解袱卧于殿角。余陡然从梦中惊醒，时万籁沉沉，微闻西风振箨[14]，参以寒虫断续之声。忽有念《寥莪》[15]之什于侧室者，其声酸楚无伦。听至“哀哀父母，生我劬劳[16]”句，不禁沉沉大恫，心为摧折。

晨兴，天无宿翳[17]。余视此僧，呜呼，即余乳媪之子潮儿也！余愕不止。潮儿几疑余为鬼物，相视久之，悲咽万状曰：“阿兄归几日矣？”

余曰：“昨夕抵此，风雨兼天，故就宿殿内。贤弟何故失容？阿母无恙耶？”

潮儿未及发言，已簌簌落泪，白余言曰：“慈母见背，吾心悲极为僧，庐墓于此，三经[18]弦望[19]矣。”

余闻言，震越[20]失次，趋前抱潮儿而恸哭曰：“吾意归南海必先见吾媪。余自襁褓，独媪一人怜而抚我，不图今已长眠。天乎！吾媪养育之恩，吾未报其万一。天乎！吾心胃都碎矣！”

既而潮儿导余等出西院门，至其亡母墓前，黄土一杯，白杨萧萧，山鸟哀鸣其上。余同法忍，俯伏陨涕。

潮儿抆[21]泪言曰：“亡母感古装夫人极矣！舍古装夫人而外，欲得一赐惠之人，无有也。吾前月奉去一笑，不知阿兄遄归。今会阿兄于此，亦余梦魂所不及料，宁非苍天垂愍？先母重泉慰矣。”

## 注释

[1] 横蒲关：在广东南雄西北。 [2] 红梅驿：位于广东南雄东北。 [3] 由延：即由旬，古印度计程单位。一由旬的长度，我国古有八十里、六十里、四十里等说。 [4] 浈水：即浈江，广东北江的支源。 [5] 张九龄：字子寿，韶州曲江（今广东韶关）人。唐代诗人，有《曲江集》传世。 [6] 纡道：绕道而行。 [7] 黄醑：黄酒。 [8] 匏樽：亦作“匏尊”，匏制的酒具。匏，葫芦。 [9] 古兰若：梵文“寂静处”的意译，比丘习静修行之地。此代指寺庙。 [10] 甲申三月：明崇祯十七年（1664），李自成攻陷北京，崇祯帝自缢于煤山，旋之，清军入关，明朝灭亡。广东一带曾抵抗清军。 [11] 群胡：借指清军。 [12] 丹霞一炬：据徐珂《清稗类钞》载，李方玉观察璜官南韶连兵备道，偶以公事过丹霞

寺。寺中有厨，封锁甚固，观察询所藏何物？僧曰："自康熙至今，本寺更一住持，即加一封条，其中所藏何物实未悉。"璜命启视，僧不能阻。启厨，得一册，皆谤毁本朝语，则明臣金堡后曰澹归和尚手笔也。璜长子大翰怂恿其父，谓今禁书极严，举发此事，可冀升擢。是夕，璜持册旋至室中，逾丙夜不寐，竟惑于大翰之言，白督抚，遂入奏，即有焚寺磨骸之命。寺僧死者五百余人。［13］愦愦：昏庸糊涂。［14］西风振箨（tuò）：风吹动竹壳。箨，《类篇》释："竹皮也"。［15］《寥莪》：《诗经·小雅》诗篇，其内容表达父母在而不能奉养的哀痛。［16］劬劳：劳苦。［17］天无宿翳：一夜之后乌云散去。翳，障蔽，代指乌云。［18］三经：过去三个月。［19］弦望：月缺月圆。月缺谓之"弦"；通常农历每月十五日（有时是十六日或十七日）月圆，即为"望"。［20］震越：震惊。［21］抆（wěn）：擦拭。

## 第二十七章

余等暂与潮儿为别，遂向雪梅故乡而去。陆行假食[1]，凡七昼夜，始抵黄叶村。读者尚忆之乎？村即吾乳媪前此所居，吾尝于是村为园丁者也。顾吾乳媪旧屋，既已易主，外观自不如前，触目多愁思耳。余与法忍，投村边破寺一宿。

晨曦甫动，余同法忍披募化之衣，郎当行阡陌间。此时余心经时百转，诚无以对吾雪梅也。既至雪梅故宅，余伫立，回念当日卖花经此，犹如昨晨耳。谁料云鬟花颜，今竟化烟而去！吾憾绵绵，宁有极耶？嗟乎！雪梅亦必当怜我于永永无穷！余羁縻世网[2]，亦恹恹欲尽矣。惟思余自西行以来，慈母在家，盼余归期，直泥牛入海[3]，何有消息？余诚冲幼，竟敢将阿姨、阿母残年期望，付诸沧渤[4]。思之，余罪又宁可逭[5]耶？此时余乃战兢而前，至门次，颤声连呼："施主，施主！"

少选，小娃出，余审视之，果前此所遇侍儿，遗余以金者。侍儿忽而却立，面容丧失，凝眸盼余二人，若识若不识。余未发言，寸心碎礫[6]，且哭且叩侍儿曰："子还忆卖花人否耶？雪姑今葬何许？幸子导吾一往，则吾感子恩德弗尽。吾今急不择言，以表吾心，望子怜而恕我。"

侍儿闻余言，始为凛然，继作怒容，他顾久之，厉声曰："异哉！先生，人既云亡，哭胡为者？曾谓雪姑有负于先生耶？试问鬻花郎，吾家女公子为谁魂断也？"言至此，复相余身，双颊殷然，含懵言曰："和尚行矣，恕奴无礼，以对和尚。"语已返身，力阖其扉。

余立垂首，无由申辩，不图竟为僮娃[7]峻绝，如剚[8]余以刃也。余呆立儿不欲生人世。良久，法忍殷殷慰藉，余不觉自缓其悲，乃转身行，法忍随之。既而就村间丛冢之内遍寻，直至斜阳垂落，竟不得彼姝之墓。俄而诸天曛黑，深沉万籁，此际但有法忍与余相对呼吸之声而已。余低声语法忍曰："良友已矣，吾不堪更受悲怆矣！吾其了此残生于斯乎？"

法忍闻余言，仰首瞩天，少选，以悲哽之声，百端慰解，并劝余归寺，明日更寻归途。余颓僵如尸，幸赖法忍扶余，迤逦而行。

鸣呼！“踏遍北邙[9]三十里，不知何处葬卿卿。”读者思之，余此时愁苦，人间宁复吾匹者？余此时泪尽矣！自觉此心竟如木石，决归省吾师静室，复与法忍束装就道。而不知余弥天幽恨，正未有艾[10]也，吾搁笔不忍再言矣。[11]

## 注释

［1］假食：乞食。［2］羁縻：束缚。［3］泥牛入海：喻一去不再来。［4］沧渤：东海与渤海，泛指大海。［5］逭：逃避。［6］碎磔（zhé）：碎裂。［7］僮娃：童婢。［8］剚（zì）：用刀刺入。［9］北邙：山名，即邙山，在河南洛阳东北，汉魏王侯公卿多葬于此，后泛指墓地。［10］艾：止。［11］胡寄尘在《记断鸿零雁》中云：“然原稿系未完之稿，于刊单行本，似不相宜。不得已，余于其末略加若干字，似未完似已完而了结之。此非余好事，实无可如何也。”在1919年广益书局出版《断鸿零雁记》单行本时，胡寄尘在“正未有艾也”后加上“吾搁笔不忍再言矣”以完结。

# 燕子龛随笔

## 题解

《燕子龛随笔》是1912年前后苏曼殊所写的一组随笔，有诗话、艺文，或在异域的所见所闻，及与友人交往的往事回忆。

曾发表在1913年上海《生活日报》副刊《生活艺府》上，又见于1913年上海《华侨》杂志、1914年日本东京《民国》杂志，及1915年上海《民权素》杂志，共计65则。

### 一

英人诗句，以师梨最奇诡而兼流丽。尝译其《含羞草》[1]一篇，峻洁无伦，其诗格盖合中土[2]义山[3]、长吉[4]而熔冶之者。曩者[5]英吉利莲华女士以《师梨诗选》媵[6]英领事佛莱蔗[7]于海上[8]，佛子[9]持贶蔡八[10]，蔡八移赠于余。太炎[11]居士书其端曰："师梨所作诗，于西方最为妍丽，犹此土有义山也。其赠者亦女子，展转移被，为曼殊阇黎[12]所得。或因是悬想提维，与佛[13]弟难陀[14]同辙，于曼殊为祸为福，未可知也。"

## 解说

英国莲华女士将一部《师梨诗集》赠给英领事佛莱蔗，佛莱蔗又赠送给了蔡哲夫。1909年苏曼殊在南京遇到好友蔡哲夫，蔡哲夫就把这部诗集送给了他，期望能译出介绍给国内的读者，不过这部诗集最终没能译出，只译了一篇。1912年苏曼殊把留有章太炎题端的《师梨诗选》送给了黄侃，后来黄侃之子黄念田捐赠给北京图书馆。

## 注释

［1］《含羞草》：1911年作者重订《潮音》时删去，故已散轶。［2］中土：中国。［3］义山：李商隐，字义山。［4］长吉：李贺，字长吉。［5］曩者：从前。［6］媵：相送。［7］佛莱蔗：蔡哲夫的妹夫。［8］海上：指上海。［9］佛子：对佛莱蔗的尊称。［10］蔡八：即蔡哲夫，行八，故称蔡八。［11］太炎：章太炎。［12］阇黎：阿阇黎的简称，意译为轨范师、正行、悦众、应可行、应供养、教授、智贤、传授。意即教授弟子，使之行为端正合宜，而自身又堪为弟子楷模之师，故又称“导师”。［13］佛：释迦牟尼。［14］难陀：孙陀罗难陀，佛之小弟。

## 二

**作《寒山图》，录寒山[1]诗曰：“闲步访高僧，烟山万万层。师亲指归路，月挂一轮灯。”**

## 注释

［1］寒山：唐代诗僧，长安（今陕西西安）人，寓居浙东天台山，有《寒山子诗集》传世。

## 三

废寺无僧，时听堕叶，参以寒虫断续之声。乃忆十四岁时，奉母村居。隔邻女郎手书丹霞[1]诗笺[2]，以红线系蜻蜓背上，使徐徐飞入余窗，意似怜其蹭蹬[3]也者。诗曰："青阳[4]启佳时，白日丽旸谷[5]。新碧映郊垧[6]，芳蕤缀林木。轻露养篁荣，和风送芬馥。密叶结重阴，繁华绕四屋。万汇皆专与，嗟我守茕独。故居久不归，庭草为谁绿。览物叹离群，何以慰心曲。"斯人和婉有仪，余曾于月下一握其手。

### 解说

苏曼殊一生漂泊，居无定所，在一座废弃的寺庙里，听落叶寒虫之声。忆起奉母村居时，有邻家女孩以红线系诗笺在蜻蜓背上，缓慢飞入窗口。此事曾被绢珠女士写成《曼殊恋爱史》，只不过把蜻蜓换成了鸽子。

### 注释

［1］丹霞：形容红艳。此处指纸的颜色。　［2］诗笺：供写诗的笺纸。　［3］蹭蹬：形容困于前进。　［4］青阳：春天。《尸子》载："春为青阳，夏为朱明。"　［5］旸谷：日出之处。　［6］郊垧：遥远的郊野。

## 四

《世说》[1]："南阳宗世林[2]与曹操同时，而薄[3]其为人，不与之交。及操作司空[4]，总朝政，从容问宗曰：'可以交未？'答曰；'松柏之志犹存。'"香山[5]句云："乃知择交难，须有知人明。莫将山上松，结托水上萍。"

### 注释

［1］《世说》：《世说新语》，南朝宋刘义庆著。　［2］宗世林：名承，东汉末年南阳人。　［3］薄：轻视。　［4］司空：官名，掌水利、营建之事，为"三公"之一。　［5］香山：白居易。

## 五

谭嗣同[1]《寥天一阁文》，奇峭幽洁。《古意》两章，有弦外音，曰："鳞鳞日照鸳鸯瓦，姑射仙人住其下。素手闲调雁柱筝，花雨空向湘弦洒""六幅秋江曳画缯[2]，珠帘垂地暗香凝。春风不动秋千索，独上红楼第一层。"

尝闻仁山[3]老居士言："嗣同顶甚热，严冬亦不冠云。"

### 解说

1908年，杨仁山在金陵刻经处开办祇洹精舍。10月间，苏曼殊应邀前往金陵祇洹精舍，任梵文学堂英、梵文教员。杨仁山与苏曼殊时常有交谈，曾谈及与谭嗣同在金陵研究佛学的轶事。苏曼殊对谭嗣同一直崇敬有加，亦熟知其诗，曾以他的《潼关》诗意绘制《终古高云图》，1907年忆起金陵旧游，又绘两幅《潼关图》。

## 注释

［1］谭嗣同：字复生，号壮飞。中国近代著名政治家、思想家，维新派人士。著有《仁学》《寥天一阁文》《莽苍苍斋诗》《远遗堂集外文》等。 ［2］画缯：绘有图案的丝织品。 ［3］仁山：即杨文会，字仁山，中国近代著名佛学家。

## 六

**寄刘三《白门》二绝句：“玉砌孤行夜有声，美人泪眼尚分明。莫愁此夕情何限，指点荒烟锁石城。”“生天成佛我何能，幽梦无凭恨不胜。多谢刘三问消息，尚留微命作诗僧。”**

## 解说

此二绝句，第一首是怀念金凤。1905年，苏曼殊在南京陆军小学执教，流连秦淮河，认识了身在风尘中的金凤，这段感情最后无疾而终。

刘三是苏曼殊挚友之一，刘三在日本时即加入兴中会，1903年归国，任浙江陆军学堂教官。清光绪二十九年（1903）“《苏报》案”发，邹容入狱。1905年，邹容瘐死狱中，刘三不惧被株连，把在四川会馆里的邹容遗体运走，葬在自家黄叶楼附近。

## 七

“山斋饭罢浑无事，满钵擎来尽落花。”[1]此境不足为外人道矣。

### 注释

[1] 此句化用清雪峤《山居》：“村斋一饱乐无事，满钵擎来尽落花。”

## 八

余年十七，住虎山[1]法云寺。小楼三楹，朝云推窗，暮雨卷帘。有泉，有茶，有笋，有芋。师傅[2]居羊城[3]，频遣师兄馈余糖果、糕饼甚丰。嘱余端居[4]静摄，毋事参方[5]。后辞师东行[6]。五载，师傅圆寂。师兄不审[7]行脚何方，剩余东飘西荡，匆匆八年矣。偶与燕君[8]言之，不觉泪下。

### 解说

苏曼殊何时出家，说法不一，有所谓三度出家之说。第一次出家是在1895年12岁时，这是根据他的《〈潮音〉跋》中所写“年十二，从慧龙寺住持赞初大师披剃于广州长寿寺，法名博经”而来。第二次出家则是在1900年，所据就是这句“余年十七，住虎山法云寺”。第三次出家是在1903年，在广东惠州一寺庙落发为僧。经柳亚子考证，据其经历，受戒时间和地点都不一，得出不足为凭的结论，前两次出家确实没有过多的资料可以证明。

## 注释

［1］虎山：位于广东。［2］师傅：赞初大师。［3］羊城：广州之别称。［4］端居：即安居。［5］参方：佛教中参学方法之一。特指外出行脚参谒天下之善知识，参学他方以启迪提炼自心见解，发明真知灼见净治自心迷惑，究明生死大事之课程。［6］东行：指去日本。［7］不审：不知。［8］燕君：沈燕谋。

## 九

**“艳女皆妒色，静女独检踪。任礼耻任妆，嫁德不嫁容。君子易求聘，小人难自从。此志谁与谅？琴弦幽韵重。”此孟郊[1]《静女吟》也。今也吾国长妇姹女，皆竞侈邪，又奚望其有反朴还淳之日哉。**

## 解说

这是苏曼殊对当时女性衣着“皆竞侈邪”的一种批评，他认为穿着以自然淳朴为好。一次参加在张园举办的华洋义赈会时，他看到一群红男绿女，极形踊跃，足征中外众善人之慈爱和善，回去后写了一篇《华洋义赈会观》，作为对善男信女盛情招待的感谢，也有规劝，“唯有一事，所见吾女国民，多有奇特装束，殊自得意，以为如此则文明矣。衲敬语诸女同胞，此后勿徒效高乳细腰之俗，当以‘静女嫁德不嫁容’之语为镜台格言，则可耳”。

## 注释

［1］孟郊：字东野，唐代诗人，与贾岛齐名，人称二者诗风为“郊寒岛瘦”，有《孟东野诗集》传世。

## 十

昔人卖子句云：“生汝如雏凤，年荒值几钱。此行须珍重，不比阿娘边。”又女致母诗云：“挑灯含泪叠云笺，万里缄封寄可怜。为问生身亲阿母，卖儿还剩几多钱。”二诗音节哀亮，不忍卒读。昔陶渊明[1]遣一仆与其子，兼作书诫其子曰：“此亦人子，须善遇之。”所谓“不独亲其亲，不独子其子”也。记朱九江[2]先生绝句云：“新茶煮就手亲擎，小婢酣眠未忍惊。记否去年扶病夜，泪痕和药可怜生。”风致洒然。

## 解说

东晋义熙元年（405）秋天，陶渊明离开柴桑，到彭泽去当县令。为了照顾其子，他从彭泽派回一奴仆帮家里做打柴挑水之类的事，他给儿子写了一封信，云：“汝旦夕之费，自给为难，今遣此力，助汝薪水之劳，此亦人子也，可善遇之。”让苏曼殊感慨的是，虽然是一奴仆，但在陶渊明看来同样都是人之子，要善遇之。由此又想到“不独亲其亲，不独子其子”，这就是古人所推崇的理念。

注释

［1］陶渊明：名潜，字元亮，私谥靖节，东晋田园诗人，有《陶渊明集》传世。 ［2］朱九江：朱次琦，字稚圭，号子襄，清代广东名儒。生平著述甚丰，惜临终时多焚去，简朝亮搜集其诗文，编为《朱九江先生集》。

## 十一

**明末有童谣曰：“职方贱如狗，都督满街走。”不图今日沪上所见，亦复如是。**

解说

1644年李自成攻占北京，崇祯帝在煤山自缢，随着清军入关，明朝的宗室逃到南方，在南京拥立福王朱由崧称帝，年号弘光，史称南明。马士英利用朱由崧的荒淫无道、无进取之心，公开卖官鬻爵，以致有童谣曰：“都督满街走，职方贱如狗。相公只爱钱，皇帝爱吃酒。”相公指马士英。

清代杜文澜所编《古谣谚》亦载类似民谣，“中书随地有，都督满街走。纪监多如羊，职方贱如狗。扫尽江南钱，填塞马家口。”

# 十二

兵所以卫民，于此土反为民害，真不祥之物也。力田[1]《今乐府》有《梳篦谣》曰："东家抱儿窜，西家挈[2]妇奔。贼来犹可活，兵来愁杀人。况闻府帖[3]下，大调土司兵。此物贪且残，千里无居民。掠人持作羹，析[4]屋持作薪。莫言少为贵，国威尝见轻。无功害尚小，有功忧更深。问谁作俑者[5]，必有林中丞。萧条夔子国[6]，城郭为荆榛[7]。贼如梳，兵如篦。猓狪[8]来，更如剃。保宁[9]贼未除，霸州[10]贼又炽。买马须快剑须利，从今作贼无反计。"读之令人扼腕抚膺。

## 注释

［1］力田：潘柽章，字圣木，号力田，明亡后，隐居故里。康熙二年（1663）受浙江南浔庄氏《明史》案牵连，被凌迟于杭州弼教坊。著有《国史考异》《松陵文献》。　［2］挈：带领。　［3］府帖：军帖。唐代实行府兵制，故称。杜甫《新安吏》："府帖昨夜下，次选中男行。"　［4］析：劈开。　［5］作俑者：比喻首开恶例，或是恶劣风气的肇始者。《孟子·梁惠王上》："仲尼曰：'始作俑者，其无后乎！'为其象人而用之也。"　［6］夔子国：古国名，为春秋时楚国的同姓国。夔子城旧址在今湖北秭归东。　［7］荆榛：亦作"荆蓁"，形容荒芜。　［8］猓狪：土司兵一支。猓，即倮猓，指彝族。狪，回族。　［9］保宁：明代府名，治所在今四川阆中。　［10］霸州：明代州名，治所在今四川茂县西北。

## 十三

十二月望日[1]行抵摩梨山[2]，古寺黄梅，岁云暮矣。翌晨遇智周禅师于灶下，相对无言，但笑耳。师与余同受海云大戒[3]，工近体，俱幽忆怨断之音。寺壁有迦留陀夷尊者[4]画相，是章侯真迹。

### 注释

［1］望日：指农历每月之十五日。［2］摩梨山：山名，即摩罗耶山，出旃檀香之处，在印度南部。［3］大戒：大小乘之具足戒，对于五戒、十戒等，谓之大。一说为大乘戒之通名，以与小乘戒区别。［4］迦留陀夷尊者：悉达多太子（释迦牟尼）在宫时的师傅，后出家为比丘。

## 十四

张娟娟偶于席上书绝句云："维摩居士太猖狂，天女何来散妙香。自笑禅心如枯木，花枝相伴也无妨。"娟娟语余："是敬安[1]和尚作。"余曰："和尚一时兴致之语，非学吞针罗什。"敬安和尚即寄禅，有《八指头陀集》。

### 解说

苏曼殊虽为僧人，但时而僧时而俗，1912年在上海，据于右任《独树斋笔记》载，“曼殊于歌台曲院，无所不至。视群妓之尤，如桐花馆、好好、张娟娟，每呼之侑酒”。

注释

［1］敬安：释敬安，俗名黄读山，字寄禅，自号八指头陀，湖南湘潭人。曾任中华佛教总会首任会长。著有《八指头陀诗集》《嚼梅吟》等。

## 十五

**黄仲则[1]“如此星辰非昨夜，为谁风露立中宵？”是想少情多人语。**

解说

此句诗出自黄仲则《绮怀》其十五：几回花下坐吹箫，银汉红墙入望遥。如此星辰非昨夜，为谁风露立中宵？缠绵思尽抽残茧，宛转心伤剥后蕉。三五年时三五月，可怜杯酒不曾消。

注释

［1］黄仲则：名景仁，字仲则，常州府武进县（今江苏常州武进区）人，清代诗人。有《两当轩集》传世。

## 十六

泰西[1]学子言："西人以智性识物，东人以感情悟物。"

注释

[1] 泰西：旧时指西洋，此处泛指欧洲。

## 十七

山寺中北风甚烈，读《放翁集》[1]，泪痕满纸，令人心恻。最爱其"衣上征尘杂酒痕，远游无处不销魂。此身合是诗人未，细雨骑驴入剑门"一绝。尝作《剑门图》悬壁间，翌日被香客窃去。

注释

[1]《放翁集》：南宋诗人陆游的诗集。

## 十八

十一月十七日病卧祇洹精舍，仁山老檀越[1]为余言秦淮马湘兰证果事甚详。近人但优作裙带中语，而不知彼姝生天成佛也。

解说

1908年11月间，苏曼殊因身体孱弱，在祇洹精舍梵文学堂开课不久就病倒了。此间杨仁山对他的生活及病况很关切，时常去探望他，并讲马湘兰证果事。其意是规劝他身为僧人，勿作绮语，而苏曼殊一贯以情求道，故认为马湘兰是生天成佛。

马湘兰，名守真，字月娇，明代秦淮歌伎，“秦淮八艳”之一，能诗，善画兰，性喜轻侠，有“侠伎”之誉。24岁时，马湘兰结识吴县才子王稚登，相互投缘引为知音。马湘兰虽在风尘，但“轻钱刀若土壤”，常挥金以济少年，被王稚登称为“不忝红妆之季布”，又以红拂女相喻。马湘兰想托身于王稚登，但终未能结为良缘。在王稚登七十大寿时，她买船载歌伎十余人赴苏州，宴饮二月余，歌舞达旦，既归而病，自知不起，在幽兰馆礼佛而逝。

## 注释

［1］檀越：梵语音译，施主之意。

## 十九

**南雷[1]有言：“人而不甘寂寞，何事不可为？”“笼鸡有食汤刀近，野鹤无粮天地宽”[2]二语，特为今之名士痛下针砭耳。**

## 解说

1912年，苏曼殊自印度尼西亚爪哇归国，此时国内的局势早已发生变化，清帝溥仪退位，孙中山为实现国家和平统一，遵守诺言，辞去临时大总统职务，让位给袁世凯。袁氏当国后，开始排挤反对他的人，同时也拉拢一些人，给人以“礼贤下士”之感，一些革命党人为此纷纷跻身官场。苏曼殊认为革命成功之后，当全身而退，不应该贪名逐利，特别是袁世凯委任“名士”章太炎为东三省筹边使时，他感到痛心，曾与友人言“此公兴致不浅”，故引用二语，予以嘲讽。

## 注释

［1］南雷：黄宗羲，字太冲，号南雷，浙江余姚人，清初学者。著有《明儒学案》《宋元学案》《明夷待访录》《明文海》等。 ［2］“笼鸡有食汤刀近，野鹤无粮天地宽”：出自北宋圆因法师《茅篷札记》。曰：“贪名逐利满世间，不如破衲道人间。笼鸡有食汤锅近，野鹤无粮天地宽。富贵百年难保守，轮回六道易循环。劝君早辨修行路，一失人身万劫休。”

## 二十

苏格兰雪特君为余言：“欧人有礼仪之接吻（conventional kiss），有情爱之接吻（emotional kiss）。”

## 二十一

《旧约全书》[1]，在纪元前四百五十八年及四百五十年间伊萨罗氏[2]所辑，千四百八十八年意大利始刊行《希布罗经典全集》。

## 注释

[1]《旧约全书》：即《旧约圣经》。 [2] 伊萨罗氏：犹太教徒，相传是《旧约圣经》的编辑者。

## 二十二

玛哈默德[1]本麦加产，少时家贫，佣于嫠妇[2]开池育[3]家。开氏敬其为人正直无私，遂嫁之，因而得广交游，至埃及、叙利亚等地，受犹太、基督两教感化。归而隐退山中，住心观净，至四十岁始下山，自立一教，曰“于思兰[4]”。“于思兰”者，此云“随顺”。倡宇宙一神论，著《可兰经典》[5]。

## 注释

[1] 玛哈默德：穆罕默德，伊斯兰教创始人。 [2] 嫠（lí）妇：寡妇。 [3] 开池育：旧译，今译“赫蒂彻”，穆罕默德的原配夫人。 [4] 于思兰：旧译，今译“伊斯兰”，即伊斯兰教。 [5]《可兰经典》：即《古兰经》，伊斯兰教信奉的经典。

## 二十三

春序[1]将谢，细雨帘纤，展诵《裴轮集》[2]：“What is wealth，as it to me，may pass in an hour”[3]，即少陵[4]“富贵于我如浮云”句也。“Comprehend for，without transformation， men become wolves on any slight occation"[5]，即靖节[6]"多谢诸少年，相知不忠厚。意气倾人命，离隔复何有"句也。"As those who dote on odours pluck the flowers，and place them on their breast，but place to die"[7]，即李嘉佑[8]"花间昔日黄鹂啭，妾向青楼已生怨。花落黄鹂不复来，妾老君心亦应变"句也。末二截词直怨深，十方同感。

## 注释

[1]春序：春天之风光。 [2]《裴轮集》：即《拜轮集》。 [3]此句译文：财富对于我算得了什么？它会在一小时之内消失。 [4]少陵：杜甫。 [5]此句译文：我知道，即使体形不变，在任何场合，人都会变成豺狼。 [6]靖节：陶渊明。 [7]此句译文：溺爱香气的人们，折来花朵放在胸前，直至花朵枯死。 [8]李嘉佑：字从一，唐代诗人。工诗，其诗婉丽有齐、梁风。

## 二十四

金堡[1]祝发后，住吾粤丹霞寺[2]，著有《遍行堂集》《临清诗》等。昔余行脚至红梅驿[3]破寺龛傍，见手抄《澹归和尚诗词》三卷，心窃爱之，想是行客暂为寄存，余不敢携去。犹记其《贻吴梅村》一律，大义凛然，想见其为人矣。诗曰："十郡名贤请自思，座中若个是男儿。鼎湖难挽龙髯日[4]，鸳水争持

**牛耳时[5]。哭尽冬青[6]徒有泪，歌残凝碧竟无诗。故陵麦饭[7]谁浇取，赢得空堂酒满卮。”读此，当日名贤，可知也已。**

## 解说

清全祖望《续甬上耆旧诗》卷六十二朱鈫诗注曰：“吴梅村于三月十九日集十郡名士，置酒于鸳湖，席半，有僧缄诗投入，启视，一坐失色，访之，知为澹归所作。”

## 注释

［1］金堡：字卫公，号舵石翁，浙江仁和（今杭州）人。明崇祯十三年（1640）进士，授临清知县，明亡后出家为僧，法号澹归。能诗善画，著有《遍行堂集》《岭海焚余》等。 ［2］丹霞寺：在广东仁化县城南丹霞山。澹归建立的别传寺在此山之下。 ［3］红梅驿：在广东南雄市东北，驿城在大庾岭半山。 ［4］鼎湖难挽龙髯日：代指崇祯帝之死。《史记·封禅书》载：“黄帝采首山铜，铸鼎于荆山之下。鼎既成，有龙垂胡髯下迎黄帝。” ［5］鸳水：江苏宜兴鸳鸯湖，泛指江南一带。持牛耳：即执牛耳。古代诸侯会盟，割牛耳以敦盛血，以珠盘盛牛耳，主盟者执盘，使与盟会者歃血。此句指这些人仍诗酒风流，争夺诗坛盟主。 ［6］冬青：借指思念故国。元时总管江南佛教的杨琏真伽开掘南宋诸帝陵寝，残其遗体，攫取珠宝，并将遗骨散弃荒野。会稽山阴（今绍兴）人唐钰，收集诸帝尸骨，以黄绢袋盛之，藏于雕匣之中，依各陵的位次葬在兰亭山后，种上冬青树为标记，并作《冬青行》，以抒思故国之念。 ［7］麦饭：祭祀用的饭。

## 二十五

朱舜水[1]墓，在日本茨城县久慈郡瑞龙山上。舜水没数年，有张斐者，慕舜水高义，追踪而至，为文以祭之。斐字非文，著有《莽苍园文稿》，水藩梓以行世。后太炎重为排比，始得流转中土。今日人已将《舜水全集》刊行，所谓饮水思源者也。忆舜水五古一首云："九州如瓦解，忠信苟偷生。受诏蒙尘[2]际，晦迹[3]到东瀛。回天谋未就，长星夜夜明。单身寄孤岛，抱节比田横[4]。已闻鼎命革，西望独吞声。"其当日眷怀君国之志，郁而不申，可哀也已。

### 注释

[1]朱舜水：名之瑜，字鲁屿，号舜水，浙江余姚人。清军南下江南后，积极从事抗清斗争，后流亡日本。 [2]蒙尘：皇帝逃亡。 [3]晦迹：隐居匿迹。 [4]田横：秦末起义军首领，与兄田儋、田荣据齐地接连称王。汉刘邦统一天下后，田横不肯称臣于汉，率五百门客逃往海岛，后迫于刘邦强邀赴洛阳，在途中距洛阳三十里地的偃师首阳山自杀，海岛的五百门客闻田横死亦纷纷自杀。

## 二十六

日人称人曰"某样"，犹"某君"也。此音本西藏语，日人不知也。

## 二十七

相传达磨[1]至震旦，初入南海，有士人捧《四书》进。达磨不识华文，但以鼻嗅之，旋曰："亦诚善哉，直是非而已。"

### 注释

[1] 达磨：菩提达摩的简称。南印度人，南朝宋末（一说南朝梁），自印度航海来到广州，曾在洛阳、嵩山等地传教，是禅宗的创始人。

## 二十八

余尝托晦闻倩[1]如如居士刊石印一方，文曰："我本将心向明月，谁知明月照沟渠。[2]"燕君谓我结习[3]未忘。燕君者，通州沈一梅，方正之士也，肄业美国惠斯康新大学。

### 注释

[1] 倩：请。　[2] 此二句出自元末戏曲家高明《琵琶记》："这妮子无礼，却将言语冲撞我。我的言语到不中呵，孩儿，夫言中听父言违，懊恨孩儿见识迷。我本将心托明月，谁知明月照沟渠。"　[3] 结习：佛教语，指烦恼。

## 二十九

海园，湘南曹氏子，天赋诗才，不幸短命。十四岁工艳体，有仙气，非寿征。十九岁牧牛村外，失足溺死。余仅忆其："滴翠满身弹竹露，落红双屐印苔泥""乐谱暗翻《金缕曲》，食单亲检水晶糖"数句而已。

## 三十

日本"尺八"，状类中土洞箫，闻传自金人。其曲有名《春雨》，阴深凄惘。余《春雨》绝句云："春雨楼头尺八箫，何时归看浙江潮。芒鞋破钵无人识，踏过樱花第几桥。"

## 三十一

赵百先少有澄清天下之志。余教习江南陆军小学时，百先为新军第三标标统[1]（按：第三标标统，为作者误记，当为三十三标标统），始与相识，余叹为将才也。每次过从，必命兵士携壶购板鸭黄酒。百先豪于饮，余亦雄于食。既醉，则按剑高歌于风吹细柳[2]之下，或相与驰骋于龙蟠虎踞[3]之间，至乐也。别后作画，倩刘三为题定庵绝句赠之曰："绝域从军计惘然，东南幽恨满词笺。一箫一剑平生意，负尽狂名十五年。"

## 解说

1905年，苏曼殊在江南陆军小学任教，受好友伍仲文引荐，在江南阅读书报社结识赵百先。

赵百先，名声，字伯先，江苏镇江人。出生在百花节前夕，有“我生偏在百花先”之句，故号百先。曾为同盟会员、香港同盟会会长。1911年4月27日，赵百先与黄兴策划黄花岗起义，最终因寡不敌众而失败，他悲愤成疾以致呕血不止，于该年5月18日病逝于香港。1912年初，孙中山任临时大总统，以中华民国临时政府名义追赠其为上将军，4月派人把原在香港茄菲公园山顶的赵百先墓迁至镇江南郊竹林寺附近。

1912年苏曼殊从南洋归国，途经香港谒赵百先墓，不久，画《饮马荒城图》，在复萧公信中说：“今托穆弟奉去《饮马荒城图》一幅，敬乞足下焚化于赵公伯先墓前，盖同客秣陵时许赵公者，亦昔人挂剑之意。此画而后，不忍下笔矣。”

## 注释

［1］标统：军官名，清末统辖一标军队的长官。每镇（师）辖二协（旅），每协辖二标（团），故称。 ［2］细柳：代指军营。 ［3］龙蟠虎踞：南京。西晋张勃《吴录》载：“刘备曾使诸葛亮至京，因睹秣陵山阜，叹曰：‘钟山龙盘，石头虎踞，此帝王之宅。’”

## 三十二

梵语“比多”云“父”，“莽多”云“母”，“婆罗多”云“兄弟”，“先帝罗”云“石女”，“末陀”云“蒲桃酒”，“摩利迦”云“次第花”，以及东印度人呼“水”曰“郁特”，与英吉利音义并同之语甚多。拉丁出自希腊，希腊导源于“散斯克烈多[1]”（Sanskrit），非虚语也。

注释

[1] 散斯克烈多：即梵文，又译“三思克烈多”。

## 三十三

刘三工诗善饮，余东居，画《文姬图》寄之。病禅[1]为余题飞卿[2]句云：“红泪文姬[3]洛水春，白头苏武天山雪。”刘三以六言三章见答，其一云：“白头天山苏武，红泪洛水文姬。喜汝玉关深入，将安寘[4]此胡儿。”其二云：“东瀛吹箫乞者，笠子压到眉梢。记得临觞呜咽，忽忽三日魂销。”其三云：“支那音非秦转，先见婆罗多诗。和尚而定国号，国无人焉可知。”又贻余绝句云：“早岁耽禅见性真，江山故宅独怆神。担经忽作图南计，白马投荒第二人。”时余有印度之行也。

## 解说

刘三擅长诗。1909年1月间，苏曼殊东渡日本，在东京闲居，画《文姬图》赠刘三。黄侃依据图意题了“红泪文姬洛水春，白头苏武天山雪”。这是唐代诗人温庭筠《达摩支曲》里的诗句，诗云：“捣麝成尘香不灭，拗莲作寸丝难绝。红泪文姬洛水春，白头苏武天山雪。君不见无愁高纬花漫漫，漳浦宴余清露寒。一旦臣僚共囚虏，欲吹羌管先汍澜。旧臣头鬓霜华早，可惜雄心醉中老。万古春归梦不归，邺城风雨连天草。”

“君不见无愁高纬花漫漫”指北齐后主高纬。高纬曾作《无愁曲》，因而被齐人称为“无愁天子”。他荒淫无道，不问政事，以至亡国。后被北周俘虏，和大臣韩长鸾等被送至长安，被封为温国公。最终因被诬参与宜州刺史穆提婆谋反，与其子高恒一同被处死。

1910年，苏曼殊拟西入印度，刘三知道后，赠诗作为鼓励，称他是“白马投荒第二人”。

## 注释

［1］病禅：黄侃。　［2］飞卿：温庭筠，字飞卿，唐代诗人、词人，被称为“花间词派之祖”。其词见于《花间集》《金荃词》。　［3］文姬：即蔡琰，字文姬，东汉末年文学家蔡邕的女儿。初嫁卫仲道，夫亡无子，归娘家。南匈奴入侵时，为匈奴左贤王所掳，育两子，十二年后曹操将她赎还，嫁董祀。有《悲愤诗》二首和《胡笳十八拍》传世。　［4］寘：同“置”。

## 三十四

英吉利语与华言音义并同者甚众，康奈尔大学教授某君欲汇而成书，余亦记得数言以献，如：“费”曰“fee”，“诉”曰“sue”，“拖”曰“tow”，“理性”曰“reason”，“路”曰“road”，“时辰”曰“season”，“丝”曰“silk”，“爸爸”曰“papa”，“爹爹”曰“daddy”，“妈妈”曰“mamma”，“簿”曰“book”，“香”曰“scent”，“圣”曰“saint”，“君”曰“king”，“蜜”曰“mead”，“麦”曰“malt”，“芒果”曰“mango”，“祸”曰“woe”，“先时”曰“since”，“皮”曰“peel”，“鹿”曰“roe”，“夸”曰“quack”，“诺”曰“nod”，“礼”曰“rite”，“赔”曰“pay”，而外，鸡鸣犬吠，均属谐声，无论矣。

## 三十五

张宪[1]《崖山行》云：“三宫衔璧国步绝，烛天炎火随风灭。间关海道续萤光，力战崖山犹一决。”余恒诵之。曩作《崖山奇石壁图》，太炎为录陈元孝诗曰：“山木萧萧风更吹，两崖云雨至今悲。一声杜宇啼荒殿，十载愁人拜古祠。海水有门分上下，江山无地限华夷。停舟我亦艰难日，愧向苍苔读旧碑。”风人[2]之旨，令人黯然。

## 解说

南宋祥兴二年（1279），南宋军民十余万和蒙古大军在崖山进行海战，南宋军民誓死抵抗，但还是节节败退，最终被元将张弘范打败，陆秀夫背负幼帝赵昺跳海，至此南宋灭亡。张弘范于崖山壁上镌“张弘范灭宋于此”以炫耀其功。

《崖山奇石壁图》是苏曼殊以明末陈元孝为躲避清兵追捕，乘舟过崖山，见元张弘范记功刻石，悲愤题诗为素材作的一幅画。章太炎将陈元孝所作诗题于画上。

## 注释

［1］张宪：字思廉，山阴（今浙江绍兴）人，元代诗人。著有《玉笥集》。　［2］风人：诗人。

# 三十六

崇祯末年，流寇信急，上[1]日夜忧勤。一夕，遣内臣易服出禁，探听民间消息。遇一测字者，因举一“友”字询之。测字者问：“何事？”曰：“国事。”测字者曰：“不佳，反贼早出头矣。”急改口曰：“非此‘友’字，乃‘有’字。”曰：“更不佳，大明已去其半矣。”又改口曰：“非也，申酉之‘酉’耳。”曰：“愈不佳，天子为至尊，至尊已斩头截脚矣。”内臣咋舌而还。

注释

［1］上：指明崇祯帝朱由检，他是明光宗朱常洛第五子，年号崇祯，在位17年。1644年，李自成军队攻入北京时，于煤山自缢，终年34岁，葬于十三陵。

## 三十七

**曩羁秣陵[1]，李道人[2]为余书泥金扇面曰“文殊师利[3]白佛言：‘世尊，何故名“般若波罗蜜[4]”？’佛言：‘般若波罗蜜’”二十四字。并引齐经生及唐人书经事。余许道人一画，于今十载，尚未报命，以余画本无成法故耳。**

解说

1908年，苏曼殊在金陵祇洹精舍执教时认识李晓暾，文中“余许道人一画，于今十载”应是误记。此随笔写作时间约在1912年。

注释

［1］秣陵：今江苏南京。秦朝时称为秣陵。　［2］李道人：李晓暾，湖南邵阳人。1908年在金陵祇洹精舍执教，和苏曼殊是同事，曾捐资印行《佛教六经》。　［3］文殊师利：菩萨名。佛教四大菩萨之一，大智慧的象征。　［4］般若波罗蜜：即“智慧到达涅槃之彼岸”。“般若”指智慧，“波罗”指彼岸。

## 三十八

草堂寺[1]维那[2]，一日叩余曰：“披剃以来，奚为多忧生之叹耶？”曰：“虽今出家，以情求道，是以忧耳。”

注释

［1］草堂寺：原为十六国后秦高祖皇帝姚兴的“逍遥园”故址，以及西域高僧鸠摩罗什译经之地，是中国首创翻译佛经的国立译坊。曾名“大寺”，后改称“草堂寺”。 ［2］维那：佛寺中僧职，管理僧众及事物，位次于上座、寺主。

## 三十九

Spenserian Verse[1]，译云“冒头短章”，古代希腊、拉丁诗家优为之，亦犹梵籍发凡之颂也。

注释

［1］Spenserian Verse：即斯宾塞诗体，每节九行，前八行是抑扬顿挫的五步格诗，第九行是抑扬顿挫的六步格诗，押韵格式为“ababbcbcc”。

## 四十

“偈”，即梵音“伽陀”，又云“偈陀”，唐言“颂”，译云“孤起”。《妙玄》[1]云：“不重颂名孤起，亦曰讽颂。”

姚秦[2]鸠摩罗什有《赠沙门法和[3]十偈》，唐人多效之。

注释

［1］《妙玄》：即《妙法莲华经玄义》，鸠摩罗什译，天台宗重要著作，为“天台三大部”之一。［2］姚秦：即后秦。［3］法和：前秦僧人。

## 四十一

阿耨窣睹婆[1]，或输卢迦波[2]，天竺但数字满三十二，即为一偈，号“阿耨窣睹婆”偈。“蕴驮南[3]”者，此云“集施颂”，谓以少言摄集多义，施他诵持。

注释

［1］阿耨窣睹婆：即阿耨窣都婆颂。《华严经疏钞》二曰：“颂，总有四种。一名阿耨窣都婆颂，此不问长行与偈颂。数字满三十二，即为一偈。”［2］输卢迦波：又作“首卢”。《玄应音义》卷十七曰：“首卢，亦名室路迦；或言输卢迦波，印度数经皆以三十二字为一输卢迦；或名伽陀。”［3］蕴驮南：亦作“嗢陀南”，“集施”之意。四法印的别称，即三法印而加苦法印，一切有为法皆苦者。

## 四十二

楼子师不知何许人，亦不知其名氏。一日，偶经游街市，于酒楼下整袜带次[1]，闻楼上某校书[2]唱曲云："汝既无情我便休。"忽然大悟。因号"楼子"焉。

### 注释

［1］整袜带次：整理袜带之时。唐陆龟蒙《杂说》："袜之有带，其来尚矣，今独亡之。呜呼，古之制，亡者十九，奚袜带之足云。" ［2］校书：歌伎的雅称。唐薛涛，蜀中女诗人，以歌伎兼清客身份出入幕府，韦皋曾拟奏请朝廷授以秘书省校书郎官衔，因格于旧例，未能实现，但人们仍称薛涛为"女校书"。

## 四十三

余至中印度时，偕二三法侣居芒碣山寺。山中多果树，余每日摘鲜果五六十枚啖之，将及一月。私心窃喜，谓今后吾可不食人间烟火矣。惟是六日一方便，便时极苦，后得痢疾。乃知去道尚远，机缘未至耳。

## 四十四

缅人恶俗极多，有种族号曰"浸"，居于僻野之山社。凡遇其父母年岁老者，筑台一座甚高，恭请老人登其上，而社中幼壮男女相率而歌舞于台下，老人从台上和之，至老人乐极生狂，忘其在台上歌舞，跌下身死，则以火焚葬之。谓老人得天神之召，为莫大之荣幸云。

## 四十五

桐城方氏维仪[1]，年十七，寡居，教其侄以智[2]，俨如人师，君子尚其志焉。然其五律一章云："孤幼归宁养，双亲丧老年。衰容如断柳，薄命似浮烟。诗调凄霜鬓，琴心咽冻天。萧萧居旧馆，错记是从前。"想见其遭时多难也。

### 注释

［1］方氏维仪：方维仪，字仲贤，明末女诗人，大理少卿方大镇之女，姚孙棨之妻，著有《清芬阁集》。　［2］以智：方以智，字密之，号曼公，"复社四公子"之一。于清顺治七年（1650）落发为僧，法号弘智，晚年定居江西庐陵（今江西吉安）青原山净居寺。其家学渊源，博采众长，著有《东西均》《物理小识》《切韵声原》《医学会通》等。

## 四十六

《佛国记》[1]耶婆堤，即今爪哇。万历时华人至爪哇通商者已众，出入俱用元通钱，利息甚厚。而今日华侨人口已达八十余万，自生自灭，竟不识祖国在何方向。

注释

［1］《佛国记》：东晋高僧法显著。

## 四十七

末里洞[1]有人造石山，高数十丈，千余年物矣。其中千龛万洞，洞有石佛，迂回曲折，层出无穷。细瞻所刻石像，较灵隐飞来峰[2]犹为精美。询之土人，云：此石山系华人所造。日噒水城[3]为南洲奇迹，亦中土人所建。黄子肃芳[4]约余往游，以病未果也。

注释

［1］末里洞：在印度尼西亚爪哇岛。 ［2］灵隐飞来峰：即灵鹫峰，在浙江杭州，其面朝灵隐寺的山坡上佛教石窟造像多达三百四十余尊，是我国江南一带少见的古代石窟艺术宝库。 ［3］日噒水城：即日惹水城，在印度尼西亚爪哇岛日惹。 ［4］黄子肃芳：黄肃芳，苏曼殊在爪哇认识的朋友。

## 四十八

土人称荷兰人曰“敦”，犹言“主”也。华人亦妄效呼之，且习土人劣俗。华人土生者曰“哗哗”，来自中土者曰“新客”。

## 四十九

梭罗[1]为首都，其酋居焉。酋出必以夜，喜以生花缀其身，画眉傅粉，侍从甚盛，复有弓箭手。酋子性挥霍，嗜博饮，妻妾以数十。喜策肥马出行，傅粉涂脂，峨峨云髻，状若好女焉。酋之嫔妾，皆席地卧起，得幸而有孕者，始得赐以床缛。宫人每日给俸若干，使自操井臼。宫中见酋，无论男女，皆裸上体，匍匐而前。酋每一语毕，受命者必合掌礼拜，退时亦蛇行也。

### 注释

［1］梭罗：城市名，在爪哇岛中部梭罗河上游左岸，以音乐、舞蹈著称。

## 五十

余巡游南洲诸岛，忽忽二岁，所闻皆非所愿闻之事，所见皆非所愿见之人。茫茫天海，渺渺余怀。太炎以素书兼其新作《秋夜》一章见寄，谓居士深于忧患；及余归至海上，居士方持节临边，意殊自得矣。

### 解说

1910年6月，苏曼殊在爪哇收到章太炎从日本寄来的信函，其中附有其新作《秋夜》，苏曼殊读后曾作《耶婆提病中末公见士新作伏枕奉答兼呈旷处士》。

1912年3月，苏曼殊在复萧公信中说：“此次过沪，与太炎未尝相遇。此公兴致不浅，知不慧进言之缘未至，故未造访，闻已北上矣。”

章太炎被袁世凯委任为东三省筹边使时满怀希望说：“鄙人此次进行手续，第一统一币政，其次兴矿，其次开垦。”不过，章太炎去东北就任后，因有名无实，无法实现抱负，终辞去此职务。

苏曼殊虽对章太炎就任东三省筹边使一职颇有微词，但未尝不是一种关爱，想必章太炎后来也有所领会。在苏曼殊病逝后，章太炎作《〈曼殊遗画〉弁言》寄托对亡友的思念，足见此二人友情至深。

## 五十一

**塞典堡植物园[1]，其宏富为环球第一。有书藏[2]，藏书二十余万，均是西籍。余以《大乘起信论》寄之。**

### 注释

［1］塞典堡植物园：在印度尼西亚爪哇岛。　［2］书藏：图书馆。

## 五十二

**自巴利八版[1]出石叻[2]，途次多悲感。晦闻见寄七律，温柔敦厚，可与山谷[3]诗并读。诗云：“四载离悰感索居，似君南渡又年余。未遗踪迹人间世，稍慰平安海外书。向晚梅花才数**

点，当头明月满前除。绝胜风景怀人地，回首江楼却不如。”后一年，余经广州，留广雅书院[4]，一醉而去。抵日本，居士复追赠一律云：“五年别去惊初见，一醉殊辜万里来。春事阴晴到寒食，故人风雨满离怀。拈花众里吾多负，取钵人间子未回。自有深深无量意，岂堪清浅说蓬莱。”居士有蒹葭楼，余作《风絮美人图》寄之。

## 注释

［1］巴利八版：即巴厘巴板，在印度尼西亚加里曼丹岛东部，滨望加锡海峡。　［2］石叻：马来语，亦称“叻埠”，是当地华侨对新加坡的别称。　［3］山谷：黄庭坚，字鲁直，号山谷道人，洪州分宁（今江西九江修水县）人，北宋诗人，江西诗派开山之祖，著有《山谷词》等。　［4］广雅书院：清光绪十三年（1887），由两广总督张之洞在广州创办。

## 五十三

印度气候本分三季：热季、雨季、凉季。昔者文人好事，更分二阅月为一季。岁共六季：曰“伐散多”，为春季；曰“佉离斯磨”，为夏季；曰“缚舍”，为雨季；曰“萨罗陀”，为秋季；曰“诃伊漫多”，为冬季；曰“嘶嘶逻”，为露季。

## 五十四

印度“*Mahabrata*”“*Ramayana*”[1]两篇，闳丽渊雅，为长篇叙事诗，欧洲治文学者视为鸿宝，犹“*Iliad*”“*Odyssey*”[2]二篇之于希腊也。此土向无译述，唯《华严疏钞》[3]中有云：《婆罗多书》《罗摩延书》[4]，是其名称。二诗于欧土早有译本。《婆罗多书》以梵土哆君[5]所译最当。英儒马格新牟勒（Max Mulder）序而行之，有见虎一文[6]之咏。

注释

［1］“*Mahabrata*”“*Ramayana*”：古印度梵文长篇叙事诗《摩诃婆罗多》《罗摩衍那》。 ［2］“*Iliad*”“*Odyssey*”：古希腊史诗《伊利亚特》《奥德赛》。 ［3］《华严疏钞》：佛经名，全称为《大方广佛华严经随疏演义钞》，是唐代澄观对自己著的《华严经疏》的解释。 ［4］《婆罗多书》《罗摩延书》：即《摩诃婆罗多》《罗摩衍那》。 ［5］哆（duō）君：即陀露哆。 ［6］见虎一文：比喻富有文采。《淮南子·说林训》：“见虎一文，不知其武；见骥一毛，不知善走。”文，同“纹”，花纹。

## 五十五

迦梨达舍[1]（Kalidasa），梵土诗圣也，英吉利骚坛推之为“天竺沙士比尔[2]”。读其剧曲《沙君达罗》[3]（*Sakoontala*），可以觇其流露矣。

注释

[1] 迦梨达舍：即迦梨陀娑，印度古代诗人、剧作家。 [2] 沙士比尔：旧译，今译“莎士比亚”，英国戏剧家，著有《奥赛罗》《哈姆雷特》《李尔王》《麦克白》等剧作。 [3]《沙君达罗》：即《沙恭达罗》。

## 五十六

《沙君达罗》，英文译本有二：一，William Jones[1]译；一，Monier Monier-Williams译。犹《起信论》[2]有梁、唐二译也。

注释

[1] William Jones：威廉·琼斯，英国东方学专家，迦梨陀娑的《沙恭达罗》即由其翻译。 [2]《起信论》：即《大乘起信论》，南朝梁真谛译，唐实叉难陀重译。

## 五十七

《摩诃婆罗多》《罗摩延》二篇，成于吾国商时。篇中已有“支那”国号。近人妄谓“支那”为“秦”字转音，岂其然乎！

## 五十八

印度古代诗人好以莲花喻所欢，犹苏格兰诗人[1]之“*Red Red Rose*”[2]，余译为《颎颎赤墙靡》五古一首，载《潮音集》。

注释

［1］苏格兰诗人：指罗伯特·彭斯，苏格兰人，著有《主要用苏格兰方言写的诗集》，《颎颎赤墙靡》即出自此诗集。［2］即*A Red, Red Rose*，今译《一朵红红的玫瑰》。

## 五十九

波斯[1]昔时才子盛以蔷薇代意中人云。

注释

［1］波斯：古国名，今伊朗一带。

## 六十

“涉江采芙蓉”[1]，“芙蓉”当译lotus[2]，或曰water lily[3]，非也。英人每译作hibiscus[4]，成木芙蓉矣。木芙蓉梵音“钵磨波帝”，日中王夫人[5]取此花为小名。

## 注释

［1］“涉江采芙蓉”：即《古诗十九首》中的《涉江采芙蓉》，诗云：“涉江采芙蓉，兰泽多芳草。采之欲遗谁，所思在远道。还顾望旧乡，长路漫浩浩。同心而离居，忧伤以终老。”　［2］lotus：水芙蓉，即莲花。　［3］water lily：睡莲。　［4］hibiscus：木芙蓉。　［5］日中王夫人：钵摩婆底。《阿育王经》载：“日中王夫人名钵摩婆底，翻云‘芙蓉花’。”

## 六十一

中土莲花仅红、白二色。产印度者，金、黄、蓝、紫诸色俱备；唯粉白者昼开夜合，花瓣可餐。诸花较中土产大数倍，有异香，《经》云“芬陀利花”是已。

## 六十二

梵语，人间红莲花之上者曰“波昙”。

## 六十三

梵土古代诗人恒言：“手热证痴情中沸。”沙士比亦有句云：“Give me your hand, this hand is moist, my lady—hot, hot, and moist.”[1]见“*Othello*, Act Ⅲ, Scene 4”。

注释

[1] 此句出自莎士比亚《奥赛罗》第三幕第四场，译作："把你的手给我，这只手湿湿的，我的高贵太太——它是热热的、湿湿的。"

## 六十四

伽摩[1]（Kama）者，印度情爱尊天，貌极端美，额上有金书，字迹不可辨。手持弓，以蔗干为之，蜜蜂联比而成弦。又持五矢[2]，矢尖饰以同心花，谓得从五觉[3]贯入心坎。腰间系囊二，用麻布制之，实[4]以凌零香屑。其旗画海妖状，相传尊天曾镇制海妖云。余随婆罗门大德[5]行次摩俱罗山，于散陀那古庙得瞻礼一通。散陀那者，译言"流花"。

注释

[1] 伽摩：印度神话中的爱欲之神。 [2] 矢：箭。 [3] 五觉：佛教认为，人由于佛性深浅不同而有五种不同的认识能力：一、本觉；二、始觉；三、相似觉；四、随分觉；五、究竟觉。 [4] 实：载满。 [5] 大德：佛门对高僧的称谓。

## 六十五

秦淮[1]青溪[2]上有张丽华[3]小祠，不知何代初建，至今圯迹犹存。新城王士祯[4]有诗云："璧月依然琼树枯，玉容犹似忆黄奴[5]。过江青盖[6]无消息，寂寞青溪伴小姑[7]。”二十八字，可称吊古杰作。《后庭花》[8]唱乐，天下事已非，当年风景，亦祸苍生之尤者耳。

## 注释

［1］秦淮：南京秦淮河。　［2］青溪：溪名，亦称“九曲青溪”。三国东吴在建业（今江苏南京）东南所凿东渠，发源于紫金山西南，贯穿南京主城入秦淮河。　［3］张丽华：南朝陈后主陈叔宝妃子，隋军破建康时与后主藏井中，后被杀。　［4］王士祯：字子真，号阮亭，别号渔洋山人，清初诗人，有《渔洋诗集》《带经堂集》《池北偶谈》《香祖笔记》等传世。　［5］黄奴：即陈后主。《陈书·后主纪》载：“后主讳叔宝，字元秀，小字黄奴，高宗嫡长子也。”589年，隋将韩擒虎攻陷建康，陈后主被俘，后被押解至长安，最终病亡于洛阳。　［6］青盖：代指陈后主。东汉阮瑀《琴歌》：“青盖巡九州，在东西人怨。”　［7］小姑：蒋子文的三妹。南朝宋刘敬叔《异苑》载：“青溪小姑，蒋侯第三妹也。”东晋干宝《搜神记》载：“广陵蒋子文，尝为秣陵尉，因击贼，伤而死。吴孙权时封中都侯，立庙钟山。”　［8］《后庭花》：即《玉树后庭花》，后被称为“亡国之音”。《陈书·皇后列传》载：“其曲有《玉树后庭花》《临春乐》等，大指所归，皆美张贵妃、孔贵嫔之容色也。”

# 书信选读

# 1906年致刘三（11月9日·上海）

刘三长者足下：

初六日从西湖寄上片楮[1]，已尘清鉴[2]否？

曼近日所遭，离奇古怪，待长者今冬回申，当极谈耳。曼前离芜[3]时，已囊空若洗，幸朋友周旋，不致悲穷途也。

自初九日由杭返沪，举目无亲，欲航海东游，奈吾表兄[4]尚无回信，欲南还故乡，又无面目见江东父老。是以因循海上，卒至影落江湖。无可奈何，迁往爱国。目下剃头洗身之费俱无。嗟夫！长者，情何以堪？今不得不再向长者告贷三十元，早日寄来美租界新衙门北首和康里第四弄爱国女学校徐紫虬转交苏文惠[5]收。今冬长者返申，当如数奉还。长者菩萨心肠，必不使我盈盈望断也！愁次不尽欲言，容当续呈。

敬叩讲安

九月念三日　曼殊拜

长者何日返申，望早示知之。

注释

［1］片楮（chǔ）：片纸，代指信函。楮，一种树木，皮可制纸。　［2］已尘清鉴：敬语，谦称别人阅看自己的信。　［3］芜：

安徽芜湖。［4］表兄：林紫垣。苏曼殊在日本上学时，费用曾由他提供。［5］苏文惠：苏曼殊的别名之一。

# 1907年复刘三（8月·东京）

刘三老哥足下：

前此迁居，方付上片笺，托秋枚[1]转致。今始拜读十八日来示，如五朵云之从天飞下，喜可知也。又悉诸故人无恙，大慰下怀。老哥停棹西子湖边，诗怀必盛，何不示我一二？得以愁余朗诵，如与君同客秣陵[2]景况也。

曼现在东，无一事堪告故人，但多疢病，静居终日。待二三月后，申公[3]老太太抵此，方能往乡下与母亲同住。

老哥与石君丹生[4]同寓否？去冬舟中与石君握别，行将一载，石君无恙耶？前月戴君鸿渠[5]来东京游，与曼相遇，友爱如昔。今戴君已返大阪，寓大阪北区上福岛北一丁目七十一，一安静馆。前此又遇吴君中俊（果超，江苏金山），彼云曾在江南陆军小学，故识余，并问及老哥。后戴君往访其居，已他迁不遇，想近日回国。老哥知其人否？

曼春间妄作《梵文典》一部，枚公[6]命速将付梓，后以印人索价太奢（盖日本尚无此种字母，惟欧洲有之，且有英文插入，故难），现尚束之箧底。过蒙诸大德赐序，为卷帙之光。今附寄告白，以尘清览。又申夫人[7]集《画谱》一册，但愿老哥湖山游倦时，各作一序（《〈曼殊画谱〉序》《〈梵文典〉序》）或诗词赠我；又望代属剑公[8]锡我数章，即无上乐。

曼决心西游印度，专学古昔言文，顾以托钵之身，未能筹得路费，置之徐图而已（前在沪借兄之款，迄未奉还，抱歉之至！叨在故交，敢乞容其时日耳）。

曼现暂寓东京小石川区久坚町二十七番瑜伽师地[9]。如赐教言，望寄此处。以后乡居住址情形，为当相闻。

海航、达权两公，久不闻问，或因通书，幸为道念。

附寄书三册，启文八册[10]，望老哥将此启文赠诸居士，当是功德无量矣。又致相片数幅：一为吾幼时随大父大母[11]所照；一为吾母抚余；一为吾姊[12]。吾大父大母弃余数年，今惟吾母、吾姊与曼三人形影相依而已。附寄一绝，曼不能作诗，乞为教正复我，感甚！

## 注释

［1］秋枚：邓实，字秋枚。 ［2］秣陵：南京。 ［3］申公：刘师培。 ［4］石君丹生：石国柱。 ［5］戴君鸿渠：戴鸿渠。 ［6］枚公：章太炎。 ［7］申夫人：何震。 ［8］剑公：高旭。 ［9］瑜伽师地：《天义报》社址。 ［10］启文八册：即《儆告十方佛弟子启》与《告宰官白衣启》。 ［11］大父大母：外祖父、外祖母。 ［12］吾姊：即河合仙之女榎本荣子，后嫁一商人。

柳亚子《曼殊新传考证》中引周作人语云，榎本，当系夫姓，“因日本照例如此，出嫁女子即丧失其本姓也”。

# 1907年致刘三（9月29日·上海）

季平我兄足下：

在东拜读手示，已经奉答，并付上书籍数册、相片四张，想已尘清鉴。

曼昨由东京回沪，本欲趋杭一叩高斋，并小住西湖。友人均劝曼勿行，盖曼归时在长崎旅馆沾寒疾，卧床八日，回此惟有一身瘦骨而已。

曼抵沪时，适申公老太太前数日已东渡（闻令弟子守民[1]亦已东游）。今无有住留之处。旧交都不相逢，殊难为计，今决于此少作勾留，即返东与母亲同居。此次由东临行，在家姊[2]处筹得九十元，今以一病用罄。昨日向黄晦闻君处借得元余，作零用耳。故今欲再问兄处告假四十元。去冬借款，迄未奉还，殊大失信。虽在知交，然无时不耿耿也。今曼于他处告贷无门，惟待兄款一到，即行东归。后此情形，容当续陈。肃此敬颂起居，不胜待命之至！

款乞寄至：上海铁马路爱而近路国学保存会藏书楼黄晦闻君

转交苏湜[3]可也。盖曼现暂居此处。

八月二十二日　弟曼拜

注释

［1］守民：陆灵素，字守民，刘三之妻。　［2］家姊：榎本荣子。　［3］苏湜：苏曼殊的别名之一。

# 1907年致刘三（11月28日·上海）

刘三我哥足下：

匆匆握别，无一书至，殆以曼根器[1]浅薄，不屑教诲，见弃之速，情奚以堪？

曼前此所为，无一是处，都因无阅历，故人均以此疏曼。思之成痗[2]。第天下事，无有易于骂人者。曼处境苦极，深契如兄，岂不知之？家庭事虽不足为兄道，每一念及，伤心无极矣！嗟夫刘三，曼诚不愿栖迟于此五浊[3]恶世也。

前太炎有信来，命曼随行，南入印度。现路费未足，未能豫定行期。曼下月初可以返东，顷已谢绝交游。惟望兄勿弃我太甚而已。天寒风厉，依望珍重！暇时望有以教曼也。

十月二十三　弟曼殊顶礼

## 注释

［1］根器：禀赋气质。佛教以木譬喻人性曰根，根能成物曰器。　［2］痗（mèi）：忧病。　［3］五浊：劫浊、烦恼浊、众生浊、见浊、命浊。

# 1907年复刘三（12月4日·上海）

刘三我兄足下：

谨接二十七日赐复，知不余弃，快慰何言？至云责兄，则余岂敢？前书如怨如诉，盖郁怫使然，宁如兄有湖山佳致，黄酒消忧者哉？

比来愁居，朗生[1]、千里[2]、晦[3]、枚[4]连日邀饮，坚辞不得。兄闻之，得毋谓曼忘却兄言乎？幸怜我也！

顷须俟剑妹[5]来，方能定日东行。剑妹十五回乡，云一周可返，今逾半月尚未来，殊邑邑[6]。

昨闻效鲁[7]有主《神州》[8]笔政之说，未知确否耳？佩公[9]尝言兄与彼素有芥蒂，第何所因，能见告否？申公有意明春返居沪渎[10]，以留东费用繁浩，且其老太太远适异国，诸凡不便故也。

近日功课忙否？暇时乞兄为我署“翁山女语”四字（或加

“屈”字），各如钱大，盖家母将以《女语》付剞劂[11]，流传日本。《女语》一卷，出屈大均[12]《广东新语》，此系清朝禁书，兄见过否？前承允题《梵文典》，大作已就否？如兄肯为曼作传，若赠序体，最妙！因知我性情遭遇者，舍兄而外，更无他人矣。千万勿却。知己之言，固不必饰词以为美，第摹余平生伤心事实可耳（曼今年二十四）。奉寄《国粹学报》[13]一册，《天义》[14]二册，《社会主义讲习会报告》[15]一纸，乞检收。

前数日上海亦下微雪，连日寒凝，又无缘侍兄左右。伏维珍重，以慰劳想也！

十月二十九日　曼殊顶礼

## 注释

[1]朗生：即包天笑。　[2]千里：杨天骥，字骥公，江苏吴江（今江苏苏州吴江区）人。　[3]晦：黄节。　[4]枚：邓实。　[5]剑妹：何志剑，即何震。　[6]邑邑：同“悒悒”，忧愁。　[7]效鲁：秦毓鎏，字晃甫，号效鲁，江苏无锡人。曾与张继、苏曼殊等组织青年会。1907年参加镇南关起义，失败后赴上海，任《神州日报》编辑。　[8]《神州》：即《神州日报》，1907年于右任从日本回国，在上海创办。　[9]佩公：陈去病。　[10]沪渎：古水名，指吴淞江下游近海处一段（今黄浦江下游）。唐陆广微《吴地记》载：“（昆山）东南一百九十里，有晋将军袁山松城，隆安二年筑，时为吴郡太守，以御孙恩军，在沪渎江滨，半毁江中。”　[11]剞（jī）劂（jué）：雕版刻印，代指出版书籍。　[12]屈大均：字翁山，号

非池，明末清初学者，与陈恭尹、梁佩兰并称“岭南三大家”。其所著的《广东新语》是一部“予举广东十郡所见所闻，平昔识之于己者，悉与之语”之书。［13］《国粹学报》：1905年初邓实、黄节在上海创办的革命学术团体月刊，宗旨为“发明国学，保存国粹”。［14］《天义》：即《天义报》，为国内最早宣传无政府主义的刊物，是“女子复权会”的机关报，亦为“社会主义讲习会”的机关报。以“破坏固有之社会，颠覆现今一切之政府，抵抗一切之强权，以实行人类完全之平等”作为办报宗旨。［15］《社会主义讲习会报告》：1907年张继、刘师培等在东京组织社会主义讲习会时，在《天义报》上刊出《共产党宣言》第一章《资产者和无产者》及恩格斯为《共产党宣言》英文版所写的序言，还刊登了部分《家庭、私有制及国家的起源》。

# 1908年复刘三（1月2日·长崎）

刘三足下：

别来匪夕不思，今旅次长崎。由东京转来手教，未开缄时，欣喜无极；至诵大作[1]，则不禁涔涔堕泪也！真知我者惟公耳！即作画[2]纪之。日间往东京，将以入铜[3]，然后寄上。

南入印度，尚未有期，公明春行止如何？昨日为阳历元旦。此间不甚冷。余容续呈。致日本杂志两册，不足道也。

元瑛[4]叩

注释

[1]大作：即刘三赠《送曼殊之印度》诗。 [2]画：指《白马投荒图》。 [3]入铜：在铜版上蚀刻，做成凹版，即铜版画。 [4]元瑛：苏曼殊的学名。

# 1908年致刘三（10月11日·南京）

刘三侍者：

西湖别后，得杨仁山长老命，故于十三晚抵宁。昨日见航公[1]，喜甚。

足下起居如前否？此处校务，均已妥备，现向镇江、扬州诸大刹召选僧侣，想下月初可开课。教授汉文，闻是李晓暾先生，讲经即仁老也。看二三年后，僧众如能精进，即遣赴日本、印度，留学梵章。佛日重辉，或赖此耳。得山[2]、意周[3]师处，不及另言，如足下得暇，望将此信转达白云庵，幸甚。

宁地[4]已冷，出入未便。瑛冬候当返申。足下何时至沪？届期望将地址示知，以便聚谈。航公阖府迁居此土，闻今冬不至沪云。

瑛现住仁老公馆内，诸事尚适，不似前此之常出交游也。今午，杭州夏曾佑[5]居士来此相见。居士深究内典[6]，殊堪佩伏。瑛于此亦时得闻仁老谈经，欣幸无量。仁老八十余龄，道体坚固，声音宏亮。今日谨保我佛余光，如崦嵫落日者，惟仁老一人而已。十余年前，印度有法护尊者（达磨波罗），寄二书仁老，盖始创摩诃菩提会[7]，弘扬末法，思召震旦僧侣共往者。昨仁老检出，已属瑛翻成华文矣，异日将原函一并印出，当奉台览。现在该会如何，尚未谛审。仁老云：当时以无僧侣能赴其请，伤哉！

瑛比来屏弃诸缘，日惟养静听经而已。足下作何消遣耶？余容续呈。此叩道履万福！

得山、意周两大和尚均候。

十七日　元瑛顶礼

赐教乞寄至：南京延龄巷池州杨公馆苏子穀收，为妥。

## 注释

［1］航公：钟镜寰，字海航，上海人，南京江南陆军小学堂教员。［2］得山：浙江绍兴人。［3］意周：安徽人，得山弟子。与得山皆西湖白云庵僧人，为苏曼殊相识的僧友。［4］宁地：南京。［5］夏曾佑：字遂卿，精深佛学研究，1897年在天津与严复等创办《国闻报》，曾任教育部普通教育司司长、京师图书馆馆长。［6］内典：佛教典籍。［7］摩诃菩提会：又称摩诃菩提社，印度佛教国际性组织，旨在恢复佛教圣地佛陀伽耶，并在印度和世界各地复兴佛教。1891年5月，由斯里兰卡居士达磨波罗在美国学者奥尔高特等人的支持下所创建。

# 1909年致刘三（5月20日·东京）

季平爱友垂鉴:

别将半载，无时不思！昨秋[1]白云庵南楼一聆教诲，即赴秣陵。阅数月东行，又无握别之缘，及今未闻动定，少病少恼不？行脚僧皮囊如故。思维畴昔，随公左右，教我为诗。于今东涂西抹，得稿盈寸，相去万里，反不得公为我点铁，如何，如何！前托枚公转致《文姬图》，随意得之，非敢言画，收到尚望答我一笺。“梦中不识路，何以慰相思”[2]耶？

雪[3]近为脑病所苦，每日午前赴梵学会，为印度婆罗门僧传译二时半，医者劝午后工夫仅以一小时为限。《拜轮集》今已全篇脱稿，待友人付印毕事，当速呈上，以证心量。

近证得“支那”一语确非“秦”字转音。先是见《翻译名义集》[4]，译“支那”一语本“巧诈”义，心滋疑惑。及今读印度古诗《摩诃婆罗多》元文，始知当时已有“支那”之名。按《摩诃婆罗多》乃印度婆罗多朝纪事诗，前此有王名婆罗多，其时有大战，后始统一印度，遂有此作。王言：“尝亲统大军，行至北境，文物特盛，民多巧智，殆支那分族”云云。考婆罗多朝在西纪前千四百年，正震旦商时。当时印人慕我文化，称“智巧”耳。又闻王所言波斯国俗，今时所证皆确。雪尝以经典载印度事实，质之婆罗门僧，无一毫支离；而西人所考，多所差舛。今新学人咸谓“支那”乃“秦”字转音，实非也。故附书之，以问吾公。

雪西归尚未有期，心绪万千，付之沧波一棹耳。

四月初二日

雪蝬顶礼

赐教乞寄：日本东京神田小川町四十一川又馆王盛铭[5]君转寄，幸甚。

再启者；海航哥久未通书，或因通信，乞公为我问默君[6]为况何似？

## 注释

[1] 昨秋：指1908年9月，苏曼殊曾邀刘三、石丹生从南京至杭州游西湖，观钱塘江潮。 [2] “梦中不识路，何以慰相思”：表达兄弟般的情谊。出自南朝梁沈约《别范安成》：“生平少年日，分手易前期。及尔同衰暮，非复别离时。勿言一樽酒，明日难重持。梦中不识路，何以慰相思。” [3] 雪：即雪蝬，苏曼殊的别名之一。 [4]《翻译名义集》：宋代苏州景德寺僧法云编。 [5] 王盛铭：苏曼殊在日本结识的朋友。 [6] 默君：张默君，原名昭汉，湖南湘乡人。邵元冲之妻，同盟会会员，妇女运动先驱。

# 1909年致刘三（6月7日·东京）

季平我兄如见：

前去数笺，妥收未？雪今侍家母旅次逗子海边，幽岩密箐[1]，甚思昨秋武林之会也。未知吾兄少病少恼不？海航、达权两兄亦久别甚念，或因通书，幸为我道意。前译拜轮诗，恨不随吾兄左右，得聆教益！今蒙末底居士[2]为我改正，亦幸甚矣。今寄去佗露哆[3]诗一截，望兄更为点铁。佗露哆，梵土近代才女也，其诗名已遍播欧美。去岁年甫十九[4]，怨此瑶华，忽焉彫悴；乃译是篇，寄其妹氏[5]。想兄诗囊[6]必盛，能示我一读否？余容续呈。

四月廿日灯下　雪拜

赐教望寄：日本东京小石川区高田丰川町三十一（女子大学校侧），玉名馆郑瑶先生转交雪蝀无误。

## 注释

［1］箐：竹名，代指树木丛生的山谷。　［2］末底居士：章太炎。　［3］佗露哆：即陀露哆。　［4］年甫十九：非十九岁，系苏曼殊误记。　［5］妹氏：陀露哆无妹，只有一姊，且早死于她。　［6］诗囊：存放诗稿之袋。李商隐《李长吉小传》云："恒从小奚奴，骑距驴，背一古破锦囊，遇有所得，即书投囊中。"

## 1912年致刘三（6月6日·上海）

刘三伉俪侍者：

星期六又须东渡。前约竟不能如愿，奈何？

比来女郎索画过多，不得已，定下新例：每画一幅，须以本身小影酬劳，男子即一概谢绝。吾公得毋谓我狂乎？秋末归来，再当奉叩。此请双安！

二十一日　曼拜

## 1910年致高天梅（6月8日·爪哇）

天梅居士侍者：

昨岁[1]自江户归国，拟于桂花香里，趋叩高斋，而竟不果。情根未断，思子为劳。顷接《南社》[2]初集一册，日夕诵之，如与诸故人相对，快慰何言！拙诗亦见录存，不亦佛头着粪[3]耶？

衲行脚南荒[4]，药炉为伍，不觉逾岁。旧病新瘥，于田亩间尽日与田夫闲话，或寂处斗室，哦诗排闷。“比来一病轻于燕，扶上雕鞍马不知”，惟有长嗟而已。

大著精妙无伦，佩伏！佩伏！衲尝谓拜轮足以贯灵均、太白[5]，师梨足以合义山、长吉，而莎士比、弥尔顿、田尼孙[6]，以及美之郎弗劳[7]诸子，只可与杜甫争高下。此其所以为国家诗人，非所语于灵界诗翁也。近世学人，均以为泰西文学精华，尽集林、严二氏[8]故纸堆中。嗟夫，何吾国文风不竞之甚也！严氏诸译，衲均未经目；林氏说部，衲亦无暇观之。惟《金塔剖尸记》《鲁滨孙飘流记》[9]二书，以少时曾读其元文，故售诵之，甚为佩伏。余如《吟边燕语》《不如归》[10]，均译自第二人之手——林不谙英文，可谓译自第三人之手，所以不及万一。甚矣，译事之难也！前见辜氏[11]《痴汉骑马歌》[12]，可谓辞气相副[13]。顾元作所以知名者，盖以其为一夜脱稿，且颂其君[14]，锦上添花，岂不人悦，奈非如罗拔氏专为苍生者何？此视吾国七步之才[15]、至性之作，相去远矣。惜夫辜氏志不在文字，而为宗室诗匠[16]牢其根性也。衲谓凡治一国文学，须精通其文字。昔瞿德逢人，必劝之治英文，此语专为拜轮之诗而发。夫以瞿德之才，岂未能译拜轮之诗？以非其本真耳。太白复生，不易吾言。

昨岁南渡，舟中遇西班牙才女罗弼氏，亦以此说为当，即赠我西诗数册。每于榔风椰雨之际，挑灯披卷，且思罗子，不能忘弭也。

未知居士近日作何消遣？亦一思及残僧飘流绝岛耶？前夕，商人招饮，醉卧道中，卒遇友人扶归始觉。南渡以来，惟此一段笑话耳。

屈子沉江前三日[17]

阿难[18]发自耶婆堤（见《佛国记》）旧都[19]

亚子、道公[20]、吹万[21]无恙耶？震新[22]兄不得一晤，奈何？《南社》一册，已代呈绍南先生[23]矣。又及。

## 注释

［1］昨岁：指1909年。苏曼殊在金陵祇洹精舍教授梵文时，因劳累，“尽瘁三月，竟犯唾血”，于1909年1月初东渡日本养病，9月间归国。 ［2］《南社》：即《南社丛刻》，1910年1月在上海出版。 ［3］佛头着粪：自谦语，谓自己诗作差，发表在《南社》上是对刊物的亵渎。宋释道原《景德传灯录》卷七载：“崔相公入寺，见鸟雀于佛头上放粪，乃问师曰：‘鸟雀还有佛性也无？’师曰：‘有。’崔曰：‘为什么向佛头上放粪？’师曰：‘是伊为什么不向鹞子头上放？’” ［4］南荒：指南洋群岛。 ［5］灵均、太白：灵均，屈原。太白，李白。 ［6］弥尔顿、田尼孙：弥尔顿，英国诗人。田尼孙，旧译，今译“丁尼孙”，英国诗人。 ［7］郎弗劳：旧译，今译郎费罗，美国诗人。 ［8］林、严二氏：指林纾与严复。严复，字几道，曾翻译《天演论》，创办《国闻报》。 ［9］《金塔剖尸记》《鲁滨孙飘流记》：《金塔剖尸记》，即《埃及金塔剖尸记》，是英国哈葛德著，林纾与曾宗巩合译的长篇小说。《鲁滨孙飘流记》，即《鲁滨孙漂流记》，17—18世纪英国小说家笛福著，林纾与曾宗巩合译。 ［10］《不如归》：日本小说，德富芦花著，林纾、魏易自英文版转译。 ［11］辜氏：辜鸿铭，字汤生，号立诚，别署

为汉滨读易者，翻译有《论语》《中庸》《大学》，著有《清流传》《春秋大义》等。［12］《痴汉骑马歌》：威廉·柯柏于1782年创作的一首诗，讲述伦敦齐普赛街的布商约翰·基尔宾的故事，辜鸿铭曾用五古体译此诗。［13］辞气相副：辞采相称相符。［14］且颂其君：《痴汉骑马歌》最后一章中有“天子万万年，富翁寿且康”句。［15］七步之才：喻才思敏捷。《世说新语·文学》载：“文帝尝令东阿王七步中作诗，不成者行大法。应声便为诗曰：‘煮豆持作羹，漉菽以为汁。萁在釜下燃，豆在釜中泣。本自同根生，相煎何太急。’帝深有惭色。”［16］宗室诗匠：御用诗人，这是对辜氏颂君的讽刺。［17］屈子沉江前三日：即1910年6月8日，农历五月初二，传说屈原于五月五日投汨罗江。［18］阿难：释迦牟尼十大弟子之一，苏曼殊用以为自己的别号。［19］旧都：指噫班，位于爪哇岛东部。［20］道公：陈陶遗，名公瑶，号道一，早年东渡日本，在早稻田大学攻读法政。［21］吹万：高吹万，字时若，号寒隐，江苏金山（今江苏镇江）人。［22］震新：何聿慈，字震新，江苏金山人，南社社员。［23］绍南先生：许炳衡，浙江丽水人，曾是苏曼殊的同事。

# 1910年复高天梅、柳亚子（6月23日·爪哇）

天梅、亚子两居士莲座：

前接哲子[1]书，始知两居士道体[2]如昨。天中节[3]奉上一笺，托哲子转交，想已尘清览矣。顷接手示，厚意笃挚，循还铭诵，不知所以为报。瑛比来咯血之症复发，羁旅六月，已费去七百余金，故未能买舟赴印[4]。南洲暑湿，未易卫养，承示约图良会，深感远地殷殷至意。

遥念诸公文酒风流；而我飘流绝岛。嗟夫！病骨还剩几朝，尚不可知，焉问归期！道一、佩忍[5]两公，为况复何如也？平生故人，去我万里，伏枕思维，岂不怅恨。《万梅图》不值一粲，今委作画，愧画笔久废；但望梵天帝释有以加庇，异日或能归国，勉应尊命耳。

前岁佩公匆匆一别，都不闻动定，忏慧夫人[6]词，何不见寄一册？今去拙诗，尚祈斧正！又前佩公许为我题《明故宫瓦当歌》[7]，至今未见惠下，想佩公亦已忘却，或因通书，幸为我寄言佩公也。吹万居士前于海上一晤，殆如梦幻，想起居弥健耳。近读所南“千金散尽还弹铗，四海交空且碎琴”[8]句，感慨随之。两居士大著必多，还望便中书示一二，以慰缠绵之病，幸何如之！

五月十七日灯下　瑛顶礼

## 注释

[1]哲子：蔡哲夫。　[2]道体：问候之语，犹言贵体安康之意。　[3]天中节：端午节。南宋陈元靓《岁时广记·趁天中》：“五月五日，乃符天数也，午时为天中节。”　[4]赴印：指欲同章太炎赴印度学梵文。　[5]佩忍：陈去病。　[6]忏慧夫人：徐

自华，号忏慧，浙江石门（今桐乡）人，秋瑾盟友，曾任南浔浔溪女学校长。著有《听竹楼诗稿》《忏慧词》《秋心楼诗词》等。陈去病与徐自华是挚友，故苏曼殊代请要一册词集。 [7]《明故宫瓦当歌》：苏曼殊在南京游明故宫时得残瓦当，请陈去病题诗，即《为曼殊题孝陵残瓦》，其一云："牧马成群桧柏摧，钟山王气黯然哀。空余一片蟠螭影，犹向宫门印劫灰。"其二云："万户千门渺建章，行人谁识故宫墙。休嫌坏土无文字，曾伴檐铃荡夕阳。" [8]"千金散尽还弹铗，四海交空且碎琴"：出自明代张煌言《赠张书绅还钱塘》，诗云："归棹萧然入虎林，论兵十载怆知音。千金散尽还弹铗，四海交空且碎琴。户牖阴谋天地忌，夷门奇计古今深。风尘何处躬耕好，垂老还为梁父吟。"苏曼殊误记为所南之句。

# 1911年复罗弼·庄湘（7月18日·爪哇）

庄师[1]坛次：

星洲[2]一别，于今三年。马背郎当，致疏音问。万里书来，知说法不劳，少病少恼，深以为慰。

《燕子笺》[3]译稿已毕，蒙惠题词，雅健雄深，人间宁有博学多情如吾师者乎！

来示所论甚当，佛教虽斥声论，然《楞伽》《瑜伽》所说五法，曰相、曰明、曰分别、曰正智、曰真如，与波弥尼派相近。《楞严》后出，依于耳根圆通，故有声论宣明之语。是佛教亦取声论，特形式相异耳。至于应赴之说，古未之闻。昔白起为秦将，坑长平降卒四十万；至梁武帝时，志公智者，将斯悲惨之事，用警独夫好杀之心，并示所以济拔之方。武帝遂集天下高僧，建水陆道场，凡七昼夜，一时名僧，咸赴其请，应赴之法自此始。检诸内典，昔佛在世，为法施生，以法教化，一切有情，人间天上，莫不以五时八教，次第调停而成熟之，诸弟子亦各分化十方，恢弘其道。迨佛灭度后，阿难等结集三藏，流通法宝。至汉明帝时，佛法始入震旦，风流响盛。唐、宋以后，渐入浇漓，取为衣食之资，将作贩卖之具。嗟夫，异哉！自既未度，焉能度人？譬如落井救人，二俱陷溺。且施者，与而不取之谓。今我以法与人，人以财与我，是谓贸易，云何称施？况本无法与人，徒资口给耶！

纵有虔诚之功，不赎贪求之过。若复苟且将事，以希利养，是谓盗施主物，又谓之负债用。律有明文，呵责非细。志公本是菩萨化身，能以圆音利物。唐持梵呗，无补秋毫。矧在今日凡僧，相去更何止万亿由延？云栖广作忏法，蔓延至今，徒误正修，以资利养，流毒沙门，其祸至烈。至于禅宗，本无忏法，而今亦相率崇效，非但无益于正教，而适为人鄙夷，思之宁无堕泪！

## 注释

［1］庄师：罗弼·庄湘是苏曼殊早年的英文老师，故称以师。 ［2］星洲：今新加坡。 ［3］《燕子笺》：明代阮大铖所写

的戏剧。苏曼殊曾将其翻译成英文，委托庄湘之女雪鸿在西班牙马德里代为出版。

至谓崇拜木偶，诚劣俗矣。昔中天竺昙摩拙义[1]善画，隋文帝时，自梵土来，遍礼中夏阿育王塔[2]，至成都雒县大石寺[3]，空中见十二神形，便一一貌之，乃刻木为十二神形于寺塔下。嵩山少林寺门上有画神，亦为天竺迦佛陀禅师[4]之迹。复次有康僧铠[5]者，初入吴设象行道；时曹不兴[6]见梵方佛画，仪范端严清古，自有威重俨然之色，使人见则肃恭，有皈仰心，即背而抚之，故天下盛传不兴。后此雕塑铸像，俱本曹、吴，吴即道子，时人称“曹衣出水，吴带当风”。夫偶像崇拜，天竺与希腊、罗马所同。天竺民间宗教，多雕刻狞恶神像；至婆罗门与佛教，其始但雕刻小形偶像，以为纪念，与画像相去无几耳。逮后希腊侵入，被其美术之风，而筑坛刻像始精矣。然观世尊初灭度时，弟子但宝其遗骨，贮之塔婆，或巡拜圣迹所至之处；初非以偶像为重，曾谓如彼伪仁矫义者之淫祀也哉！震旦禅师亦有烧木佛事[7]，《百丈旧规》[8]，不立佛殿，岂非得佛教之本旨者耶！若夫三十二相[9]八十随好[10]，执之即成见病，况于雕刻之幻形乎？

“三斯克烈多”者，环球最古之文，大乘经典俱用之。近人不察，谓大乘经为“巴利”文[11]，而不知小乘间用之耳。“三斯克烈多”正统，流通于中天竺、西天竺、文帝玕玛尔、华萝匹等处。盘迦梨西南接境，有地名屈德，其地流通“乌利耶”文，惟与“盘迦梨”绝不类似，土人另有文法语集。

入天竺西南境，有“求察罗帝”及“摩罗堤”两种，亦“三斯克烈多”统系也。“低娄求”为哥罗门谛海滨[12]土语，南达案达罗[13]之北，直过娑伽窣都芝伽南境；及溯海濒而南，达梅素边陲，扩延至尼散俾萝等处，北与“乌利耶”接，西与“迦那多”及“摩罗堤”接，南贯揭兰陀等处。“迦那多”与“低娄求”两文，不过少有差别耳，两种本同源也。“揭兰陀”字，取法于“那迦离”，然其文法结构，则甚有差别。“秣罗耶缢”则独用于摩罗钵南岸。就各种字中，“那迦离”最为重要，盖“三斯克烈多”文多以“那迦离”誊写。至十一世纪勒石镌刻，则全用“那迦离”矣。迨后南天梵章，变体为五，皆用于芬达耶岭之南，即“迦那多”“低娄求”等。

## 注释

［1］昙摩拙义：隋文帝时雕刻艺人，天竺国僧人。传说其至大石寺时，天空显现十二位神像，他把神像描绘出来，并雕刻十二个木像放置在大石寺的宝塔中。 ［2］阿育王塔：阿育王，古印度摩揭陀国孔雀王朝的第三代国王，早年好战喜杀戮，晚年笃信佛教，在其境内广建奉祀佛骨的佛舍利塔，据说多达八万余座，以弘佛法。 ［3］大石寺：即宝光寺，在四川成都新都区。 ［4］迦佛陀禅师：即迦叶摩腾。 ［5］康僧铠：即康僧会，三国时吴国僧人，居西域康居国，双亲亡故后出家，于赤乌十年（247）到建业，传授佛法。孙权为之

建寺庙，是继支谦之后在江南传教的人。［6］曹不兴：曹不兴不善绘佛像，此处疑应为曹仲达。曹仲达，北齐画家，善绘佛教图像。［7］烧木佛事：唐宪宗时，高僧天然禅师冬天烧木佛像取暖。［8］《百丈旧规》：书名。即佛教经书《百丈清规》。［9］三十二相：佛陀所具有的庄严德相，由长劫修习善行而感得。谓有三十二个显著特征与微小的特征八十种好，合称“相好”。［10］八十随好：亦称“八十种好”“八十随形好”，即除去三十二相外，还有更隐秘细微的八十种好。［11］“巴利”文：即古印度文字。［12］哥罗门谛海滨：旧译，今译“科罗曼德尔海岸”，位于印度半岛东南部海岸。［13］案达罗：旧译，今译“安得拉”，为印度东南部一个邦，临近孟加拉湾。

天竺古昔，俱剥红柳皮（即柽皮）或棕榈叶（即贝叶）作书。初，天竺西北境须弥山（即喜马拉耶），其上多红柳森林，及后延及中天竺、东天竺、西天竺等处，皆用红柳皮作书。最初发见之“三斯克烈多”文，系镌红柳皮上，此可证古昔所用材料矣。及后回部侵入，始用纸作书，而柽皮、贝叶废矣；惟南天仍常用之，意勿忘本耳。柽皮、贝叶，乃用绳索贯其中间单孔联之，故梵土以缬结及线，名典籍曰“素怛缆”或“修多罗”，即此意也。牛羊皮革等，梵方向禁用之，盖恶其弗洁。古昔铜板，亦多用之镌刻，此皆仿柽皮或贝叶之形状。

天竺古昔，呼墨水曰“麻尸”，束芦为管曰“迦罗摩”，以墨水及束芦笔，书于柽皮、贝叶及纸之上。古昔南天，或用木炭作书，尖刀笔亦尝用之，其形似女子押发长针，古人用以书蜡版者。凡书既成，乃用紫檀薄片夹之，缠以绳索，绽文绣花布之内，复实以栴檀香屑，最能耐久。先是游扶南[1]菩提寺，尚得拜观。劫后临安，梨花魂梦，徒令人心恻耳！

龙树菩萨[2]取经，事甚渺茫，盖《华严经》在天竺何时成立，无人识之。自古相传，龙树菩萨入海，从龙宫取出。龙宫者，或疑为龙族所居，乃天竺边鄙野人；或是海滨窟殿，素有经藏，遂以“龙宫”名之，非真自海底取出也。

佛灭年代，种种传说不同。德意志开士[3]马格斯牟勒[4]，定为西历纪元前四百七十七年。盖本《佛陀伽耶碑文》，相差又有一年之限，吾师姑从之可耳。

中夏国号曰“支那”者，有谓为“秦”字转音。欧洲学者，皆具是想；女公子[5]新作，亦引据之。衲谓非然也。尝闻天竺遗老之言曰：“粤昔民间耕种，惟恃血指[6]，后见中夏人将来犁耝之属，民咸骇叹，始知效法。”从此命中夏人曰“支那”。“支那”者，华言“巧黠”也。是名亦见《摩诃婆罗多族大战经》，证得音非“秦”转矣。或谓因磁器得名，如日本之于漆，妄也。

按《摩诃婆罗多》与《罗摩延》二书，为长篇叙事诗，虽颔马[7]亦不足望其项背。考二诗之作，在吾震旦商时，此土向无译本；惟《华严经》偶述其名称，谓出马鸣菩萨手。文固旷劫难逢，衲意奘公当日，以其无关正教，因弗之译，与《赖吒和罗》[8]，俱作《广陵散》[9]耳。今吾震旦已从梦中褫落[10]，更何颜絮絮辨国号！衲离绝语言文字久矣，承既明问，不觉拉杂奉复。

破夏至爪哇，昔法显亦尝经此，即《佛国记》所云“耶婆堤”。今婆罗门与回教特盛，佛徒则仅剩“波罗钵多大石伽蓝[11]”倒映于颓阳之下，金碧飘零，无残碑可拓，时见海鸥飞唳。今拟岁暮归栖邓尉，力行正照。道远心长，千万珍重！闻吾师明春移居君斯坦[12]，未识异日可有机缘，扁舟容与，盈盈湖水，寒照鬘眉否耶？

一千九百十一年七月十八日　曼殊沙禅里[13]

## 注释

[1] 扶南：中南半岛古国，在今柬埔寨一带。 [2] 龙树菩萨：古印度大乘佛教论师，观学派创始人。 [3] 开士：对佛门有德之人的尊称。此处指研究梵文的学者。 [4] 马格斯牟勒：英国学者，苏曼殊误记为德意志人。 [5] 女公子：庄湘之女雪鸿。 [6] 血指：手。 [7] 领马：旧译，今译“荷马”，古希腊诗人，著有《伊利亚特》和《奥德赛》。 [8]《赖吒和罗》：马鸣菩萨所制的伎曲。 [9]《广陵散》：琴曲名。三国时魏国嵇康善琴，临刑前索琴弹奏此曲，叹曰：“《广陵散》于今绝矣。”此为绝响之意。 [10] 褫落：夺去，失掉。 [11]“波罗钵多大石伽蓝”：位于印度尼西亚的一处名胜之地。 [12] 君斯坦：旧译，今译“君士坦丁堡”，土耳其伊斯坦布尔的旧称，位于巴尔干半

岛东端。 [13]沙禅里：亦称“娑禅里”，佛教称合十为“沙禅里”。

# 1911年致柳亚子（12月·爪哇）

亚子足下：

曼离绝语言文字久。昨夂梦君见媵，上蒋虹字腿、嘉兴大头菜、枣泥月饼、黄炉糟蛋各事，喜不自胜！比醒则又万绪悲凉，倍增归思。“壮士横刀看草檄，美人挟瑟请题诗”[1]。遥知亚子此时乐也。

如腊月病不为累，当检燕尾乌衣典去，北旋汉土，与天梅、止斋、剑华、楚伧、少屏、吹万并南社诸公，痛饮十日；然后向千山万山之外，听风望月，亦足以稍慰飘零。亚子其亦有世外之思否耶？

不慧曼殊顶礼

震生兄已内渡，相会未？

## 注释

[1]“壮士横刀看草檄，美人挟瑟请题诗”：清查容《送武曾之宣府》中的诗句。

# 1912年致柳亚子（2月1日·爪哇）

亚子足下：

前有数函奉寄，妥收未？

道兄[1]今日首途内渡[2]，瑛以校事未了，故弗能同行；当于廿外检燕尾乌衣典去，然后启行耳。正月上旬，可抵沪渎，听亚子为野衲说消魂偈，其乐何极也！三月须东行，未知亚子愿伴野僧云游否耶？

十四日

瑛顿首顿首

陶一[3]、天梅、少屏[4]、剑花[5]、楚伧、默君、贞庄[6]、寄尘[7]、吹万、君武、伯年[8]、志伊[9]、英士[10]诸公无恙否？

## 注释

[1]道兄：沈道非，名砺，浙江嘉善人，同盟会会员。 [2]内渡：指由爪哇归国。 [3]陶一：陈陶遗。 [4]少屏：朱少屏，名葆康，号天一，上海人。 [5]剑花：俞剑华，名俞琨，字剑华，山东济南人，曾师从陈师曾学画。 [6]贞庄：诸贞壮，名宗元，浙江绍兴人。 [7]寄尘：胡怀琛，字寄尘，安徽泾县人。曾任广益书局、商务印书馆编辑。苏曼殊小说《断鸿零雁记》即在广益书局出版，胡怀琛是把苏曼殊小说介绍给广大读者的第一人。 [8]伯

年：周柏年，名觉，字君鹤。20岁时东渡日本，1905年加入同盟会。［9］志伊：吕志伊，字天民，云南思茅人。曾留学日本，同盟会会员，在云南创建同盟会支部。［10］英士：陈其美，字英士，号无为，浙江湖州人。蔡元培称其可与历代侠士齐名列传，赞其为“民国第一豪侠”。1906年在日本参加同盟会，辛亥革命后任上海都督，1916年被袁世凯派人在上海暗杀。

# 1914年复柳亚子（1月23日·东京）

亚兄足下：

联接两笺，深以为慰！大久保书，被洪乔[1]投向石头城下矣。

病骨支离，异域飘寄，旧游如梦，能不悲哉！瑛前日略清爽，因背医生大吃年糕，故连日病势，又属不佳。每日服药三剂，牛乳少许。足下试思之，药岂得如八宝饭之容易入口耶?

京都虽有倚槛窥帘之胜，徒令人思海上斗鸡走马之快耳。今晨天气和朗，医者诫勿出外，欲一探儿时巷陌，不可得也。

尽日静卧，四顾悄然，但有梅影，犹令孤山、邓尉入吾魂梦。伏望足下，无吝教言，幸甚，幸甚。佩君[2]无恙?

十二月二十六日　阿瑛谨状

大久保笺，今晨方得拜诵。今日愈觉不佳，医云无碍。

二十八日午后三时又及

注释

［1］洪乔：不可信托的寄信人。南朝宋刘义庆《世说新语·任诞》载："殷洪乔作豫章郡，临去，都下人因附百许函书。既至石头，悉掷水中，因祝曰：'沉者自沉，浮者自浮，殷洪乔不能作致书邮。'" ［2］佩君：郑佩宜，名瑛，江苏吴江（今江苏苏州吴江区）人，柳亚子之妻。

# 1918年致柳亚子（3月15日·上海）

亚子足下：

病卧半载，未克修候，歉仄何似？至今仍不能起立，日泻六七次，医者谓今夏可望痊可，此疾盖受寒过重耳。闻足下见赐医费三十金，寄交楚伧，但至今日，仍未见交来，不知何故也！何日过沪？甚望与足下一握手也。佩宜大家无恙否？无忌[1]公子亦无恙否？

古历二月初三日

元瑛伏枕拜白

注释

［1］无忌：柳无忌，江苏吴江（今江苏苏州吴江区）人，柳亚子

之子，曾就读于清华大学、耶鲁大学，后在美国从事文学研究和教学工作。曾编刊线装本《苏曼殊诗集》，出版《曼殊逸著两种》，著有《苏曼殊研究》《苏曼殊传》，编辑《曼殊大师纪念集》。

# 1918年复柳亚子（3月·上海）

亚兄足下：

读手示，敬悉一切。台从[1]春间不果来沪，为之怅然。尊款[2]托友人往催，前日始交友人带来矣，感激无量！

贱恙[3]仍日卧呻吟，不能起立，日泻五六次，医者谓须待夏日方能愈，亦只好托之天命。如果有痊可之一日者，必践尊约，赴红梨[4]一探胜迹耳。

佩君均此道候。

元瑛拜复

## 注释

［1］台从：犹台驾。从，仆从。不敢直斥其人，故呼其仆从。此指柳亚子。［2］尊款：指1918年3月15日致柳亚子信中所说的医费三十金之事。［3］贱恙：谦辞。恙，指生疾病。［4］红梨：今江苏苏州吴江区黎里镇，柳亚子的家乡。

# 1912年致黄晦闻、蔡哲夫（4月·上海）

晦、哲两居士莲座：

别后驻香江二日，即启舷北上。细雨愁烟，侵入病骨，不图蹭蹬，至于斯极！两居士身心亦无恙耶？寒食节[1]到沪，杏花春雨，滴沥增悲。独坐吴姬酒肆[2]，念诸故人鸾飘凤泊，采酒压愁，又欷歔不置耳！明晨入邓尉。《蒹葭第二图》[3]当于白云深处为吾居士下笔耳。破夏临存，为山僧说消魂偈[4]，居士愿耶，否耶？

不慧曼殊顿首顿首

有信乞寄：上海望平街《太平洋报》[5]柳亚庐[6]转交三郎[7]

## 注释

［1］寒食节：即清明节的前一日。春秋时，介子推辅佐晋公子重耳（即后来的“晋文公”）复国后，隐居介休绵山不出。晋文公为逼迫介子推出山，下令放火烧山，介子推坚决不出，后被焚死。晋文公为悼念他，在忌日这天禁火寒食，这就是寒食节的由来。［2］酒肆：酒馆。［3］《蒹葭第二图》：黄晦闻藏书甚富，1902年取《诗经·秦风·蒹葭》之句，建“蒹葭楼”于广州河南（今广州海珠区）龙庆里。［4］消魂偈：欢愉地在一起聊天。偈，粤方言，称聊天为“倾偈”。［5］《太平洋报》：宋教仁、姚雨平1912年4月1日在上海所创办，同年10月18日停刊。［6］柳亚庐：即柳亚子，初名慰

高，字安如；更名人权，字亚庐；后又更名弃疾，字亚子。 ［7］三郎：苏曼殊出生后在日本时初名。

# 1912年复萧公（4月·上海）

萧公足下：

佛国归航[1]，未见些梨之骑[2]，经窗帘卷，频劳燕子之笺[3]。猛忆故人，鸾飘风泊，负杖行吟，又唏嘘不置耳！

昨晤穆弟[4]海上，谓故乡人传不慧还俗，乃属某党某会，皆妄语也。不慧性过疏懒，安敢厕身世间法耶？惟老母之恩，不能恝然[5]置之，故时归省。足下十年情性之交，必谅我也。

拜轮诗久不习诵，曩日偶以微辞移译，及今思之，殊觉多事。亡友笃生[6]曾尼[7]不慧曰："此道不可以之安身立命。"追味此言，吾诚不当以闲愁自戕也！

此次过沪，与太炎未尝相遇。此公兴致不浅，知不慧进言之缘未至，故未造访，闻已北上矣。

今托穆弟奉去《饮马荒城图》一幅，敬乞足下为焚化于赵公伯先[8]墓前，盖同客秣陵时许赵公者，亦昔人挂剑[9]之意。此画而后，不忍下笔矣！

曼殊顿首顿首

## 注释

［1］佛国归航：指从印度尼西亚归国。［2］些梨之骑：骑马传信之人。些梨，地名，疑指疏勒。［3］燕子之笺：苏曼殊漂泊无定似燕子，此指信笺。［4］穆弟：其人不可考，可能是苏曼殊相识的朋友。［5］恝（jiá）然：漠不关心。［6］笃生：杨守仁，字笃生，湖南长沙人。曾与黄兴、刘揆一创办《游学译编》。［7］尼：劝阻。［8］赵公伯先：即赵声。［9］挂剑：指怀念亡友。《史记·吴太伯世家》载，春秋时，吴王寿梦少子季札被封于延陵，号延陵季子。他出使路过徐国，徐国国君很爱他的剑。季札已心许，准备回来时再送给他。可等到回来时，徐君已死，季札就把剑挂在徐君墓上，表示不能因徐君已死而违背自己许剑的诺言。

# 1912年复某君（8月·日本）

曼殊再拜敬复：

两辱手书，兼君家阿玄将来珍贶，谨拜登受，感激在心，罔有捐替！所约弗克应赴；谓山僧日醉卓氏垆前[1]，则亦已耳，何遂要山僧坐绿呢大轿子，与红须碧眼人为伍耶？

七夕，发丹凤山，鸡鸣经珠帘瀑，旁午至一处，人迹荒绝，四瞩衰柳微汀，居然倪迂[2]画本也。草径甚微，徐步得小丘，丘后有湖，寒流清径。有弄潮儿，手携银鱼三尾，口作笛声，过余身畔，方知为濒海之地。问：“是何村？”曰：“非村落”。湖名“玉女”。余直译之曰“玉娘湖”，博君一粲。

即日趁渔船渡沙陀江。初九日，到樟溪。策马，马频嘶而行，顾望崦嵫，凄然身世之托。初十日，至枫峡，颇类吾乡厓门[3]。十一日小病，逆旅主人伺余甚殷渥，似怜余蹭蹬也者。黄昏，于萧疏篱落间，闻英吉利女郎歌奎迦诗人槐特《秋风鸣鸟》之词，其音淑媚无伦，令人触感兴悲。土人言：去此十余里有古刹，缔造奇特。如病不为累，当往一观。

属觅之书，已函托波斯顿[4]友人代购。拙著《梵书摩多体文》[5]，已为桂伯华[6]居士签署，明岁宜可出版。

日食摩尔登糖三袋，此茶花女[7]酷嗜之物也。奉去小影，见其眉，可知狂放如故。

九月可至香港。碧迦君[8]相见否？久不寄笺，惧增伊郁耳。

## 注释

[1] 卓氏垆前：借指酒店。卓氏，卓文君。《史记·司马相如列传》载，相如“买一酒舍酤酒，而令文君当垆”。 [2] 倪迂：元代画家倪瓒。 [3] 厓门：即厓门山，在今广东江门新会区南，与汤瓶嘴对峙如门，形势险要，南宋绍兴时在此置寨，是控扼南海的门户。宋末为抗元的最后据点，1279年宋军战败，陆秀夫负帝昺沉海于此。 [4] 波斯顿：即波士顿，美国马萨诸塞州首府。 [5]《梵

书摩多体文》：苏曼殊所编有关梵字字母之书，但未能出版，书稿也不知所踪。［6］桂伯华：桂念祖。［7］茶花女：法国作家亚历山大·小仲马的小说《茶花女》里的女主人公玛格丽特，她随身的装扮总是少不了一束茶花，故被称为茶花女。［8］碧迦君：即西班牙牧师罗弼·庄湘之女雪鸿。

# 1913年复邓庆初（1月2日·安庆）

雪兄[1]鉴：

久别甚念，昨接两笺，大慰下怀。《玉台新咏》[2]望早赐寄。此次未尝至苏州，某君佳作，尚未有以报足下，奈何！

抵皖不觉三周，一切甚适，惟腹内常痛。现寓高等[3]（此间大学名义已取消）。英每周工课，托沈君[4]代理八小时，自任六小时，尚觉清闲。天气严寒，尽日不欲多书一字。闻一星期后，堂中当放寒假，又须赴上海、杭州诸地。归皖时，当趋叩尊府。昨至仲兄[5]处，已见过嫂夫人[6]。以蛰[7]来笺，亦约早日赴龙山[8]一游。尊翁已于前日回府，想不日复至皖城。又谓素君[9]能制丝枣，真欲吊人胃口耶？素君及大塚方主人之画均未得，歉然于中。近日已迁入新房未？闻以童君[10]同寓，确否？千层酥实不如枫山甚远，追怀千叶[11]之游，不可复得，但有惆怅耳。

前此信片，为某君弃痰盂内。今兄所寄者，幸未被某君见之。某君者，某君也。云中[12]、演生[13]、以炯[14]诸君，均温柔敦厚之士，甚乐与之游也。素君之画必不忘，惟望勿苦苦见催，幸甚。伯纯[15]、磊白[16]、仲戢[17]诸君时相聚首否？晤时乞代道念。遐年[18]近日亦有长信来此，未知已他迁否？迎江寺[19]甚好，拟明岁于彼处租一寮房，习静修来生耳。明岁夏间，或一游东京，可否未必也。仲兄处亦常去，惟仲兄忙极，又好讲笑话。

此后美人小影可勿见寄，风景画则不妨。允仲[20]兄亦来过一次，想彼甚忙，不能多见面耳。兄如有最新照片，望赐一幅。此处无良善照相之处，故未摄影寄兄也。

前此下雪寸许，今已融化无余。千叶雪景如何？伯纯已入何校？念念。以童兄有新词否？诗亦寻愁觅恨之具也。

十一月念五日　英白

前数日，偕云中君出西门，登大观亭[21]，后由西门步至东门，登迎江寺宝塔[22]，时正崦嵫落日，诚壮观也。以蛰兄尝来皖城，聚首数日；回乡后，久不复来。

## 注释

［1］雪兄：邓庆初，名初，别号雪，邓绳侯二子，邓以蛰之兄。［2］《玉台新咏》：南朝梁徐陵所编汉朝至梁朝的诗歌总集。［3］高等：安徽高等学堂，此校设于安徽安庆。［4］沈君：沈燕谋。［5］仲兄：陈独秀。［6］嫂夫人：高君曼，

又名君梅，陈独秀夫人。［7］以蛰：邓以蛰。［8］龙山：山名，在安徽亳州涡阳县龙山镇。［9］素君：邓庆初之妻方素悌，安徽桐城人。［10］以童君：孙天逸，安徽寿州人，孙伯纯族侄，南社成员。［11］千叶：日本千叶县。［12］云中：邓绳侯之婿葛襄，号温仲，安徽怀宁人。［13］演生：程演生，安徽怀宁人。曾任教于杭州华严大学、北京大学、暨南大学、安徽第一师范学校。［14］以炯：孙以童之弟，随月霞法师剃度于迎江寺。［15］伯纯：孙湜，号伯纯，孙少侯长子。［16］磊白：孙京方，字景山，号磊白，孙伯纯族兄。［17］仲戟：孙变齐，字仲戟，孙伯纯之弟。［18］遐年：陈独秀之侄。［19］迎江寺：位于安徽安庆枞阳门外的长江边。［20］允仲：王允仲，陈独秀表亲。［21］大观亭：又称“大观楼”或“大观台”，旧址位于安徽安庆，为元末郡守余阙葬处。始建于明世宗嘉靖四年（1525），清咸丰年间经兵燹，清同治年间重建。［22］宝塔：即万佛塔，又名振风塔，位于安徽蒙城。

# 1916年复刘半农（12月25日·杭州）

半公[1]足下：

来示敬悉，Christmas card[2]亦拜领，感谢无量。拜轮学会之事，如藉大雅倡之，不慧欣欢顶礼，难为譬说矣。日来湖上[3]颇暖。不慧忽患脑流之疾，日唯静卧。返沪仍未有期。仲子亦久无书至，正思念之。此间有马处士一浮[4]，其人无书不读，不慧曾两次相见，谈论娓娓，令人忘饥也。如学会果成，不慧当请处士有所赞助，宁非盛事？率尔奉复。敬问著安！

玄瑛再拜

注释

[1] 半公：刘半农，名复，号曲庵，江苏江阴人。曾任上海《中华新报》和中华书局编辑、北京大学教授。 [2] Christmas card：圣诞卡。 [3] 湖上：指浙江杭州西湖。 [4] 马处士一浮：马一浮，名福田，字一浮，别署蠲翁，浙江绍兴人。曾留学于日本、德国。曾于北京大学、浙江大学任教。辑有《马一浮集》。

# 1917年致萧纫秋（12月·上海）

纫秋[1]足下：

别来思念不置。比日起居，复何如也？

瑛痢疾已除，而痔疾大作，日卧海宁医院，而诸故人都成劳燕[2]，沧白[3]亦不日南游，但有景梁[4]兄时得一晤耳。汉民[5]兄近已返羊城否？见时幸为山僧道念。异日贱恙果得平者，则必鼓桨南游，随诸公遨游西樵[6]、鼎湖[7]诸胜，岂不快哉！介石[8]、崇智[9]两公，时聚首否？

瑛伏枕上言

## 注释

［1］纫秋：萧纫秋，名萱，湖北均县（今湖北丹江口）人。苏曼殊病逝后，萧纫秋为其编了《曼殊遗迹》。［2］劳燕：各奔东西。出自古乐府《东飞伯劳燕》："东飞伯劳西飞燕，黄姑织女时相见。"劳，伯劳鸟。［3］沧白：杨庶堪，字品璋，后改沧白，四川巴县（今重庆巴南区）人。1905年加入同盟会，曾任孙中山大元帅府秘书长、广东省省长等职务。著有《沧白诗抄》《天隐阁集》《杨庶堪诗文集》等。［4］景梁：丁仁杰。［5］汉民：胡汉民，字展堂，广东番禺（今广州）人，1905年参加中国同盟会。《民报》创刊后任编辑。［6］西樵：山名，位于广东南海（今广东佛山南海区）西南部。［7］鼎湖：山名，位于广东肇庆境内。［8］介石：蒋介石，浙江奉化（今浙江宁波奉化区）人。曾任黄埔军校校长、国民革命军总司令、国民党政府军事委员会委员长等职。［9］崇智：许崇智，字汝为，广东番禺人。1903年至日本陆军士官学校中国留日士官生第三期步科学习，1906年加入同盟会。

# 1917年致丁景梁（12月·上海）

景兄左右[1]：

久未见教，甚相思想。连日气候不佳，贱恙亦随之转变；惟元气[2]则觉较前进步。然夜间尚痾三四次或一二次，视空气中之温寒为向背，此足见前此受寒过重也。自觉肠中比前坚固，但仍未可起立。使过于动摇，则难愈矣。现日食不多，胃亦渐强矣。纫兄[3]何久无书至？彼已知吾仍日卧不能起立否？吾兄近日肥马轻裘[4]，谁与共耶？沧兄[5]久不晤言，见时望代言病状，并达思念之情，则幸甚矣！

英谨拜

今晨医者谓吾病必愈，且能体强于前，吾但听之天命耳。又谓吾不可读书或小说，吸烟则随意吸之。近日英国白头[6]已去九江[7]，新易者未至，故食药时间甚不便，已托连兄[8]为我购一小钟；然甚急欲得之也。乞嘱均兄[9]务为我得一表式小钟，吾日望之，而夜梦之。病人之境遇，固苦极矣。因表式者，可以袋袋中代表，亦可作钟，一物而能两用也。吾固无时不思纫兄，且急望天心使吾疾早愈，早日归粤，尽吾天职。吾深悔前此之虚度也。足下阅此后，请将此纸寄往纫兄，彼必能见恕，不另书也。

纫兄足下：见汉民兄。乞道相念！

元瑛拜白

呈丁先生

## 注释

[1]左右：旧时信札常用语，用以称呼对方。 [2]元气：精神、精气。 [3]纫兄：萧纫秋。 [4]肥马轻裘：舒适阔绰的生

活。《论语·雍也》：“赤之适齐也，乘肥马，衣轻裘。” [5]沧兄：杨沧白。 [6]英国白头：指医生。医生头戴白色工作帽，故称。 [7]九江：江西九江。 [8]连兄：连均度，广东顺德人。 [9]均兄：亦指连均度。

# 画跋选读

# 题《参拜衡山图》

## 题解

苏曼殊自锡兰（今斯里兰卡）归国后，在去长沙实业学堂任教途中，游衡山而作此图。

癸卯[1]，参拜衡山[2]，登祝融峰[3]，俯视湘流明灭。昔黄龙大师[4]登峨眉[5]绝顶，仰天长叹曰：“身到此间，无言可说，惟有放声恸哭，足以酬之耳。”今衲亦作如是观。入夜，宿雨华庵，老僧索画，忽忆天然和尚[6]诗云：“怅望湖州未敢归，故园杨柳欲依依。忍看国破先离俗，但道亲存便返扉。万里飘蓬双布履，十年回首一僧衣，悲欢话尽寒山在，残雪孤峰望晚晖。”即写此赠之。

癸卯年苏曼殊

## 注释

［1］癸卯：指1903年，但柳亚子在《关于曼殊的画》中指出：“查曼殊第一次至湖南，是1904年甲辰，到1905乙巳暑假时还在上海。第二次至湖南，是1906年丙午。参拜衡山无论是第一次或第二次的事情，都无在1903年癸卯的可能。题字上的纪年，一定

是弄错了。” ［2］衡山：“五岳”之一，位于湖南中部偏东南部。 ［3］祝融峰：衡山七十二峰中最高峰。 ［4］黄龙大师：慧南，北宋高僧，禅宗临济宗黄龙派的创始人，常住黄龙山崇恩禅院，故又被称为“黄龙慧南”。 ［5］峨眉：峨眉山。位于四川西南，四大佛教名山之一。 ［6］天然和尚：函昰法师，字丽中，号天然，广东番禺人。

# 题《长松老衲图》

## 题解

《长松老衲图》有两幅，一幅赠给了索画的西村澄，苏曼殊于1907年在上海又重绘一幅赠给好友沈尹默。1909年拟此跋，书写和西村澄的一段往事，并请蔡哲夫题写。

君墨兄[1]属，曼殊。

癸卯南游，客盘古[2]，西村澄[3]君过我，出《耶马溪夕照图》一帧见赠，并索予画。予观西村杰作，有唐人之致，去其纤；有宋人之雄，去其犷。诚为空谷足音也。遂纵笔作此答之。己酉秋八月既望[4]，曼殊命守[5]补书于徐家汇[6]之半隐行窝[7]。时夜已四鼓也。

## 注释

[1]君墨兄：沈尹默，名君默，后改尹默，字秋明，号君墨，浙江湖州人。早年留学日本，曾任北京大学教授、北平大学校长、辅仁大学教授、《新青年》杂志编委。 [2]盘古：今译“曼谷”，泰国首都。 [3]西村澄：日本近代画家。 [4]既望：农历每月十六日。 [5]守：蔡哲夫。 [6]徐家汇：位于上海中心城区的西南部。 [7]半隐行窝：蔡哲夫寓所名。

# 题《白马投荒图》

## 题解

苏曼殊曾画过两幅《白马投荒图》，一幅作于1907年，赠给了他的好友佩珊，当时他在日本东京，准备同章太炎游印度，忆起1904年他游东南亚的一段往事。1908年，苏曼殊的好友刘三得知他欲往印度，写了一首诗，即《送曼殊之印度》，作为对他西行的鼓励。苏曼殊于是又重绘一幅赠给刘三，并作此题跋，其内容和第一幅题跋大同小异。

甲辰[1]，由暹罗之锡兰，见崦嵫落日；因忆法显、玄奘诸公，跋涉艰险，以临斯土[2]，而游迹所经，均成往迹。余以絷[3]身情网，殊悔蹉跎。今将西入印度。佩珊[4]，与余最亲爱者也，属余作图。适刘三赠余诗云：“早岁耽禅见性真，江山故宅独怆神。担经忽作图南计，白马投荒第二人。”因画此留别。呜呼！异日同赴灵山会耳！

## 注释

［1］甲辰：指1904年。 ［2］斯土：指古印度。 ［3］絷：束缚。 ［4］佩珊：苏曼殊在游历锡兰时结识的华裔女子。

# 题《寄邓绳侯竖幅》

## 题解

1906年夏季，苏曼殊应刘师培之邀，至安徽芜湖皖江中学堂任教，结识了邓绳侯。同年9月间，苏曼殊离开芜湖去上海，不久得到刘师培转交的邓绳侯赠予他的诗，遂绘此画奉寄。

怀宁邓绳侯艺孙[1]，为石如[2]老人之曾孙，于其乡奔走教育。余今夏之皖江[3]，就申叔[4]之招，始识先生，共晨夕者弥月。后余离皖之沪，月余，申叔亦来，出先生赠余一绝云：“寥落枯禅一纸书，欹斜淡墨渺愁予。酒家三日秦淮景，何处沧波问曼殊。”今别先生，不觉半载，积愫累悕[5]，云何不感，画此奉寄。丙午，曼殊记。

## 注释

[1]艺孙：邓绳侯，名艺孙。 [2]石如：邓石如，名琰，字石如，清代书法家、篆刻家。 [3]皖江：指长江安徽段两岸地区。 [4]申叔：刘师培。 [5]积愫：即多年之真情。悕：思念。

# 题《卧处徘徊图》

## 题解

1907年9月，苏曼殊自日本归国后至上海，住国学保存会藏书楼，绘此图。

“谁知卧处徘徊，谢庭风景都非旧。画堂尘掩，蓬生三径，门垂疏柳。白昼初长，清风自至，流年空又。看多情燕子，飞来还去，真个不堪回首。昔日娇随阿母，学拈针、临窗挑绣。斜阳楼外，熨残铜斗，线纹舒皱。蚕欲三眠，莺还百啭，落花时候，问重来应否销魂，试听江城笳奏。”右录明末女子素嘉[1]《水龙吟》一阕。绿惨红愁，一字一泪。呜呼，西风故国，衲几握管而不能下矣！

## 注释

［1］素嘉：沈树荣，字素嘉，江苏吴江人，清代词人。《江苏诗征》载：“素嘉，叶蕙绸女也。承母教，工诗词，与庞小畹善，多赠答唱和之作，为时所称。”

# 题《白马古寺图》

## 题解

1907年12月间，苏曼殊再赴日本，在东京得知刘师培任《河南》杂志编辑，遂以河南白马寺为题材绘制四幅画作供其刊登。这是其中一段画跋，另外一则内容与其亦大同小异，代为题写者是他的好友邓秋枚。

惟东汉孝明皇帝永平七年，岁次甲子，敕郎中蔡愔。中郎将秦景、博士王遵等一十八人，西寻佛法。至印度国，延迦叶摩腾、竺法兰[1]将白氎[2]上画释迦像，及《四十二章经》[3]一卷，载以白马。以永平十年，岁次丁卯，十二月三十一日，至于洛阳。帝悦，造白马寺于城西雍门外，译《四十二章经》，是为像教东流之始。曼殊画此并识。实[4]书。

## 注释

[1] 竺法兰：中印度人，与迦叶摩腾居洛阳白马寺译经。 [2] 白氎（dié）：白细棉布。 [3]《四十二章经》：《佛说四十二章经》略称，是迦叶摩腾同竺法兰汉译的第一部佛教经典。 [4] 实：邓秋枚。

# 题《潼关图》

## 题解

1908年，苏曼殊在日本，往长崎探望生母河合若子时，应她之属绘此作品。后刊于《文学因缘》和《河南》杂志第3期。题跋中所引的清代徐兰诗《出居庸关》有两个版本，其一题为“出居庸关”，诗云：“将军此去必封侯，士卒何心肯逗留。马后桃花马前雪，出关争得不回头。”其二引自清沈德潜在《清诗别裁集》中收录的版本，题目改为“出关”，诗云：“凭山俯海古边州，旆影风翻见戍楼。马后桃花马前雪，出关争得不回头。”

昔人[1]《出山海关诗》，有“马后桃花马前雪，教人那得不回头”句，然稍陷柔弱。嗣同仁者《潼关》诗云：“终古高云簇此城，秋风吹散马蹄声。河流大野犹嫌束，山入潼关不解平。”余常诵之。今奉母移居村舍，残冬短晷，朔风号林，吾姐榎本荣子属画，泚笔[2]成此。

## 注释

[1] 昔人：徐兰，字芬若，号芝仙，江苏常熟人，清代诗人。

[2] 泚（cǐ）笔：以笔蘸墨。

# 题《听鹃图》（一）

## 题解

苏曼殊绘了两幅《听鹃图》，此是其一，为1908年苏曼殊在东京以河南风景名胜为题材创作的作品。

“最可惜，一片江山，总付与啼鴂[1]。”每诵古人词，无非红愁绿惨，一字一泪，盖伤心人别有怀抱。于乎，郑思肖所谓“词发于爱国之心”。余作是图，宁无感焉？

## 注释

[1] 最可惜，一片江山，总付与啼鴂（guī）：出自北宋姜夔《八归·湘中送胡德华》。

# 题《听鹃图》（二）

## 题解

此幅《听鹃图》于1908年以《天津桥听鹃图》之名被发表在《河南》杂志第4期上。同年9月初，苏曼殊在杭州初住白云庵，后至韬光庵，偶于夜间闻鹃啼，重绘，并赋诗，赠好友刘三。

昔人天津桥[1]听鹃词云："最可惜，一片江山，总付与啼鴂。"衲今秋弛担[2]韬光庵，夜深闻鹃声，拾笔图此，并柬季平[3]一诗，诗曰："刘三旧是多情种，浪迹烟波又一年。近日诗肠饶几许，何妨伴我听啼鹃。"曼殊命蔡守[4]书。

《听鹃图》

## 注释

［1］天津桥：初为浮桥，后为石桥。在河南洛阳旧城西，始建于隋代，废于元代。　［2］弛担：栖息之意。北魏杨衒之《洛阳伽蓝记·追先寺》载："往虽弛担为梁，今便言旋阙下，有志有节，能始能终。"　［3］季平：刘三。　［4］蔡守：蔡哲夫。

# 题《华罗胜景图》

## 题解

1909年初春，苏曼殊在东京住陈独秀的寓所清寿馆，写有《本事诗》十首，其中一首写和女友百助枫子游华严瀑布之事，更忆家乡罗浮山黎珠庵，故有此画作。

华严瀑布在日光山，蓬瀛绝胜处也。仲子曾作《华严瀑布诗》十有四章，词况丽瞻。又忆昔入罗浮[1]，过黍珠庵，读破壁间何氏女诗[2]有“百尺水帘飞白虹，笙箫松柏语天风”，亦可诵。吾今作是图，未识可有华、罗之胜否？曼殊令倾城[3]录。

## 注释

［1］罗浮：罗浮山，位于广东东江北岸。　［2］何氏女诗：传说何仙姑善诗，屈大均《广东新语·山语·春冈》载，“又昔有人见其《题黍珠庵东壁》一绝，字比晋人差，清婉少骨。壁时半毁，惟余‘百尺水帘飞白虹，笙箫松柏语天’十三字，其下必‘风’也，越女以能诗知名者自绿珠始，至唐初有南海七岁女子，若仙姑，尤其清丽者也”。　［3］倾城：张洛，字倾城，号阮簃，广东合浦（今广西合浦）人，蔡哲夫之妻。工诗善画，擅长篆刻，曾跟随苏曼殊学画。

# 题《百助照片》寄包天笑

## 题解

1909年春季，苏曼殊东渡日本，在东京结识歌舞伎百助枫子，得到一张她的照片，在上面题了一首为她写的诗，并录倪瓒《柳梢青》词。后来印成明信片，送给章士钊、包天笑、邓秋枚、诸贞壮、蔡哲夫、黄晦闻，这就是著名的明信片《静女调筝图》。

无量春愁无量恨，一时都向指间鸣。我已袈裟全湿透，那堪重听割鸡筝。

楼上玉筝吹彻，白露冷，琼飞佩玦。黛浅含颦，香残栖梦，子归啼月。扬州往事荒凉，有多少，愁萦丝结？燕语空梁，鸥盟寒渚，画栏飘雪。

余尝作《静女调筝图》，为题二十八字，并录云林[1]高士赠《柳梢青》[2]一阕，以博百助眉史一粲。

日来雪深风急，念诸故人，鸾飘凤泊、衲本工愁，云胡不感！故重书之，奉寄天笑[3]足下。雪蝶拜。

## 注释

［1］云林：即倪瓒。　［2］《柳梢青》：词见倪瓒《清閟阁集》卷九《柳梢青·赠妓小琼瑛》。　［3］天笑：包天笑。

# 附录

# 苏曼殊编年事略

**光绪十年（1884） 1岁**

八月初十（9月28日）午时，苏曼殊出生于日本横滨云绪町一丁目五二番地，始名宗之助，小名三郎。

《沥溪苏氏族谱》载："十八世祖，名戬，号子榖，字曼殊，仁章三子也"，隶属广州府香山县恭常都戎属司百沥港良都四图五甲。

祖父苏瑞文，名仕昌，号霭堂。

祖母林棠，南溪乡人，生二子杰生、德生。

庶祖母容氏，沥溪村人。

父苏杰生，名胜，字仁章，1862年在日本横滨经商，1882年任横滨英商万隆茶行买办。

嫡母黄氏，南溪乡人，1866年嫁苏杰生。

大庶母河合仙，日本横滨人，1873年嫁苏杰生。

生母河合若子，河合仙之妹。苏曼殊出生三个月后河合若子辞别，遂由河合仙抚育。

大陈氏，石岐园山箕乡人，1884年在横滨嫁苏杰生。

小陈氏，香山人，1891年在横滨嫁苏杰生。

**光绪十一年（1885） 2岁**

随河合仙居日本横滨云绪町。

**光绪十二年（1886） 3岁**

嫡母黄氏自沥溪至横滨，与苏杰生、大陈氏同住。

**光绪十三年（1887）　4岁**

居日本横滨。

“四岁，伏地绘狮子频伸状，栩栩欲活。喜效奈良时裹头法师装。”（《〈潮音〉跋》）

随河合仙及外祖父母生活。

**光绪十四年（1888）　5岁**

居日本横滨。

**光绪十五（1889）　6岁**

随黄氏归国，在沥溪同祖父母生活。

**光绪十六年（1890）　7岁**

就读沥溪简氏大宗祠村私塾，业师苏若泉。

**光绪十七年（1891）　8岁**

在大宗祠村私塾读书时，“素爱文学，书法极端整齐。所读的书，犹是如新，一圈一点，无不注重”。（苏惠珊《亡兄苏曼殊的身世》）

**光绪十八年（1892）　9岁**

苏杰生在日本横滨经营生意破产，偕大陈氏、小陈氏归国。

河合仙留日本。

**光绪十九年（1893）　10岁**

在大宗祠村私塾读书。“广中重宗法，族人以子毂异类，群摈斥之。”（章太炎《〈曼殊遗画〉弁言》）

**光绪二十年（1894）　11岁**

在大宗祠村私塾读书。

**光绪二十一年（1895）　12岁**

在大宗祠村私塾读书。

苏杰生偕大陈氏往上海经营生意。

**光绪二十二年（1896）　13岁**

患病，其婶将其置于柴房，幸得嫂子怜而照顾，渐康复。

冬，随二姑苏彩屏、二姑夫陈献墀赴上海，与苏杰生、大陈氏同住，其间受大陈氏苛虐。

随西班牙牧师罗弼·庄湘学习英文。

**光绪二十三年（1897）　14岁**

4月，苏杰生因父病需照顾，返沥溪。11月，大陈氏携女归乡，不久苏瑞文病逝。独留苏曼殊于其姑母家，继续学业。

**光绪二十四年（1898）　15岁**

初春，同堂兄苏维翰、表兄林紫垣东渡日本求学，入华侨开办的大同学校乙班学习中文。

**光绪二十五年（1899）　16岁**

在日本大同学校乙班学习。

**光绪二十六年（1900）　17岁**

春，升至大同学校甲级班。

**光绪二十七年（1901）　18岁**

秋，入选梁启超举办的夜间中文班。

**光绪二十八年（1902）　19岁**

春，入早稻田大学高等预科中国留学生部学习。

经冯自由介绍入“青年会”，参加兴中会活动。

**光绪二十九年（1903） 20岁**

由早稻田大学高等预科中国留学生部改入成城学校，结识刘三（刘季平）。

4月间，参加“拒俄义勇队”，结识陈去病。5月被编入“学生军”，参加由“学生军”改名的“军国民教育会”。

因林紫垣中断经济来源而决定归国。

9月，乘日轮“博爱丸”抵达上海，途中致函林紫垣言“今日投黄浦江死”。旋至苏州，与吴帙书、吴绾章、王薇伯组织元学堂的退学生创办吴中公学社，任英文和体操教员。

不久至上海，任《国民日日报》翻译，发表《敬告日本广东留学生》《女杰郭耳缦》。得法国小说家雨果《惨世界》英文版，予以意译，得到陈独秀润色。10月，《惨社会》署名苏子穀发表于《国民日日报》。

经冯自由介绍到香港，住在中国日报馆，不久至广东惠州一寺庙落发为僧，后拿其已故师兄博经度牒离开，又至香港，向陈少白借手枪欲刺杀康有为，被劝阻。

**光绪三十年（1904） 21岁**

初春，自香港远游暹罗（今泰国）、马来亚（今马来西亚半岛一带）、锡兰（今斯里兰卡）等地。

住龙莲寺，遇鞠窣磨长老，应聘曼谷青年会。

3月间，自安南至香港，偶遇同乡简世锠。简世锠回沥溪后将苏曼殊行踪告知苏杰生，当时苏杰生病重，于是托简世锠与苏维翰往香港劝其归家，而苏曼殊以身无分文之借口拒归，3月15日，苏杰生病逝沥溪。

春末，自香港至上海，7月任教于长沙实业学堂。

**光绪三十一年（1905） 22岁**

长沙实业学堂放暑假，离开长沙至上海，访秦毓鎏。

任教于江南陆军小学，担任英文教员。

在秦淮河结识女子金凤。

**光绪三十二年（1906） 23岁**

初春，自南京至湖南长沙应胡子靖之聘任明德学堂图画教员。

与陈独秀东渡日本，未能寻找到养母河合仙，不久归国。

9月与陶成章、龚薇生至上海，在留云寺欲挂单未果，12月离开上海赴温州。

**光绪三十三年（1907） 24岁**

2月13日，因从事反清活动被上海镇守郑尔城通缉，携刘师培何震夫妇东渡日本，居东京民报社，与章太炎同寓。

同章太炎、陈独秀、张继、刘师培夫妇，日本人幸德秋水，以及印度人钵逻罕、保什，创建“亚洲和亲会”。

同鲁迅等人筹办《新生》杂志，未果。

始编著《梵文典》。

9月，自日本归国至上海，与陈去病同寓爱而近路国学保存会藏书楼。

12月10日，东渡日本。

女弟子何震跟随其学画之余，为其编《曼殊画谱》。

在《天义报》上发表《〈曼殊画谱〉自序》《〈梵文典〉自序》《〈秋瑾遗诗〉序》《海哥美尔氏名画赞》。

**光绪三十四年（1908） 25岁**

1月间旅次长崎。

2月居陈独秀在东京的清寿馆。

3月住天义报社，与刘师培夫妇同寓。后刘师培夫妇与章太炎交恶，迁怒于苏曼殊，遂迁居友人处。

9月，归国至上海，中旬至杭州，先住白云庵，后寓韬光庵。

10月7日，应杨仁山之邀前往金陵刻经处开办的祇洹精舍，任梵文学堂英、梵文教员。

11月17日，病卧祇洹精舍，杨仁山时常去看望他。

**宣统元年（1909） 26岁**

1月2日，赴东京养病，住小石川智度寺。

4月，《拜轮诗选》完稿。

任东京梵学会译师。

与生母河合若子相见后，去淀江省养母河合仙。

9月，归国，重访西湖白云庵。

秋末，赴南洋，经新加坡遇早年英文老师罗弼·庄湘及其女儿雪鸿。

在爪哇噫班中华会馆任英文讲师。

**宣统二年（1910） 27岁**

在爪哇噫班任教期间，咯血症复发。

于爪哇噫班中华会馆绘《牧童御笛骑牛图》赠郑元明，绘《为屠仲谷绘折扇》，绘《孔雀图》赠苏金英。

11月欲译印度名剧《沙恭达罗》，未成。

**宣统三年（1911） 28岁**

春，自印度归国，至广州访蔡哲夫、黄节于广雅书院，后至上海，又东渡日本。

3月，重至爪哇，在中华会馆教习英文，小说《断鸿零雁记》连载于当地《汉文新报》。

7月，英译《燕子笺》，得罗弼·庄湘题辞，并托其女雪鸿携往西班牙马德里寻求出版。

10月，闻武昌起义，典当燕尾服和书籍，计划归国，终因课务未结束而耽搁。

**民国元年（1912） 29岁**

3月3日，离开噶班至香港，在香港短暂逗留，4月4日抵上海。

4月，经柳亚子介绍参加南社。

应《太平洋报》之聘，任主笔。

4月30日，赴日省养母河合仙，5月27日归国。6月19日再度赴日本，10月30日归国至上海。

12月13日，到安徽安庆，任安徽高等学堂教员。

**民国二年（1913） 30岁**

1月，应柳亚子之邀，在江苏盛泽郑桐荪家做客。其后与沈燕谋、朱贡三等经苏州至上海，住南京路第一行台旅馆。

3月下旬，与郑桐荪、沈燕谋至安庆任教。

7月21日，在《民立报》上发表《讨袁宣言》。

11月中旬，患肠疾。12月下旬，遵医嘱赴日本养病。

**民国三年（1914） 31岁**

1月，在东京顺天堂疗室诊治肠疾。

结识孙中山、萧纫秋、居正、田桐、杨沧白、邵元冲、戴季陶、邓孟硕。

8月，《拜轮诗选》《汉英三昧集》在日本东京三秀舍刊行。

发表《天涯红泪记》，未完成。

**民国四年（1915） 32岁**

居日本，在《甲寅》杂志上发表小说《绛纱记》《焚剑记》。

**民国五年（1916）　33岁**

1月，在日本数访孙中山，交谈甚久。

春末，自东京至上海，闻居正在山东组“中华革命军东北军”讨袁，即往拜访。

自山东青岛返上海，住孙中山寓所。

在《新青年》杂志上发表《碎簪记》，拟撰《人鬼记》未成。

**民国六年（1917）　34岁**

4月，自上海启程，东渡日本省养母河合仙。

6月，归国，住上海霞飞路宝康里。

7月，移居卢家湾程演生寓所。

夏末，患痢疾，叶楚伧、邓孟硕时来探望。不久，肠胃病发，住入霞飞路医院。蒋介石闻之托陈果夫送医药费，后派人将其接至白尔路新民里寓所，由姚冶诚照顾。

冬，肠胃病复发，入海宁医院。

**民国七年（1918）　35岁**

春，肠胃病加剧，入广慈医院。

致函邵元冲、萧纫秋，嘱购玉一块，萧纫秋知后，即以自藏碧玉托徐谦送至病榻前。

5月2日下午4时，示寂，唯言：“但念东岛老母，一切有情，都无挂碍。”于枕边有一团纸，上书“僧衣葬我”。

5月3日下午3时，汪精卫主持大殓，并捐一棺。4日移龛广肇山庄。

苏曼殊示寂后6年，即1924年，“民国十三年，总理开府南粤，仓皇戎马中，不忘故旧，命吴江陈去病葬其遗骨于杭州西湖孤山之阴”。（柳亚子《为修葺曼殊大师墓塔募捐启》）

1913年，苏曼殊游西湖时曾说："如此好湖山，将来必埋骨于此。"之前居正偕陈去病为苏曼殊料理丧事，见孙中山，陈去病赋《将为曼殊卜葬湖上呈元首六绝》，其一云："奚啻从亡似介推，晋文应得有余哀。愿将骏骨千金意，换取绵山寸土来。"孙中山于是赠千金为安葬费用，陈去病好友徐自华以自营生圹赠之。6月8日上午9时，苏曼殊灵柩自北沪车站启程，下午4时至杭州，6月9日下午登穴。诸贞壮曾忆："曼殊之葬于孤山，是日天极晦，会葬者仅佩忍、觉生、秋叶、寄尘、小淑与觉生夫人。"

诸宗元《曼殊大师塔铭》云：呜呼，此吾亡友曼殊大师之塔！大师广东香山苏氏子，名玄瑛，字子穀，早弃冠服，不忘宗国；行脚万里，劬志一生；博通艺文，旁及语学。其人生平，此可知矣。大师母为日本人，故尝居日本，归国以还，时时往省；盖虽舍家，笃于伦纪。其于朋游，弥勤信纳，有所不屑，驰书力诤，久而益敬，众所称焉。往与论交，几二十年，最后之别，岁为丁巳（按：戊午之误），大师遂于明岁五月，遽告怛化，年仅四十（按：实为三十有五）。甲子五月，友人为筑塔孤山之阴，诸宗元乃为撰铭，林之夏书之。铭曰：

"终隐浮屠，夙恋此湖。藏骨于此，可无惭于林逋。"

1964年，苏曼殊墓被迁至鸡笼山。

# 延伸阅读推荐书目

1.《苏曼殊全集》，柳亚子编，北京市中国书店，1985年版。

2.《苏曼殊年谱及其他》，柳亚子等编，上海科学技术文献出版社，2014年版。

3.《苏曼殊研究》，柳无忌编，上海人民出版社，1987年版。

4.《苏曼殊文集》，马以君编，花城出版社，1991年版。

5.《苏曼殊传》，柳无忌著，王晶垚译，生活·读书·新知三联书店，1992年版。

6.《苏曼殊评传》，李蔚著，社会科学文献出版社，1990年版。

7.《燕子山僧诗集》，苏曼殊著，周然编校，上海三联书店，2020年版。

8.《曼殊外集》，朱少璋编，学苑出版社，2009年版。

9.《苏曼殊诗画论》，黄永健著，中国社会科学出版社，2001年版。

10.《苏曼殊图像》，陈世强著，中国青年出版社，2008年版。

11.《拜伦诗选》，查良铮译，上海译文出版社，1983年版。

12.《雪莱诗选》，江枫译，湖南人民出版社，1980年版。

# 后记

喜欢苏曼殊的人，有一雅号——“曼殊癖”。一位漂泊四方的僧人，让我这个不曾漂泊的人从心底喜欢，而因此结缘。

二十多年前，我最初知道苏曼殊，是因为在一部诗词辞典中，读到他的一首《春雨》诗，当时不知他的身世，更不知他曾做过和尚。只知在这部辞典中，有十几首他的诗。后来我在一家书店偶然翻到一本杂文集，其中有一篇纪念苏曼殊的文章，当即买了回来，读后对他的身世有了一些了解。再后来，我在《旧书交流信息报》上见到《苏曼殊全集》的售卖信息，遂果断出手，从此有了第一部他的全集。自此以后，一旦发现有关他的书籍，不论是何版本，我都会买来。

二十多年来，我搜集到有关他的作品集大约有四五十种，民国版后来也有了，其中包括柳亚子所编北新版《苏曼殊全集》、萧纫秋所编《曼殊遗迹》、黄鸣岐所著《苏曼殊评传》，书页都已泛黄，不忍常翻。

2018年，恰是他圆寂一百周年，不知是情怀大发，还是想为他做点什么，我在5月间整理了民国版《苏曼殊诗集》，2019年又将王德钟编、柳亚子刊行的《曼殊上人燕子龛遗诗》整理出来。这既是我的夙愿，也是在与他续缘。

其实，有缘之事不止这些。在他的朋友中，有一位恰巧与我同名，这位同名者系贵州人周南陔（名然），著有《绮兰精舍笔记》。

1917年苏曼殊病革时，周南陔曾两次去医院看望他，“曼殊握予手，谓‘身畔无一时计，日夜昏昏，不知命尽何时’，予解所佩表赠之。今忆其言，可哀也”。苏曼殊之友，与我异代而同姓名，缘乎！

苏曼殊孤苦伶仃，似燕子般漂泊。在他病逝多年后，他的南社朋友们一直没有忘记他，想在杭州西湖边他的墓旁，筑个燕子龛来纪念他。1964年，在“今日仅仅挖了几堆朽骨”的指示下，他的墓被迁葬至鸡笼山。现今的墓地遗址上，仅立一石塔，写着“苏曼殊墓遗址”。美国女诗人玛丽·弗莱《化为千风》一诗，有两句仿佛是在为他而写：“不要在我的墓碑前哭泣，我不在那里。”茫茫鸡笼山，托钵之人可曾有梦回？我有一个愿望——在燕子归来、樱花未谢的时节，能手持他的诗集，去鸡笼山悼念这位近代诗僧。

至为感谢华东师范大学哲学系钟锦先生，他不仅博学多才，更显古道热肠，不仅向赵晓涛博士力荐本人编写此书，还为苏曼殊的译诗撰写了精彩的评论文章，特别是慨允我可以随意采选其中文字，以融入此书的导读。苏曼殊的作品内容庞杂，涉及面广，本人在编写过程中，常常感到自己知识有限，于佛学，于诗学，于外文，颇多一知半解，若无钟锦先生的支持、鼓励与点拨，定然是不会有此作品的。

感谢刘泽宇先生的点拨，如《题〈百助照片〉寄包天笑》中引用的元人倪云林《柳梢青·赠妓小琼瑛》，刘泽宇先生及时指出这是以别格来填的词，使我在参考唐圭璋先生编《全金元词》所收该词后，重新予以断句。感谢杨梅芳老师对读本中一些冷僻字的释义，解我之惑。感谢赵晓涛博士帮忙增订导读部分，使之增色不少。

记得赵晓涛博士与我说过，我若写有感怀苏曼殊的诗，可以补入后记。但我自知道不得，且诗僧之珠玉在前，我岂敢佛头着粪。

曩昔，曼殊大师绘《听鹃图》，题云：“‘最可惜，一片江山，总付与啼鴂。’每诵古人词，无非红愁绿惨，一字一泪，盖伤心人别有怀抱。”

周然

2021年8月